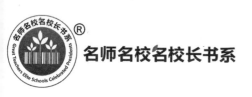

名师名校名校长书系

与素养同行

陇原名师何军海高中数学工作室
成果集萃

卢会玉　甄　荣 / 主编

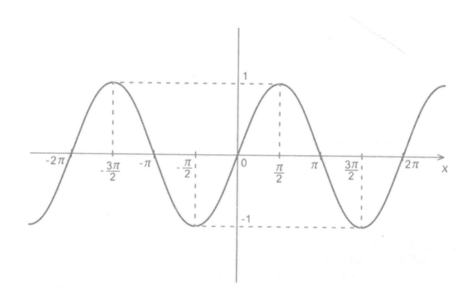

北方文艺出版社

哈尔滨

图书在版编目（CIP）数据

与素养同行：陇原名师何军海高中数学工作室成果集萃 / 卢会玉，甄荣主编 . 一哈尔滨：北方文艺出版社，2022.4

ISBN 978-7-5317-5500-5

Ⅰ . ①与… Ⅱ . ①卢… ②甄… Ⅲ . ①中学数学课 – 教学研究 – 高中 Ⅳ . ① G633.602

中国版本图书馆 CIP 数据核字（2022）第 050358 号

与素养同行：陇原名师何军海高中数学工作室成果集萃

YU SUYANG TONGXING : LONGYUAN MINGSHI HEJUNHAI GAOZHONG SHUXUE GONGZUOSHI CHENGGUO JICUI

作 者 / 卢会玉 甄 荣

责任编辑 / 张 璐　　　　　　　　　　封面设计 / 言之凿

出版发行 / 北方文艺出版社　　　　　　邮 编 / 150080
发行电话 /（0451）86825533　　　　　经 销 / 新华书店
地 址 / 哈尔滨市南岗区宣庆小区 1 号楼　网 址 / www.bfwy.com

印 刷 / 三河市元兴印务有限公司　　　　开 本 / 710mm×1000mm 1/16
字 数 / 306 千　　　　　　　　　　　印 张 / 17
版 次 / 2022 年 4 月第 1 版　　　　　　印 次 / 2023 年 1 月第 2 次印刷

书 号 / ISBN 978-7-5317-5500-5　　　　定 价 / 50.00 元

何老师名师工作室：

勤思考．多钻研，
讲协作、促发展．

王国志
2015.2.1

方塘半亩常开鉴，未辜负源头活水，鲲翼正举，天光云影乘风去；

研修七年再启航，更寄望后浪弄潮，鹏翅奋张，教海书山踏歌来．

2014 年 12 月，由甘肃省教育厅命名的"陇原名师何军海高中数学工作室"挂牌成立．七年来，工作室成果不断，青年教师茁壮成长、脱颖而出、出类拔萃，当看到这些，何军海便写下了这副对联．

卢会玉和甄荣是工作室青年教师的优秀代表，他们想将工作室这几年的一些教育科研成果加以整理，辑印成册，我表示赞同！同时答应他们写序，但不知从何写起．倒是甄荣的一句话启发了我："您可以从这几年让您激动的一件事写起呀"！

2017 年，教育部考试中心为了纪念恢复高考 40 周年，面向全国教育考试系统举行"我与高考同行"的征文活动．活动结束后，由教育部考试中心主编，高等教育出版社出版了《我与高考同行——纪念恢复高考 40 周年文集（1977—2017）》（以下简称《文集》）．《文集》选编的 90 篇文章大多来自教育部考试中心、各省市教育考试院及地方招生办等部门，中小学教师的文章只有 3 篇，我的文章有幸成为其中之一，的确是蛮激动的！倒不是因为又"发表"了 1 篇文章，而是从书的装帧精美到编者（教育部考试中心）的高大上，都散发出一股浓浓的高考情味，这其中有一丝是一名普通数学教师体悟高考变化的情怀．此事给我鼓舞，也会令我难忘，为此想到袁枚的那句诗："苔花如米小，也学牡丹开"！那就将这篇文章粘贴于此，权作序：

大学毕业分配到中学任教，做了一名高中数学教师和班主任，从此我和高考结下不解之缘，甚至高考成为生命的一部分．30 多年来，工作和生活中出现频率最高的关键词恐怕就是"高考"了，那可是实实在在的与高考同行呀！

记得 1984 年 8 月我刚参加工作，就听办公室的老教师说，前几年，高考主要是考知识，一段时间的确出现了"高分低能"之嫌，今年倒好，在"出活题，考能力"的指挥棒下，高考成绩特别低，又有些矫枉过正了！对于一个刚走上讲台的青年教师来说，无法体会这其中的分量，只是心中掠过一丝不解．1985 年 7 月，我当老师后第一次高考监考，那可是异常的激动呀，感觉自己挺神气的．由于自己是数学老师，因此格外关注数学试题，当看到试卷上出现了单项选择题时，又一次感到了高考试题的神奇变化，似乎从这一年开始，高考命题踏上了"标准化"的征程，而所谓高考试题"稳中求变、稳中求新、稳中求进"的号角，似乎从此吹响，并且 40 年余音绕梁，已是耳熟能详了，我所能关注的高考数学试题一直在这种求变的节奏中走着、走着……

到了 1993 年，当看到高考试卷中下列两道试题时，用现在那句时髦的话来说，就是"我和我的小伙伴们都惊呆了"！

17. 同室四人各写一张贺年卡，先集中起来，然后每人拿一张别人送出的贺年卡，则四张贺年卡不同的分配方式有多少？

22. 建造一个容积为 $8m^3$、深 $2m$ 的长方体无盖水池，如果池底和池壁的造价分别为 120 元和 80 元，那么水池的最低造价多少元？

17 题是一道开放探索题，而 22 题是一道数学应用题．特别是数学应用题的出现，有人当时用"划时代"来评价它在高考数学历史上的地位，因为从此开启了数学应用与数学建模问题的高考之旅．至今还记得当时作为一名年轻数学教师的那份激动之情，似乎产生了强烈的共鸣，1994 年写了一篇题为《例谈数列应用问题中的模型建立》的论文，发表在陕西师范大学主办的《中学数学教学参考》上，成为自己当教师以来在这样高规格的杂志上发布文章的处女作，从此带给我进行数学教学研究特别是高考数学教学研究的自信．如果说这些年来自己在高中数学教学研究方面取得了一些成绩的话，那么一定与那年高考数学应用题的腾空出世带给我的震撼与启迪是分不开的．实际上作为一名高中数学教师，几乎在每一年的高考试题中，我都能深切地感受到高考改革的气息，甚至不知不觉地寻找自己的心跳与高考脉搏的共振，如 1994 年高考数学中信息迁移题的首次出现：在测量某物理量的过程中，因仪器和观测的误差，使得 n

次测量分别得出 a_1，a_2，…a_n 共 n 个数据．我们规定所测量的物理量的"最佳近似值"a 是这样一个量：与其他近似值比较，a 与各数据之差的平方和最小．依此规定，从 a_1，a_2，…a_n 推出 a ＝（　　）．还有 1998 年完全开放性试题的出现，等等，这里不一一列出，然而每一次新型试题的出现，都似乎给我们这些教育者的心灵带来一次洗礼，与之俱来的对高考试题改革的期待和关注也成为鞭策自己数学教学的强音，这也许就是高考试题改革的另一种魅力吧！

其实不仅是高考试题内容的变化，高考命题的思想和立意也在不断地深化．例如，1996 年高考数学首次提出"数学思想方法"的考查，而在 1999 年又提出了高考数学命题的"能力立意"，这些高考命题思想的变革，在整个国家高考改革的长河中掀起了一朵又一朵探索的浪花，同时也无不闪烁着高考改革智慧的光芒，指引和照亮着一代又一代人的高考之路．作为一名与高考同步走的高中教师，真心地感谢高考的每一次改革！

2007 年，在恢复高考 30 年到来之际，广东、山东、宁夏、海南四个省（区）（　　）进行了普通高中新课程实验的省份（　　）实施了新课程高考命题，标志着新课程背景下的高考拉开了序幕．至今还记得 2007 年 6 月 7 日晚，在网上着急查询新课程高考数学试题的那份急切的心情，说实在的，当看到那份试题时，作为一名高中数学教师，还是相当震撼的，同样也是相当的向往．此后的几年，我们的教学一直是在"吃着碗里的，看着锅里的"状态下展望新课程的．2010 年，我和我的团队踏上了甘肃省高中新课程改革的第一朵浪花，在新课程理念的指引下，高中三年和孩子们一起在新课程的道路上不断地摸爬滚打，经历了一次又一次痛并快乐的历练，创造了一个又一个值得骄傲的成绩．到了 2013 年 6 月，终于迎来了第一届高中新课改下的高考，那一年，我们超常发挥！那一年，我们收获满满！那一年，我们感恩新高考！

2017 年即将如约而至，与之一同到来的是恢复高考 40 年的脚步！在这一时间节点上，回想起刚刚结束的 2016 年高考命题格局的变化（2016 年采用全国卷的省市达到 26 个），我不禁想起《三国演义》中"合久必分，分久必合"的字句．

回望 1977 年高考恢复后，1985 年上海率先自主命题，接下来便是 2002 年北京也实行自主命题了. 说到北京自主命题前后的那段时间, 还有一段伤感的故事呢: 2002 年之前, 北京高考也是全国命题的, 记得每到高考前夕, 北京三区 (东城、西城、海淀) 的三套模拟试卷, 曾是我们这些年轻的高三教师给学生冲刺用的 "尚方宝剑", 简直就是顶礼膜拜, 似乎谁拥有 "北京三区卷", 谁就拥有成功的胜券一样. 因此想方设法 "搞到" 这三套试题, 甚至有时不惜花 "重金" 索题, 结果有几次被人骗了, 虽然郁闷不已, 但对于 "北京三区卷" 的热情一直未减. 事情往往是心诚则灵, 虽然这些模拟卷并没有所谓的 "押准题" 那样神奇, 但知识点总归是全覆盖的, 而方法也总归是相通的, 只要认真训练, 学生还是很有收获的, 而学生高考成绩的提高又反过来衬托出 "北京三区卷" 的 "有效性", 其实神话就是这样诞生的! 2002 年的高考试题让我们难过了好久, 似乎那轮明月终于不再照亮自家的院子. 高考后的一个月夜, 和着夏日的熏风, 我们几个年轻教师在学校的操场上借酒言愁, 似乎与北京的高考作别, 似乎与三区的模拟作别, 也似乎表达作为教师的那份成熟! 酒劲过后, 我们将迎接新的高考变革.

2004 年, 教育部决定在上海和北京已经试行自主命题的基础上, 逐步扩大到 16 个省市自主命题, 所谓 "合久必分". 罗增儒教授认为, 这一决定 "标志着中国高校招生入学考试实行全国统一命题这个延续了半个世纪的方式迈出了改革的一步". 说实在的, 多省市开放自主命题后, 高考试题可谓百花齐放, 基础与能力并重、经典与创新共鸣, 着实演奏了一支高考改革的变奏曲. 作为一名高中教师, 我也应随着国家高考改革的五线谱, 努力地弹奏出属于我和我的学生们的和弦之音.

2013 年, 中国共产党十八届五中全会在北京召开, 会议通过了《中共中央关于全面深化改革若干重大问题的决议》, 对高考改革做了全面、系统、明确的部署. 教育部提出高考改革的大政方针, 就是到 2020 年基本建成中国特色的现代化教育体制, 形成 "分类考试、综合评价、多元录取" 的基本模式. 面对新的形势, 我们又看到了 "分久必合": 2016 年已经有 26 个省市使用全国统一试卷了. 当然, 现在的 "合" 绝非简单的恢复原来全国一张卷的模式, 而是 "一纲三卷". 我们有理由相信, 这种命题变化将会随着课程改革的进一步深入,成为今后相当长一段时间的高考指挥棒.

40 年风雨兼程,40 年弹指头一挥,高考连着千万家,高考关乎你我他.作为一名高中数学教师,从十八岁走上讲台,伴随着高考一路走来,将整个青春淹没在一幕幕高考改革的大戏中,如今虽然已知天命,但既然手中还没有将这根棒子放下,那就积极地顺应即将到来的新的高考变革,不仅要关注学生的现实水平,还要充分关注学生未来发展潜能.如果借用一句常用的话,高考改革永远在路上,那么教师就是高考改革忠实的同行者,我也是!

教育需要情怀,青年教师更需要教育情怀.希望这本书能带给你一些激动,并让你能从这份激动中感受数学教育的味道.

目 录

上 篇 教学论文

中 篇 教学设计

下 篇 课题研究

教学论文

上 篇

基于"基本活动经验"的高中数学解题教学实践研究

——以 2018 年高考数学 2 卷"坐标系与参数方程"选作题教学为例

甘肃省嘉峪关市第一中学　何军海

（本文发表于《理科考试研究》2018 年第 11 期）

（甘肃省教育科研"十三五"规划 2018 重点课题阶段性成果，
课题立项号：GS【2018】GHBZ103）

摘　要：《普通高中数学课程标准（2017 年版)》之"课程目标"中提出"四基"，即数学基础知识、基本技能、基本思想和基本活动经验．其中"基本活动经验"是对高中数学课程目标内涵的进一步充实，也是对学生数学学习过程的客观要求，而基本活动经验的积累在高中数学解题教学中不可或缺．只要教学中充分关注"基本活动经验"的有效整合，"解题教学"就能更上一层楼．

关键词：基本活动经验；高中数学；解题教学

《普通高中数学课程标准（2017 年版)》之"课程目标"中指出：通过高中数学课程的学习，学生能获得进一步学习和未来发展所必需的数学基础知识、基本技能、基本思想和基本活动经验（简称"四基"）；提高从数学角度发现和提出问题的能力，分析和解决问题的能力（简称"四能"）．在学习数学和应用数学的过程中，学生能发展数学抽象、逻辑推理、数学建模、直观想象、数学运算和数据分析等数学学科核心素养．我们注意到，对于学生学习数学的基本要求，经历了从"双基"（基础知识和基本技能）到"三基"（基础知识、基本技能和基本思想），再到"四基"（基础知识、基本技能、基本思想和基本活动经验）的变化历程，其实"四基"界定早在《义务教育数学课程标准（2011年版)》中就已经提出了．很显然，这次颁布的《普通高中数学课程标准（2017 年版》，"基本活动经验"是对高中数学课程目标内涵的进一步充实，也是对学生数学学习过程的客观要求，即学生既要掌握知识，又要提高能力；既要领悟思想，又要积累经验，从而有效地培养学生的数学素养．

高中数学解题教学在高中数学教学活动中举足轻重，基础知识的掌握．基本技能运用、基本思想形成和基本活动经验的积累都是解题活动中不可或缺的．高考数学《考试大纲》中提出的能力要求，即抽象概括能力、推理论证能力、运算求解能力、空间想象能力、数据处理能力及应用意识和创新意识，与《普通高中数学课程标准（2017 年版》提出的数学学科核心素养应该是异曲同工．而解题教学则是提高能力、落实素养的基本途径之一，同时数学解题也是对学生数学素养进行评价的有效手段．

《高中数学课程标准（2017 年版)》刚刚颁布，目前国内对于"高中数学基本活动经验"的研究还相对比较少，同时我们也注意到，数学教育界对于高中数学基本活动经验的认识虽尚未达成一致，但关于数学基本活动经验在高中数学教学实践中的应用研究已经得到了高中数学教育界的普遍关注．

"基本活动经验"与"解题教学"互为促进：通过解题教学，积累高中数学基本活动经验；而通过已形成的基本活动经验，可以指导和优化高中数学解题教学，从而构建良性循环，最终提升学生的数学素养．罗增儒教授曾经说过："回顾和反思是数学解题的必要步骤（在我看来，它还是学会数学解题的一条捷径)"，而回顾什么、反思什么，不就是解题过程中所获得的关于"基本活动经验"的认知吗?！

基于对高中数学基本活动经验和高中数学解题教学的相关性思考，我们认为，着眼于高中数学基本活动经验，着手于高中数学解题教学，紧密结合数学教学实践，以解题教学为抓手，根据不同阶段的教学内容，精心设计基本的数学活动，归纳解题过程中获得的基本活动经验，总结基本的数学解题规律和技能，然后再应用到数学解题中去．

2018 年 6 月 9 日，带着两天高考监考的疲倦，我走进了高二数学课堂. 正在进行的是人教社普通高中课程标准实验教科所（数学）选修 4 - 4【极坐标与参数方程】中第二讲第三节"直线的参数方程"的第二课时.

高考前的 6 月 5 日，笔者上的是这一节的第一课时，作为新授课，我主要和同学们一起探究了直线的参数方程的结构特征和参数 t 的几何意义，同时通过例 1（已知直线 $x + y - 1 = 0$ 与抛物线 $y = x^2$ 相交于 A，B 两点，求线段 AB 的长和点 $M(-1, 2)$ 到 A，B 两点的距离之积）的学习，学生已经具有了一定的关于利用参数 t 的几何意义解决相关问题的活动经验. 高考期间放假三天，笔者给学生布置了"自主学习，阅读探究"的作业：阅读教材第 37 页例 2，表达出对于教材中解法的理解和感悟，同时结合以前关于直线与椭圆相交问题的学习经验，探索还有其他解法吗？

今天是第二课时，主要分享学生对于"自主学习，阅读探究"的作业完成情况，然后老师进行点评. 根据平时问题讨论课的习惯，课上还是首先由数学课代表呈现问题并发表自己的解题感悟：

教材第 37 页例 2：经过点 $M(2, 1)$ 作直线 l，交椭圆 $\dfrac{x^2}{16} + \dfrac{y^2}{4} = 1$ 于 A，B 两点，如果 M 恰好为线段 AB 的中点，求直线 l 的方程.

教材给出的解法如下：

解：设过点 $M(2, 1)$ 的直线 l 的参数方程为 $\begin{cases} x = 2 + t\cos\theta \\ y = 1 + t\sin\theta \end{cases}$（$t$ 为参数）

代入椭圆方程，整理得：$(3\sin^2\theta + 1)t^2 + 4(\cos\theta + 2\sin\theta)t - 8 = 0$.

由 t 的几何意义知，$|MA| = |t_1|$，$|MB| = |t_2|$ 因为点 M 在椭圆内，这个方程必有两个实根，所以，$t_1 + t_2 = -\dfrac{4(\cos\theta + 2\sin\theta)}{3\sin^2\theta + 1}$. 因为点 M 是线段 AB 的中点，所以 $\dfrac{t_1 + t_2}{2} = 0$，即 $\cos\theta + \sin\theta = 0$. 于是直线 l 的斜率为 $k = \tan\theta = -\dfrac{1}{2}$，因此直线 l 的方程为 $y - 1 = -\dfrac{1}{2}(x - 2)$，即 $x + 2y - 4 = 0$.

教材编写者的意图很明显，作为范例，它主要是示范直线参数方程的应用

和参数 t 的几何意义，特别是中点问题所对应的 $\dfrac{t_1 + t_2}{2} = 0$ ，成为解决问题的关键，也应该是这一基本数学活动的经验之一．

课代表话音刚落，一位同学迫不及待地举手了："老师，我认为课本的例题也许还包括为了讲清"参数方程"的意义，如果把这一道题放在整个解析几何的视野下考量，这一解法未必是最好的．"

"噢，那说说你的方法．"

"点差法呀，不是有一次您带着我们进行数学探究活动中总结的吗？还记得您当时强调，如果遇到直线和曲线相交且和中点、斜率有关的问题，这个方法还是不错的．请大家看看我的解法：

设 $A(x_1 , y_1)$ ，$B(x_2 , y_2)$ ，由于两点都在椭圆上，因此其坐标都满足方程，代入得：$\dfrac{x_1^2}{16} + \dfrac{y_1^2}{4} = 1$ ，$\dfrac{x_2^2}{16} + \dfrac{y_2^2}{4} = 1$ ，两式相减并化简得：$\dfrac{y_1 - y_2}{x_1 - x_2} = -\dfrac{1}{4} \cdot \dfrac{x_1 + x_2}{y_1 + y_2}$. 由于 $M(2 , 1)$ 恰为线段 AB 的中点，故 $x_1 + x_2 = 4$ ，$y_1 + y_2 = 2$ ．代入上式，即可得 $k = -\dfrac{1}{2}$ ．那么所求直线方程为 $y - 1 = -\dfrac{1}{2}(x - 2)$ ，化简得 $x + 2y - 4 = 0.$ "

同学们报以热烈的掌声，老师也感叹他能够将"点差法"如此熟练地应用到这道题中，看来解题教学中形成的"基本活动经验"至关重要．

掌声过后，又有一位同学举手了："老师，还记得另一次解题活动中，您总结一位同学的解法时说，有时候最朴素的解法也许是不错的选择．这道题不过就是直线和椭圆相交的问题吗，最常规的思维就是联立方程组，请大家看我的解法：

很显然，斜率不存在的情况没有，因此设所求直线斜率为 k ，则直线方程为 $y - 1 = k(x - 2)$ ．代入椭圆方程 $\dfrac{x^2}{16} + \dfrac{y^2}{4} = 1$ ，化简得：$(4k^2 + 1)x^2 - (16k^2 - 8k)x + 16k^2 - 16k - 12 = 0$ ．由于中点的横坐标为 2，即 $x_1 + x_2 = \dfrac{16k^2 - 8k}{4k^2 + 1} = 4$ ，解之得：$k = -\dfrac{1}{2}$ ．那么所求直线方程为 $y - 1 = -\dfrac{1}{2}(x - 2)$ ，

化简得 $x + 2y - 4 = 0$."

又一次掌声响起. 大家知道, 通过联立方程解决直线和圆锥曲线相交问题, 是解析几何常用的方法, 而正因为这种最朴素的解题思想, 往往会被贴上"笨方法"的标签. 然而从这位同学的解答中, 我们不难看出, 常规解法还是很有优势的, 这可能也就是"基本活动经验"的魅力吧.

正遇 2018 年高考试题新鲜出炉, 结合本节课同学们的探究, 老师给大家准备了一道菜, 请大家品尝, 看看是不是熟悉的味道:

全国 2 卷 22 (选修 4—4: 坐标系与参数方程) 题如下: 在直角坐标系 $\begin{cases} x = 2\cos\theta \\ y = 4\sin\theta \end{cases}$, ($\theta$ 为参数), 直线 l 的参数方程为 $\begin{cases} x = 1 + t\cos\alpha \\ y = 2 + t\sin\alpha \end{cases}$, ($t$ 为参数).

(1) 求 C 和 l 的直角坐标方程;

(2) 若曲线 C 所得线段的中点坐标为 (1, 2), 求 l 的斜率.

怎么是熟悉的味道? 那是相当的熟悉呀! 从这一道高考试题中, 我们再一次感受到《普通高中数学课程标准 (2017 年版)》中将"基本活动经验"列入"四基"之一的必要性. 而解题教学则正是在基于"基本活动经验"的教学实践中积累的经验和掌握的方法. 当我们的学生面对高考, 如果能"品尝"出更多的熟悉的味道, 那便是极好的. 看, 同学们马上就能写出这道高考试题的三种解法, 可以这样说, 这节课的成功在于基于"基本活动经验"的解题教学实践.

解法 (一) (参数法): 将直线 l 的参数方程 $\begin{cases} x = 1 + t\cos\alpha \\ y = 2 + t\sin\alpha \end{cases}$, 代入曲线 C

的方程 $\dfrac{x^2}{4} + \dfrac{y^2}{16} = 1$, 整理化简得 $(1 + 3\cos^2\alpha)t^2 + 4(2\cos\alpha + \sin\alpha)t - 8 = 0$. ①

因为曲线 C 截直线 l 所得线段的中点 (1, 2) 在 C 内, 所以①有两个解, 设为 t_1, t_2, 由题意可知 $t_1 + t_2 = 0$. 又由①得 $t_1 + t_2 = -\dfrac{4(2\cos\alpha + \sin\alpha)}{1 + 3\cos^2\alpha}$, 故

$2\cos\alpha + \sin\alpha = 0$, 于是直线 l 的斜率 $k = \tan\alpha = -2$.

解法 (二) (点差法): 设直线 l 与曲线 C 相交于 $A(x_1, y_1)$, $B(x_2, y_2)$

两点, 那么 $\dfrac{x_1^2}{4} + \dfrac{y_1^2}{16} = 1$, $\dfrac{x_2^2}{4} + \dfrac{y_2^2}{16} = 1$ 两式相减, 化简得 $\dfrac{y_1 - y_2}{x_1 - x_2} = -4 \dfrac{x_1 + x_2}{y_1 + y_2}$,

又因为线段 AB 的中点坐标为 $(1, 2)$，因此 $x_1 + x_1 = 2$，$y_1 + y_2 = 4$．故 $k = -2$．

解法（三）（代入法）：由于直线和椭圆所交弦的中点为 $(1, 2)$，则直线一定存在斜率 k，因此设直线 l 的方程为 $y - 2 = k(x - 1)$，代入曲线 C 的方程 $\dfrac{x^2}{4} + \dfrac{y^2}{16} = 1$，并化简得关于 x 的一元二次方程：$(k^2 + 4)x^2 - (2k^2 - 4k)x + k^2 - 4k - 12 = 0$，由根与系数的关系 $x_1 + x_2 = \dfrac{2k^2 - 4k}{k^2 + 4} = 2$，解之得 $k = -2$．

教无定法，解题亦无定法，但一定有法．而基本数学活动经验则是产生"解法"的土壤．我们相信，只要教者用心，在教学中充分关注"基本活动经验"的有效整合，"解题教学"就能更上一层楼．

参考文献：

［1］教育部．普通高中数学课程标准（2017 年版）［M］．北京：人民教育出版社，2018.

［2］教育部考试中心．普通高等学校招生全国统一考试大纲（数学）（2018 版）［M］．北京：高等教育教育出版社，2018.

［3］人教社课程教材研究所中学数学课程教材研究开发中心．普通高中课程标准实验教科书．数学选修 4—4 坐标系与参数方程．（2007 版）［M］．北京：人民教育出版社，2018.

［4］教育部考试中心．2018 年普通高等学校招生全国统一考试理科数学 2 卷［M］．北京：高等教育出版社，2018.

过雨看松色，随山到水源

——一节数学阅读课的课堂实录及思考

甘肃省嘉峪关市第一中学　何军海

（本文发表于《理科考试研究》2019年第1期）

摘　要：数学阅读课课堂实录，学生认真阅读李尚志教授的文章《核心素养怎样考（五）》一文中例6，深刻体会文章中李教授解法中所蕴含的数学思想方法，同时产生思维碰撞，出现新的解法探究，进而引发基于数学思想方法和学科核心素养的思考.

关键词：数学阅读课；课堂实录；数学思想；核心素养

一、呈现一节数学阅读课的教学实录

每两周给学生上一节数学阅读课，已成为我教学中的一个习惯. 最近的一节阅读课的材料选自《数学通报》2018年第7期，在"本刊特约"栏目中刊登的北京航空航天大学李尚志教授的文章《核心素养怎样考（五）》（文1），当时我们正在进行"函数的最值"的学习，因此特意将（文1）中的例6扫描成图片，让学生认真阅读并深刻体会李教授解法中所蕴含的数学思想方法，原文如下：

例6：x 是实数，函数 $y = \sqrt{1 + x^2} - \dfrac{1}{2}x$ 的最小值为.

（提示：将 y 看成已知数，函数式看成以 x 为未知数的方程）

解：将 y 看成已知数，函数式看成以 x 为未知数的方程，使方程有解的 y 值的集合就是函数 f 的值域，从中可以找到 y 的最小值.

函数式移项得：$y + \dfrac{1}{2}x = \sqrt{1+x^2}$，两边平方得：$y^2 + xy + \dfrac{1}{4}x^2 = 1 + x^2$，

移项合并得：$\dfrac{3}{4}x^2 - xy + 1 - y^2 = 0$. 这是 x 的一元二次方程，有实数解的条件为

判别式 $(-y)^2 - 4 \times \dfrac{3}{4}(1 - y^2) \geqslant 0 \Rightarrow y^2 \geqslant \dfrac{3}{4}$，由于 $y = \sqrt{1+x^2} - \dfrac{1}{2}x > |x| -$

$\dfrac{1}{2}x \geqslant 0$，$y \geqslant \dfrac{\sqrt{3}}{2}$. 如果 y 能取得最值 $\dfrac{\sqrt{3}}{2}$，就是最小值.

此时一元二次方程 $\dfrac{3}{4}x^2 - yx + 1 - y^2 = 0$ 两根相等，为 $x = \dfrac{y}{2 \times \dfrac{3}{4}} = \dfrac{2}{3} \times$

$\dfrac{\sqrt{3}}{2} = \dfrac{\sqrt{3}}{3}$. 则 $y = \sqrt{1+x^2} - \dfrac{1}{2}x = \sqrt{1 + \left(\dfrac{\sqrt{3}}{3}\right)^2} - \dfrac{1}{2} \times \dfrac{\sqrt{3}}{3} = \dfrac{\sqrt{3}}{2}$，取最小值.

在阅读过程中，我注意观察到，由于是直接阅读，学生的注意力一开始就被文中的"提示"所吸引，问题的切入点自然聚焦于"将 y 看成已知数，函数式看成以 x 为未知数的方程"，加之解题过程流畅而严谨，大多数学生很容易理解并接受.

"有没有同学对刚才的阅读发表感言？"我便不失时机地追问了一句.

"老师我说"，一位女生 A 举手了："我认为这位教授解题过程中用到了函数与方程的数学思想，我们知道，方程就是含有未知数的等式，在一个函数解析式中，有两个变量，即自变量和因变量，当我们将其中一个变量确定为主元时，解析式就可以看成关于这个主元的方程，而另一个变量就可以看成已知数，文章中的解法正是基于这样的思想."

"说的不错"，老师肯定了她. 同学们也报以热烈的掌声，这位 A 同学得意地笑了.

"这种方法应该是我们前面总结过的求函数最值（或值域）的一种方法——判别式法"，一位男生 B 迫不及待地举手示意："我认为判别式法最头疼

的就是验证，我经常出错，如文章中由 $y^2 \geq \dfrac{3}{4}$ 到 $y \geq \dfrac{\sqrt{3}}{2}0$ 的分析，很容易被忽

略．还有，如果 y 能取得最值 $\dfrac{\sqrt{3}}{2}$，也就是最小值，那么，这个环节也很容易

丢掉．"

"是啊"！好多同学表示有同感，特别是：此时一元二次方程 $\dfrac{3}{4}x^2 - yx +$

$1 - y^2 = 0$ 两根相等，为 $x = \dfrac{y}{2 \times \dfrac{3}{4}} = \dfrac{2}{3} \times \dfrac{\sqrt{3}}{2} = \dfrac{\sqrt{3}}{3}$，则 $y = \sqrt{1 + x^2} - \dfrac{1}{2}x =$

$\sqrt{1 + \left(\dfrac{\sqrt{3}}{3}\right)^2} - \dfrac{1}{2} \times \dfrac{\sqrt{3}}{2} = \dfrac{\sqrt{3}}{2}$．取最小值这一环节，更加突显出李尚志教授严谨而

缜密的解题思维．

正当我准备借机对刚才两位同学的感悟做总结时，看见平时喜欢钻研但比较内向的 C 同学正在紧张地写着什么，于是走过去问道："你是不是又有新发现了?"他把练习本给我："老师，我在思考数形结合，虽然还没有最后结果，但思路应该是对的．"

"那你就把你的思路讲给大家，让大家一起完成最后的结果．"为了锻炼他，我让他上讲台在黑板上讲给同学们．

略带紧张的他走上讲台，开始了他的"数形结合"：

"看到函数 $y = \sqrt{1 + x^2} - \dfrac{1}{2}x$，就容易想到两个函数，即 $y = \sqrt{1 + x^2}$ 和

$y = \dfrac{1}{2}x$．将 $y = \sqrt{1 + x^2}$ 两边平方，则 $y^2 - x^2 = 1(y > 0)$，其图像为双曲线

$y^2 - x^2 = 1$ 的上支，而 $y = \dfrac{1}{2}x$ 的图像是过原点的一条直线，显然双曲线在直线

的上方，若将直线 $y = \dfrac{1}{2}x$ 向上平移 b 个单位（$b > 0$），与双曲线相切（图1），

那么 b 即成为所求函数 $y = \sqrt{1 + x^2} - \dfrac{1}{2}x$ 的最小值．至于 b 怎么求，我还没来

得及想呢．"

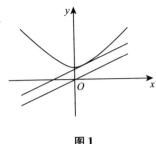

图 1

"再用判别式呀!"刚才的那位女生 A 抢着说了一句.

"噢对,相切的时候判别式为 0,看来是要联立方程组了."有同学在自言自语.

"那就请大家试试看,有结果的同学上黑板展示一下."我的话语中有激励成分.

大概过了三分钟,平时喜欢表现的 D 同学快速地走上讲台,拿起粉笔就写,似乎唯恐别人跟她抢黑板:联立方程组 $\begin{cases} y = \sqrt{1 + x^2} \\ y = \dfrac{1}{2}x + b \end{cases}$,$\sqrt{1 + x^2} = \dfrac{1}{2}x + b$. 两边平方整理得 $\dfrac{3}{4}x^2 - bx + 1 - b^2 = 0$. 直线与曲线相切,则 $\Delta = b^2 - 3(1 - b^2) = 0$,$b^2 = \dfrac{3}{4}$.($b > 0$)那么,$b = \dfrac{\sqrt{3}}{2}$,问题得解.

"D 同学的数形结合思想应用得非常好,判别式法解决二次型曲线的切线问题的确是一个不错的选择,同学们再想想,我们还有什么方法求一个函数图像的切线?"一阵掌声过后,我在肯定 D 同学的同时,又抛出了这样一个问题.

"导数的几何意义."数学课代表 E 同学举手了,大家向他投去赞许的目光.

将数学课代表 E 同学的想法稍作整理,便有了下面的解题过程:

$f(x) = \sqrt{1 + x^2}$,$f'(x) = \dfrac{x}{\sqrt{1 + x^2}}$. 设切点的横坐标为 x_0,则 $f'(x_0) = \dfrac{x_0}{\sqrt{1 + x_0^2}} = \dfrac{1}{2}$,$1 + x_0^2 = 4x_0^2$,$x_0^2 = \dfrac{1}{3}$ 解得 $x_0 = \dfrac{\sqrt{3}}{3}$. 切点的纵坐标 $y_0 = $

$\sqrt{1+\dfrac{1}{3}}=\dfrac{2\sqrt{3}}{3}$，而直线 $y=\dfrac{1}{2}x$ 上以 x_0 为横坐标的点的纵坐标 $y_1=\dfrac{1}{2}\times\dfrac{\sqrt{3}}{3}=\dfrac{\sqrt{3}}{2}$．那么所求的最小值为 $y_0-y_1=\dfrac{2\sqrt{3}}{3}-\dfrac{\sqrt{3}}{6}=\dfrac{\sqrt{3}}{2}$，如图 2 所示．

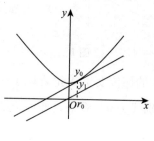

图 2

"刚才同学们的表现都非常好……"，我正准备再一次小结时，F 同学举手示意："老师等等，您看我用换元法做得对不对"？由于时间关系，我就将他的练习本用实物投影仪打到了屏幕上，和同学们一起欣赏：

根据函数 $y=\sqrt{1+x^2}-\dfrac{1}{2}x$ 的结构特征，设 $x=\tan\theta\left(-\dfrac{\pi}{2}<\theta<\dfrac{\pi}{2}\right)$，则 $y=\sqrt{1+\tan^2\theta}-\dfrac{1}{2}\tan\theta=\dfrac{1}{\cos\theta}-\dfrac{\sin\theta}{2\cos\theta}=\dfrac{2-\sin\theta}{2\cos\theta}$，即 $\sin\theta+2y\cos\theta=2$，由正弦函数的和角公式，变换为 $\sqrt{1+4y^2}\sin(\theta+\varphi)=2$，$\sin(\theta+\varphi)=\dfrac{2}{\sqrt{1+4y^2}}$，根据正弦函数的有界性，$\left|\dfrac{2}{\sqrt{1+4y^2}}\right|\leqslant 1$，也就是 $1+4y^2\geqslant 4$，$y^2\geqslant\dfrac{3}{4}$，前文中已经说明 $y>0$，故 $y\geqslant\dfrac{\sqrt{3}}{2}$．综上所述，函数 $y=\sqrt{1+x^2}-\dfrac{1}{2}x$ 的最小值为 $\dfrac{\sqrt{3}}{2}$．

好一个换元法，多好的思路和解法啊！随着同学们的喝彩声，下课铃声响了，我都没有来得及进行课堂小结，就被同学们响亮的"老师再见"送出了教室．回到办公室，刚洗完手，一声报告，两位同学手拿笔记本站在面前．平时喜欢和人较劲的 H 同学抢先说："老师，学霸 F 的解法不错，但我想在换元得到 $y=\dfrac{2-\sin\theta}{2\cos\theta}$ 后，用数形结合可能更容易．"我拿过他的笔记本，看到上面字迹凌乱但条理清晰的表述：$y = \dfrac{2 - \sin\theta}{2\cos\theta} = \dfrac{1}{2}\left(\dfrac{2 - \sin\theta}{0 - (-\cos\theta)}\right)$，那么

$\dfrac{2 - \sin\theta}{0 - (-\cos\theta)}$ 可以看成平面内以（$-\cos\theta$，$\sin\theta$），（0，2）为坐标的两点连线

的斜率，而点（$-\cos\theta$，$\sin\theta$）$\left(-\dfrac{\pi}{2} < \theta < \dfrac{\pi}{2}\right)$的轨迹是半圆 $x^2 + y^2 = 1$，（x

< 0）（图 3），得到切线的斜率为 $\dfrac{\sqrt{3}}{2}$，应该是所求的最小值.

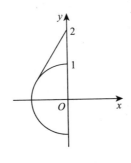

图 3

　　"非常好，明天上课让大家见识又一种数形结合！" F 同学高兴地笑了，成就感油然而生. 此时，一起来的 M 同学说话了：老师，他们的解法都挺好，但我总是觉得他们"想多了"，这不就是一道求函数最值的问题吗，导数是研究函数最值问题的有效方法，直接求导应该非常简单. 他一边说，一边在练习本上写着：$y = \sqrt{1 + x^2} - \dfrac{1}{2}x$，$y' = \dfrac{x}{\sqrt{1 + x^2}} - \dfrac{1}{2} = \dfrac{2x - \sqrt{1 + x^2}}{2\sqrt{1 + x^2}}$. 令 $y' = 0$，则

$2x = \sqrt{1 + x^2}$，两边平方，化简得 $3x^2 = 1$. 由于 $x > 0$，故 $x = \dfrac{\sqrt{3}}{3}$，函数在

$\left(0, \dfrac{\sqrt{3}}{3}\right)$是减函数，在$\left(\dfrac{\sqrt{3}}{3}, +\infty\right)$是增函数，那么函数在 $x = \dfrac{\sqrt{3}}{3}$ 处取得最小值，

即 $\sqrt{1 + \left(\dfrac{\sqrt{3}}{3}\right)^3} - \dfrac{1}{2} \times \dfrac{\sqrt{3}}{3} = \dfrac{\sqrt{3}}{2}$. 此解的确干脆利落，体现了利用导数研究函数最值问题的优势.

　　还没来得及表扬这位 M 同学，上课铃声响起. "老师再见！"他们跑步回教室去了. 恰好我没有课，静下心来品味这节阅读课，有两个问题值得思考：一

是关于数学思想方法，二是关于数学核心素养．

二、思考两个数学教学中的问题

1. 数学思想方法是数学能力的外驱与承载

钱佩玲教授曾说过："数学思想方法是处理数学问题的指导思想和基本策略，是数学的灵魂．"《普通高等学校招生全国统一考试大纲的说明》在考试目标与要求中提出三点，即数学基础知识、数学思想方法和数学能力．其中数学思想方法主要是函数与方程的思想、数形结合的思想、化归与转化的思想、分类整合的思想以及特殊与一般的思想等，而数学能力包括抽象概括、推理论证、运算求解、空间想象、数据处理等能力和应用意识．数学思想方法是数学基础知识的升华，也是数学能力得以提高的关键．

在这一节阅读课中，学生欣赏了李尚志教授优美的解题思路、流畅的解题过程和严谨的解题规范，体会了"函数与方程"这一最基本的数学思想方法．函数思想就是利用运动变化的观点分析具体问题中变量之间的关系，而方程思想则是从问题的变量关系入手，运用数学语言将问题中的条件转化为方程．函数与方程的思想，既是函数思想和方程思想的体现．也是两种思想综合运用的体现．

C同学将函数转化为二次曲线与直线，充分利用数形结合的思想方法，直观形象地解决问题．数形结合的思想是将抽象的数学语言与直观的图形语言结合起来通过代数的论证和图形的描述来研究和解决数学问题的一种数学思想方法．

F同学用变量代换的方法，将问题转化为三角函数，从而利用正弦的有界性解决问题，体现了转化与化归的思想方法．我们知道，转化与化归的思想是解决数学问题时经常使用的思想方法，它的主要特点是灵活性和多样性，所谓转化无处不在．前面C同学将函数转化为双曲线，也正是这种思想方法的生动体现．

H同学则是运用转换的数学思想，在变量代换之后，看到了斜率公式的结构特征，从而联想到直线与圆相切的位置关系，实际上就是数形结合的思想方法．而M同学的做法则是一个数学思维直接性最好范例，利用导数在函数最值问题中的应用，直奔主题，开启求导模式，通过函数的单调性发现最值点，然后求解，实际上体现了化归的数学思想.

同时，应当看出，数学思想方法在解决数学问题时的运用不是独立的，一个问题的解决过程中，可能是几种不同的思想方法的综合使用，也是学生数学眼光、数学思维和数学语言的综合体现.《普通高等学校招生全国统一考试大纲的说明》中指出：数学思想方法是数学知识在更高层次上的抽象与概括，蕴含在数学知识的发生、发展和运用之中，能够迁移并广泛运用于学科学习和社会生活. 从这个意义上讲，数学思想方法是数学核心素养的承载.

2. 数学核心素养是数学能力的内化与沉淀

《普通高中数学课程标准（2017 年版）》凝练出的数学核心素养是数学抽象、逻辑推理、数学建模、直观抽象、数学运算和数据分析. 这六大核心素养，与《考试说明》中提出的数学能力中的抽象概括、推理论证、运算求解、空间想象、数据处理等能力和应用意识等要素几乎是一一对应的. 在这一节阅读课中，阅读文本中的"将 y 看成已知数，函数式看成以 x 为未知数的方程，求方程有实数解的条件"，实际上就体现了核心素养中的数学抽象，即将一个函数解析式，通过确立主元，重新抽象成一个方程，然后通过方程解决问题；C 同学和 H 同学都是运用数形结合的思想解题，体现了核心素养中的直观想象；而无论是 D 同学的联立方程组，还是 E 同学的导数的运算及几何意义的应用，都告诉我们，逻辑推理和运算求解这两个核心素养几乎无处不在；F 同学通过转化的思想，构造了一个三角函数的有界问题，实际上也是核心素养中数学建模的理念；M 同学通过导数解决函数的最值问题，实际上就是逻辑思维能力的集中表现. 数学教学的根本目标是提升学生的数学核心素养，通过教学，引导学生会用数学的眼光观察世界，会用数学的思维思考世界，会用数学的语言表达世界，这就需要通过强化学生"四基"，即基础知识，基本技能，基本思想和基本活动经验，在提高学生的数学能力，并将数学能力内化成数学素养，从而使学生形成良好的数学品质.

掌握数学知识、形成数学思想、提高数学能力、提升数学素养，应该是我们数学教学所追求的目标. 应当看到，数学思想的形成和数学素养的提升并不是一个抽象的指令，而是要落实在具体的教学实践中，如一节课、一道题等.

突然想起唐代诗人刘长卿的一句诗：过雨看松色，随山到水源．如果我们每一节课后都因看到学生数学能力的提高而欣慰，都因学生体验数学思想火花的碰撞而思考，那么数学核心素养就离我们不远了，也许这就是数学教育的本源．

参考文献：

[1] 李尚志．核心素养怎么考（五）[J]．数学通报，2018（7）：1-7．

[2] 教育部．普通高中数学课程标准（2017年版）[M]．北京：人民教育出版社，2017

究竟谁是正确的?

——一个解三角形问题的探究活动实录

甘肃省嘉峪关市第一中学 何军海

（本文发表于《中学数学教学参考》2015 年第 5 期）

在完成《正弦定理和余弦定理》的教学之后，有一节《应用举例》，笔者设计了一节探究课. 这是一个相对的"差班"，教学的节奏自然慢一些，首先我在电子白板上向学生展示了下面一个应用问题.

问题：如图 1 所示，某观测站 C 在城 A 的南偏西 20°的方向，从城 A 出发有一条走向为南偏东 40°的公路，在 C 处观测到距离 C 处 31km 的公路上的 B 处有一辆汽车正沿公路向 A 城驶去，行驶了 20km 后到达 D 处，测得 C，D 两处距离为 21km，求此时汽车距离 A 城多少千米.

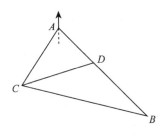

图1

学生按照原来探究课堂的既定方案分成 5 个组，由组长组织进行小组合作探究. 15 分钟以后，各组汇报探究结果. 有 3 个组长举手示意探究结束，还有 2 个小组说正在探究中. 限于时间，先由已经有结果的组选派代表利用实物投影进行展示，还没有结果的组，一边听一边继续探究.

第一组一位女生展示如下：很显然，问题就是求 AD 的长．而 AD 所在的三角形为 $\triangle ACD$，在 $\triangle ACD$ 中，已知条件只有一边和一角，即 $CD = 21\text{km}$，$\angle CAD = 60°$，这就需要借助其他三角形再求得一个边或者是一个角．我们将视线转向 $\triangle BCD$，在 $\triangle BCD$ 中，$BC = 31\text{cm}$，$CD = 21\text{cm}$，$BD = 20\text{cm}$，那么

$$\cos B = \frac{20^2 + 31^2 - 21^2}{2 \times 20 \times 31} = \frac{23}{31}，$$ 则 $\sin B = \frac{12\sqrt{3}}{31}$，这样，在 $\triangle ABC$ 中，由正弦定

理 $\frac{AC}{\sin B} = \frac{BC}{\sin A}$，解得 $AC = 24\text{cm}$．回到 $\triangle ACD$ 中，设 $AD = x$，由余弦定理可得

$$CD^2 = AC^2 + AD^2 - 2 \times AC \times AD \times \cos A，$$ 也就是 $21^2 = 24^2 + x^2 - 2 \times 24 \times x \times \frac{1}{2}$，

整理得，$x^2 - 24x + 135 = 0$，解之得，$x = 15$ 或 $x = 9$．从而，问题得到解决，即此时汽车距离 A 城 15km 或者 9km.

当掌声还未落下，第二组的组长已经迫不及待地走上讲台，在用实物投影展示自己的结果的同时，绘声绘色地讲解着：我们的解法和上面的有所不同，结果也好像有一些出入．沿用前面同学的思路，我们如果要借助 $\triangle BCD$ 为在 $\triangle ACD$ 中求解 AD 创造条件，那就应该寻找联系最紧密的元素，我们认为是 $\angle CDA$ 和 $\angle CDB$ 这一对补角．在 $\triangle BCD$ 中利用三条边已知，就可以解出 $\cos \angle CDB$，从而得到 $\cos \angle CDA$，这样就可以在 $\triangle ACD$ 中求出 $\sin \angle ACD$，进而用正弦定理解出 AD 的长．具体过程如下：在 $\triangle BCD$ 中

$$\cos \angle CDB = \frac{20^2 + 21^2 - 31^2}{2 \times 20 \times 21} = -\frac{1}{7}，$$ 则 $\cos \angle CDA = \frac{1}{7}$，因此 $\sin \angle CDA =$

$\frac{4\sqrt{3}}{7}$，那么 $\sin \angle ACD = \sin(\angle ADC + 60°) = \frac{4\sqrt{3}}{7} \times \frac{1}{2} + \frac{1}{7} \times \frac{\sqrt{3}}{2} = \frac{5\sqrt{3}}{14}$，于

是在 $\triangle ACD$ 中，由正弦定理 $\frac{AD}{\sin \angle ACD} = \frac{CD}{\sin A}$，$AD = \frac{21}{\frac{\sqrt{3}}{2}} \times \frac{5\sqrt{3}}{14} = 15\text{km}$，并没

有出现刚才的两种结果呀！

"老师，我们组也没有出现两种结果．"第三组一位女同学举手说着．"那你上来展示一下你们的做法吧．"我跟着说道．只见她快步走上讲台，拿起粉笔开始比划：其实我们是集两家方法之大成（大家笑了），一开始我们和第二

组的思路差不多，借助于 $\angle CDA$ 和 $\angle CDB$ 这一对补角，求出 $\cos\angle CDA = \dfrac{1}{7}$，

从而 $\sin\angle CDA = \dfrac{4\sqrt{3}}{7}$，那么在 $\triangle ACD$ 中，由正弦定理 $\dfrac{AC}{\sin\angle CDA} = \dfrac{CD}{\sin A}$，解得

$AC = 24\text{km}$. 接下来又和第一组同学的想法一样，设 $AD = x$，还在 $\triangle ACD$ 中，

由余弦定理 $AC^2 = CD^2 + AD^2 - 2\times CD\times AD\times\cos<CDA$，即 $24^2 = 21^2 + x^2 -$

$2\times 21\times x\times\dfrac{1}{7}$，整理得，$x^2 - 6x - 135 = 0$，解之得，$x = 15$ 或 $x = -9$（舍去），

很显然 $AD = 15\,\text{km}$ 是唯一的解．

　　"老师，我们也有结果了！" 刚才还没有结论的第四组组长兴奋地报告道，

"那就让我们分享一下．" "好的．" 只见他走上讲台，稳健地说：前三组求解

AD 时，最后的阵地都是 $\triangle ACD$，我们选择的阵地是 $\triangle ABC$. 正如第一组同学已

经求出，$\cos B = \dfrac{20^2 + 31^2 8 - 21^2}{2\times 20\times 31} = \dfrac{23}{31}$，$\sin B = \dfrac{12\sqrt{3}}{31}$，而 $A = 60°$，因此，在

$\triangle ABC$ 中，$\sin\angle ACB = \sin(A + B) = \dfrac{\sqrt{3}}{2}\times\dfrac{23}{31} + \dfrac{1}{2}\times\dfrac{12\sqrt{3}}{31} = \dfrac{35\sqrt{3}}{62}$，由正弦定

理 $\dfrac{AB}{\sin C} = \dfrac{BC}{\sin A}$，可以解得 $AB = 35\text{km}$，从而 $AD = AB - BD = 15\text{km}$，结果应该

也是唯一的．

　　这时第五组的一位男生站了起来，腼腆地说："看来这次我们落伍了，但我

们的解法还是请老和同学们诊断一下．" 我们主要抓住 $\angle CDA$ 和 $\angle CDB$ 这两个

角互补，则它们的余弦值之和为零，即 $\cos\angle ADC + \cos\angle BDC = 0$，在与第一

组同学一样，在 $\triangle BCD$ 中利用余弦定理求出 $\cos B = \dfrac{20^2 + 31^2 - 21^2}{2\times 20\times 31} = \dfrac{23}{31}$，$\sin B$

$= \dfrac{12\sqrt{3}}{31}$，之后在 $\triangle ABC$ 中，由正弦定理 $\dfrac{AC}{\sin B} = \dfrac{BC}{\sin A}$，解出 $AC = 24\text{km}$，也设

$AD = x$，那么 $\dfrac{21^2 + x^2 - 24^2}{2\times 21\times x} + \dfrac{21^2 + 20^2 - 31^2}{2\times 21\times 20} = 0$，整理得 $x^2 - 6x - 135 = 0$，

解之得，$x = 15$ 或 $x = -9$（舍去），和第二组同学的答案完全相同，$AD = 15\,\text{km}$

是唯一的解．

　　五个小组的展示结束了，作为老师，我为同学们的良好表现感到由衷的高

兴！然而，下课的铃声已经响了，很显然有一个问题还没有解决，那就是第一组同学的答案为 $x = 15$ 或 $x = 9$ 两种结果，而其他组都是一种结果．究竟谁是正确的？课堂上已经没有时间做进一步的探究，我就做本节课的最后陈词：同学们，今天我们的解题探究非常成功，通过探究，我们能够熟练地运用正弦定理和余弦定理解三角形了，目前留下一个问题，就是结果的唯一性问题．第一组的结论不唯一，其余四组都是唯一的，究竟是少数服从多数，还是真理往往掌握在少数人手里，我们拭目以待！今天留下一个课外作业，下来大家利用课余时间互相讨论，我也不限形式，但明天上午数学课的课前演讲由第一组组长就这一问题发表看法，因为今天你们与众不同．我们看看，今天究竟谁是正确的，下课！

第二天的课堂演讲开始了，第一组组长走上讲台，向老师行礼后开始了他的演讲：昨天下课后，我们小组成员结合其他组的唯一结果，做了重新思考，发现我们的结果是错误的．首先我们假设 $AD = 9\text{km}$，那么在 $\triangle ACD$ 中，$21^2 + 9^2 - 24^2 < 0$ 这就是说 $\angle CDA$ 也是一个钝角，而在 $\triangle BCD$ 中，$\cos \angle CDB = \dfrac{20^2 + 21^2 - 31^2}{2 \times 20 \times 21} = -\dfrac{1}{7}$，即 $\angle CDB$ 是已经确定的，$\angle CDB$ 是钝角，这与 $\angle CDA$ 和 $\angle CDB$ 这两个角互补是矛盾的．而之所以产生这样一个增根，是因为我们在 $\triangle ACD$ 中，使用余弦定理时，利用边 AD 和 AC 及其夹角，而 AD 本身就是未知的，计算中又未曾涉及 $\angle CDA$，自然有可能产出增根．这就提醒我们今后遇到两种结果时，一定要进行必要的合理性检验，以防止产生错误的结果．

思路非常清晰吧！看来合作探究和自主探究在学生学习过程中的作用是巨大的，难怪新课程理念特别强调学生的合作交流，作为老师，其实也是蛮受教育的．当我们放开手，充分发挥学生的主观能动性的时候，不仅会产生上节课多姿多彩的解题思路，同时也会促进学生今天对解题误区的深刻反思．所谓教无定法，但只要我们施教者用心发现，这样的课堂，一定是极好的！

基于数字化课堂的高中数学微课的教学应用策略和效果评估

甘肃省嘉峪关市第一中学　卢会玉

（本文发表于《考试周刊》2019 年第 36 期）

摘　要： 本文从基于数字化课堂的高中数学微课的教学应用策略和效果评估的视角出发，以数字化课堂教学为切入点和突破口，从课前的制作微课、课堂上师生的双边活动等方面入手，改革传统课堂的授课模式，解决好主体和客体、手段和目的、预设和生成等之间的矛盾，力争在课堂教学的各个环节进行实践，使微课为优化课堂教学服务，从而提高课堂教学效率，提高教学质量，为学生的可持续发展和终身学习创造条件，同时促进教师专业化发展.

关键字： 数字化、微课、高中数学

一、课题提出的背景

随着时代的发展，数字化课堂也越来越普及，很多一线教师都进行着数字化的教学. 数字化教学是指教师和学习者在数字化的教学环境中，遵循现代教育理论和规律，运用数字化的教学资源，以数字化教学模式培养适应新世纪需要的具有创新意识和创新能力的复合型人才的教学活动. 简单地说，数字化教学就是利用多媒体教室、电脑等现代化多媒体载体进行的教学.

数字化平台能够充分体现"分享"，在教学过程中，学生利用数字化设备拍照上传，教师搜集、选取、呈现资源. 数字化平台能够及时反馈课堂效果，

学生在平台上完成练习，教师能及时知晓学生作业完成情况，并根据获取的数据统计，及时调整教学行为，从而更好地提高教师的教学效率和学生的学习效率.

微课随着时代的潮流应运而生. 微课是指按照最新颁布的国家课程标准及教学实践要求，以帮助学生解决学习中的问题或梳理学习方法为目的，以短小（5 分钟左右）的视频为主要媒体形式的数字教学资源. 微课关注的是学生对知识习得和问题解决的过程，是为学生自主学习和问题自我解决提供必要的帮助，从而使学生高效地学习，有效地解决数学问题，提升学生的数学素养.

2017 年 11 月，我校开展了"甘肃省陇原名师工作室高中数学主题研修活动"，我非常荣幸地承担了一节示范课——《导数的应用》，在课堂中充分利用微课和学生一起回忆了导数的概念和性质，不仅节省了课堂时间，还让学生梳理了导数知识，课后反响很好，也带给我很多思考. 数字化时代已经到来，数字化课堂也越来越普及，那我们为什么不把"数字化课堂"和"微课"联系在一起呢，说不定还能碰撞出不一样的火花呢.

二、课题核心概念的界定、国内外研究现状述评、课题意义以及课题研究价值

本课题核心概念中的关键词是数字化、微课、高中数学. 在国外的研究中，与"微课"有关的名词有 minicourse、microlecture、microlesson 等. 新加坡教育部于 1998 年实施的 MicroLessons 研究项目，涉及多门课程领域，其主要目的是培训教师构建微型课程，其课程一般为 30 分钟至 1 个小时，在教学目标单纯集中，重视学习情境、资源、活动的创设，为学生提供有效的学习支架，同时也为教师提供一系列支架，帮助其进行具体的教学设计；2008 年秋，美国新墨西哥州圣胡安学院的"一分钟教授"戴维·彭罗斯（David Penrose）因首创了影响广泛的"一分钟的微视频"的"微课程"（Microlecture）而声名远播，其核心理念是要求教师把教学内容与教学目标紧密地联系起来，以产生一种"更加聚焦的学习体验". 可以看出：国外越来越重视"微课程""微视频"的研究，但其核心组成资源不统一，有的是教案式，有的是视频式；课程结构较为松散，

主要用于学习及培训等方面，应用领域有待扩充；课程资源的自我生长、扩充性不够．

国内对微课内涵的认识经历了一个循序渐进的过程：胡铁生自 2012 年起担任全国中小学教师微课大赛评委，专注于微课等领域的实践与研究．他在 2011 年、2012 年和 2013 年三个不同时期分别给出了微课的定义：①2011 年，胡老师把微课定义为"以教学视频为载体，针对某个知识点或教学环节，而开展的各种教学资源的有机结合体"；②2012 年，他定义微课是"包含与教学相配套的'微教案''微练习''微课件''微反思'及'微点评'等支持性、扩展性资源的新型网络课程资源"；③2013 年，胡老师定义微课是"基于网络运行的、不受时空限制的微型网络课程资源"．同一时期，国内其他教育技术专家对微课均有不同的定义：2013 年 4 月，黎加厚定义它是"有明确教学目标、内容短小、集中说明一个问题的小课程"；2013 年 4 月，张一春定义微课是"经过精心的信息化教学设计，围绕某个知识点开展的教学活动"．

微课的概念表述之所以有差异，主要是由于随着微课的发展，人们对"微课"的认识变得越来越深刻和全面，其概念内涵也在不断发展和丰富．定义虽不同，但其核心元素是基本相同的，凡是符合这些核心元素，都可称之为微课：一段短的音频或视频陈述（5—10min）；围绕一个或几个重要的知识点，具备完整的教学设计，具备网络学习平台与良好的信息化教学支持服务，支持有线网络终端与移动终端的学习．

以"微课""Microlecture"为检索词，经检索共查到文献 876 篇，相关文献 253 篇，其中，依据文献的被引频次、文献的学术性、文献与教育的相关度、文献能否下载等因素对检索文献进行筛选，共选取 120 篇 CSSCI 来源期刊文献并对其进行了重点分析，发现这些有关微课的论文的研究方向主要是以下这五个，如图 1 所示：有 36% 的文章写了有关微课的概念及内涵，24% 写了学科应用．这说明我国对微课的研究大部分停留在微课概念本身，只是研究理论方面，对数字化课堂背景下的应用及其效果评价还很少，所以对微课的应用方面的研究，尤其是数字化课堂背景下的研究，空间还很大，我们还肩负重大使命．

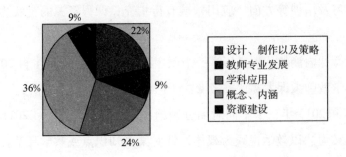

图1

三、课题的研究目标、研究内容、研究假设和拟创新点

对学生而言，通过此课题的研究，努力培养学生的创新精神和实践能力，开发学生的潜能，优化学生的素质.让学生在新颖的数字化课堂上利用微课自主探究，培养思维，达到全面发展，适应新时代发展对人才的要求；对教师而言，增强教师对数字化课堂的驾驭能力，利用微课优化课堂教学的主要环节，提高教育教学能力，发展自我，成长为新一代科研型教师.

此课题的研究内容有：①基于数字化课堂的微课制作的基本方法、注意事项及备课方式的探索和研究；②基于数字化课堂的微课在课堂教学各个环节呈现的基本特点；③基于数字化课堂的微课优化课堂教学环节提高课堂效率的主要方法；④基于数字化课堂如何设计出一系列可供学生自主学习的微课堂，为学生课后的自主学习提供实用的平台.

随着当前社会互联网时代的蓬勃发展以及现代社会对教育的全新要求，数字化课堂已经越来越普及，如果我们把高中学生对高中数学重点模块必修＋选修（函数、解析几何、立体几何、数列、排列组合等）知识的学习情况及学生自主学习能力的情况都做研究与假设，再利用现代手段制作出高质量的微课，让学生在学习的过程中想学就能找到相应的微课，暨不耽误太多的时间，又解决了问题，何乐而不为？在数字化时代，让微课活跃在课堂外，也让微课活跃在课堂中，让学生乐学、会学！这就是本课题研究假设之所在.

《基础教育课程改革纲要解读》指出："有效教学是为了提高教师的工作效益、强化过程评价和目标管理的一种现代教学理念."那么在现代的数字化课堂引入微课，不就是为了提高效率吗？不就是真正地朝着有效教学努力吗？所以，本课题拟通过"数字化课堂微课的应用"的设计实施以及应用与效果评价，力争让教师的教学成为有效教学，学生的学习成为有效学习．从而整理出一套高中数学微课集，包含"情景引入微课""导学微课""重难点微课""答疑型微课""习题微课"等．这也就是本课题的创新点．

四、课题的研究思路、研究方法、技术路线和实施步骤

基于对数字化课堂和高中数学微课的相关性思考，本课题的研究思路是：先从"文献研究"开始，通过查阅与微课相关的文献资料，探讨相关理论；其次从"调查研究"入手，通过问卷调查方式获取研究前后的详细资料，问卷有教师版和学生版再次，紧接着"制定方案"，制定出高中数学包含"情景引入微课""导学微课""重难点微课""答疑型微课""习题微课"等应用实践的规划和方案．进入到"具体实施"过程，"微课"如何走进数字化课堂？没有使用微课和使用了微课的高中数学课堂教学效果评价，等等，每位参与课题的成员都要有详细的活动过程记录与反思．这其中的"方法构建"要贯穿始终，形成经验是非常有必要的．最后"推广应用"，在实践应用中提升理论，形成理论性成果，在一定范围内推广应用，这是最终的目标．

本课题拟采用的研究方法：①文献法，即参考有关微课，认真学习"中国微课网"上相关文章、视频资料，探索尝试制作微课，针对自己的实践进行反思，再进行实践和研究，得出具有推广价值的一般规律和方法；②行动研究法，围绕微课和学科教学的有效结合的途径和方法，规划研究方向，以数字化课堂教学为抓手，在教学实践中进行观察、研究、反思、总结，得出切实可行的规律和方法，为进一步提升教学品味服务；③问卷调查法，即及时了解掌握学生对哪些知识点通过微课更容易接受，知道什么样的微课展示形式更受学生的欢迎，积极改进微课的制作和展示形式，最终对效果进行合理评估．

本课题研究的技术路线是：以高中数学必修＋选修知识为自变量，以"点对点型微课"为因变量，以实际教学需求为控制变量．同时课题组要善于从微课的实践中获得经验与教训，反过来形成更加成熟的教学策略，不仅关注实际过程的体验，而且完成相应的理论生成．

课题研究的实施步骤是：

第一阶段为课题论证、申报立项、开题报告阶段（2018 年 4 月—2018 年 8 月），制定出切实可行的课题研究计划；

第二阶段为课题研究主要实施及中期报告阶段（2018 年 9 月—2020 年 1 月），按照课题研究计划完成每一项研究任务；

第三阶段，课题研究成果整理、结题报告阶段（2020 年 2 月—2020 年 4 月），写出一份高质量的课题研究结题报告，接受省规划办的成果鉴定.

参考文献：

［1］ 赵乐，马玉慧. 微课研究综述：基于 CNKI（2011—2015）的文献分析［J］. 中小学电教，2015（10）：3—6.

由学生发问引起的一场头脑风暴

甘肃省嘉峪关市第一中学　卢会玉

（本文发表于《理科考试研究》2017 年第 13 期）

摘　要：同学们在今天的探究课中得到了很多，那些思想与思想碰撞出的火花，那些认真而又激烈的争辩，对学生来说是进行了一场头脑风暴的洗礼，对我来说拷问了我的心灵．我不禁要问自己：很多时候我的备课是否真的那么充分？是不是应该多安排一些这样探究课？新课程的理念我真的参透了吗？

关键字：高三数列探究

高三的复习进行得如火如荼，每一位学子都在为自己的未来努力打拼着，他们高涨的热情也表现在所做的每一道数学题当中．笔者执教的高三复习遇到了这样一道题．

问题：已知数列 $\{a_n\}$ 中，$a_1 = \dfrac{3}{5}$，$a_n = 2 - \dfrac{1}{a_{n-1}}$（$n \geq 2$，$n \in \mathbf{N}^*$）数列 $\{b_n\}$ 满足 $b_n = \dfrac{1}{a_n - 1}$（$n \in \mathbf{N}^*$）．

（1）求证：$\{b_n\}$ 是等差数列；

（2）求数列 $\{a_n\}$ 中的最大项和最小项，并说明理由．

由于是高三复习，夯实基础的是重点，所以，上课时第一问我是用这种方法讲解的．

分析：本题第二问显然是建立在第一问的基础上，只有求得 b_n，才能利用 $b_n = \dfrac{1}{a_n - 1}$，即 $a_n = \dfrac{b_n + 1}{b_n}$ 求出 a_n．

解:（1）因为 $a_n = 2 - \dfrac{1}{a_{n-1}}$（$n \geq 2$，$n \in \mathbf{N}^*$），且 $b_n = \dfrac{1}{a_n - 1}$．所以，当

$n \geq 2$ 时，$b_n - b_{n-1} = \dfrac{1}{a_n - 1} - \dfrac{1}{a_{n-1} - 1} = \dfrac{1}{\left(2 - \dfrac{1}{a_{n-1}}\right) - 1} - \dfrac{1}{a_{n-1} - 1} = \dfrac{a_{n-1}}{a_{n-1} - 1} -$

$\dfrac{1}{a_{n-1} - 1} = 1$．

又 $b_1 = \dfrac{1}{a_1 - 1} = -\dfrac{5}{2}$，所以，数列 $\{b_n\}$ 是以 $-\dfrac{5}{2}$ 为首项，以 1 为公差的

等差数列．

（2）由（1）可知，$b_n = n - \dfrac{7}{2}$，则 $a_n = \dfrac{b_n + 1}{b_n} = 1 + \dfrac{2}{2n - 7}$．

设函数 $f(x) = 1 + \dfrac{2}{2x - 7}$，可知 $f(x)$ 在区间 $\left(-\infty, \dfrac{7}{2}\right)$ 和 $\left(\dfrac{7}{2}, +\infty\right)$ 上为

减函数．

所以，当 $n = 3$ 时，a_n 取得最小值为 -1；当 $n = 4$ 时，a_n 取得最大值为 3．

由于讲这道题的初衷是让学生感受两种不同的变换，同时再给学生示范书写，所以此刻就可以结束这道题了．我正想说那我们看下面一个问题时，突然有个学生举手说："如果这道题没有第一问，而是直接求数列 $\{a_n\}$ 中的最大项和最小项，那该怎么办？"．很显然，如果没有 b_n 这个"好数列"做支撑，直接求 a_n 是不太容易的．我停顿了一下，临时决定把下节数学习题课变为一节数学探究课．

我利用下课十分钟做了一些准备，做出了如下的三个探究课题：

（1）已知数列 $\{a_n\}$ 中，$a_1 = 1$，且 $a_n = 2a_{n-1} + 1$（$n \geq 2$，$n \in \mathbf{N}^*$），求 a_n；

（2）已知数列 $\{a_n\}$ 中，$a_1 = 1$，且 $a_n \cdot a_{n-1} + 2a_n - a_{n-1} = 0$（$n \geq 2$，$n \in \mathbf{N}^*$），求 a_n；

（3）已知数列 $\{a_n\}$ 中，$a_1 = \dfrac{3}{5}$，$a_n = 2 - \dfrac{1}{a_{n-1}}$（$n \geq 2$，$n \in \mathbf{N}^*$），求 a_n．

教师：上节课同学甲提到的问题非常好，为了解决"已知并不熟悉的递推公式 $a_n = 2 - \dfrac{1}{a_{n-1}}$（$n \geq 2$，$n \in \mathbf{N}^*$），求通项 a_n"的问题，这节课我们就对这个问题做一些探究．我准备了三道题，大家先从第一题开始，可以独立思考，

也可以合作完成.

（几分钟后）

学生乙：第一题，我们可以观察出 $a_n + 1 = 2(a_{n-1} + 1)$，也可以引入变量 x，使得原式变为 $a_n + x = 2(a_{n-1} + x)$，从而得知 $x = 1$. 这样就得到了一个等比数列 $\{a_n + 1\}$，它的首项为 $a_1 + 1 = 2$，公比为 2，所以 $a_n + 1 = 2 \cdot 2^{n-1} = 2^n$，从而 $a_n = 2^n - 1$.

教师：这道题我们是比较熟悉的，这位同学解得很好，表述得也很有条理. 那么，下面同学再思考第二题.

学生丙：这道题可以给等式的两边同时除以 $a_n \cdot a_{n-1}$，则原式会变为 $\frac{1}{a_n} = \frac{2}{a_{n-1}} + 1$，这样就和第一题的解法一模一样了，也就是说，最后的答案是 $a_n = \frac{1}{2^n - 1}$. 不过，有一个问题我还没来得及思考，那就是 $a_n \cdot a_{n-1}$ 能不能取 0，因为要同时除以 $a_n \cdot a_{n-1}$，所以，我们必须要考虑这个问题.

教师：我们要为同学丙鼓掌，因为他非常快速地观察到同时除以 $a_n \cdot a_{n-1}$ 后所得到的结论和第一题题型几乎一样，而且还注意到了 $a_n \cdot a_{n-1}$ 能不能取 0 的问题. 接下来请同学们将这个问题彻底进行完善.

学生戊：把 $a_1 = 1$ 代入递推公式可以算出 $a_2 \neq 0$，以此类推，每项都不会为 0.

学生乙：你的这个说法有问题，要是类推到 $a_{100} = 0$ 怎么办？我觉得应该用反证法，假设有一项为 0，比如让 $a_{n-1} = 0$，代入 $a_n \cdot a_{n-1} + 2a_n - a_{n-1} = 0$，又会得到 $a_n = 0$，这是不可能的，和已知是矛盾的.

（此时爆发了热烈的掌声）

教师：同学乙的思维非常缜密，让这道题变得非常完善. 那么，现在真正的问题来了，第三题如果进行一个简单的变形就会变为 $a_n \cdot a_{n-1} + 1 = 0$，从结构上看和第二题有相似之处，但也有区别. 区别就是多了一个常数 1，少了关于 a_n 的项. 现在请大家好好想想，我们有什么办法可以直接解决这个问题.

学生甲：因为 $a_n = 2 - \frac{1}{2_{n-1}}$，所以 $a_n - 1 = 1 - \frac{1}{a_{n-1}}$，即 $a_n - 1 = \frac{a_{n-1} - 1}{a_{n-1}}$.

两边取倒数可得 $\dfrac{1}{a_n - 1} = \dfrac{a_{n-1}}{a_{n-1} - 1}$ ，从而 $\dfrac{1}{a_n - 1} = \dfrac{a_{n-1}}{a_{n-1} - 1} = \dfrac{a_{n-1} - 1 + 1}{a_{n-1} - 1} = 1 + \dfrac{1}{a_{n-1} - 1}$.

所以 $\dfrac{1}{a_n - 1} - \dfrac{1}{a_{n-1} - 1} = 1$ ，即 $b_n - b_{n-1} = 1$. 这就和老师您讲的方法殊途同归了.

教师：这种方法非常好，但是需要有很强的观察力，要有非常好的数学功底才能解决.

（几分钟后）

学生甲：我们小组又研究出了一种方法，可以引入一个 x ，把原式 $a_n \cdot a_{n-1} - 2a_{n-1} + 1 = 0$ 变为 $(b_n - x) \cdot (b_{n-1} - x) - 2(b_{n-1} - x) + 1 = 0$ ，也就是令 $b_n - x = a_n$.

展开得 $b_n \cdot b_{n-1} - xb_n - (x + 2)b_{n-1} + x^2 + 2x + 1 = 0$.

令 $x^2 + 2x + 1 = 0$ 得 $x = -1$ ，代入上式又得 $b_n \cdot b_{n-1} + b_n - b_{n-1} = 0$ ，这时等式两边再同除 $b_n \cdot b_{n-1}$ 以后得到 $\dfrac{1}{b_n} - \dfrac{1}{b_{n-1}} = 1$ ，这又和第二题是同类型的题了.

教师：你们小组解决得非常好，轻松化解了多余一个常数 1 和缺少关于 a_n 项的问题，使陌生的问题又回到了熟悉的问题上.

这道题得到了完美的解决，同学们都很兴奋，无不感叹思想的巧妙，可谓是山重水复疑无路，柳暗花明又一村！也可能是巧合也可能是天意，当我们的探究进行到这里时，正好下课的铃声也响了，同学们都非常满意地出去课外活动了，作为老师的我却陷入了深深的思考中.

参考文献：

［1］唐成日. 一节高中数学探究课实录——"弦长公式"的教学［J］. 新教育时代，2014（16）.

新课程背景下高中数学教师的合作教学

甘肃嘉峪关市第一中学　甄　荣

（本文发表于《考试周刊》2013 年第 40 期）

摘　要： 加强高中数学教师合作教学是高中数学新课程顺利实施的需要和保障，也是时代发展的要求．本文主要阐述了高中数学教师合作教学的含义、合作教学的意义、实施合作教学的主要途径以及合作教学过程中可能存在的一些问题及对策，充分说明了数学合作教学对数学教师专业发展和学校发展的重要性．

关键词： 合作教学；含义；意义；途径；对策

一、问题的提出

新一轮的课程改革在甘肃已全面实施，数学新课程在推行的过程中或多或少地出现了一些新的问题．"算法初步"作为重要内容第一次被列入高中数学必修课程，这给很多教学经验丰富的老教师造成了很大的压力，同时也给初站讲台的年轻教师带来了很多机会．在这一章的教学过程中，我们根据学校的实际情况和教师的个性特点尝试了合作教学，以至于多次出现了"我替师傅上堂课"的情景．作为课改主力军的一线教师，我们不得不重新定位自己的角色，以提高专业素质．教师与教师之间要互相合作，互通信息，互助分享，就像普通高中数学课程标准中要求的学生要学会互相合作一样，教师间的合作教学关系到教师的专业成长，关系到新课程的成功实施，因此每一位教师都必须学会合作，科学高效地进行合作教学．我们已经越来越深刻地认识到教师合作教学在顺利推行新课程中的重要性. 如何认识新课程背景下数学教师的合作教学, 如何高效地实施新课程下的合作教学, 合作教学过程中又会出现哪些问题, 这些都已成为每个数学教师应该思考的问题, 笔者将就上述几个问题进行阐述.

二、新课程背景下数学教师合作教学的含义

"合作"是一种双赢互惠的行为, 既有利于自己, 也有利于自己的同伴. 教师合作是指教师在互相关怀、互相信赖、平等和谐的基础上进行对话、讨论、交流、协商、分享, 为达到共同目标而努力的一个过程.

"数学教师合作教学"就是为了达到数学新课程的三维教学目标, 围绕某个数学教学问题, 教师之间互相帮助、互相交流、互相借鉴、互相批评、共同分享、共同提高的一个过程.

正如佐藤学教授所言: "学校成功的决定性要因在于教师专业成长的合作关系的有无, 教师专业成长的决定性要因也在于校内教师合作关系的有无." 实现数学教师的合作教学, 既可以提高数学教师个体的专业能力和专业素养, 也可以促进团队的共同成长, 如真正地实现数学学科组的价值、承担起学科教学研究的责任, 用集体的智慧编写教材等.

三、新课程背景下数学教师合作教学的意义

一学期的合作教学后, 为了真正了解数学教师合作教学的意义, 笔者对参与高一数学合作教学的 6 位教师进行了开放式的访谈调查, 涉及专业知识、新课程教学设计能力、新课程课堂教学质量、教师之间的感情和节省资源、时间等 5 个方面. 从访谈的情况来看, 除了两名教师对专业知识的提高这一项没有给出明确的答案外, 其余答案均为肯定 (见表1).

自然界有这样一种现象: 当一株植物单独生长时, 显得矮小、单调, 而与众多同类植物一起生长时, 则根深叶茂, 生机盎然. 人们把植物界中这种相互影响、相互促进的现象, 称之为 "共生效应". 事实上, 我们人类群体中也存在 "共生效应". 在一个人才荟萃的群体中, 人才间的互相交流、信息传递、互相影响往往会极大地促进人才群体的提高.

表1　数学教师合作教学的意义访谈情况记录表

项目	教师1	教师2	教师3	教师4	教师5	教师6
专业知识	√		√	√	√	
教学设计能力	√	√	√	√		√
课堂教学质量	√	√	√	√		√
教师间感情	√	√	√	√		√
节省资源和时间	√	√	√	√		√

其实，教师通过合作教学提高教育教学水平正是"共生效应"的一种体现．笔者认为数学教师开展合作教学有很多重要意义，主要体现在以下几个方面．

（一）新课程背景下的合作教学有利于促进数学教师的专业发展

新课程的全面实施对教师的专业发展提出了更高的要求，教师要不断汲取新的营养，不断充实自己．事实上，合作教学为数学教师提供了一个很好的平台，教师之间通过集体备课、集体教研、合作授课等形式互相学习、互相督促，做到资源共享、经验共享，不断改进自己的不足，提高教育教学水平．同时，不同学科间教师的合作还可以促进教师的全面发展．虽然短时间成为一个全才是不可能的，但是不经意间就会和新课程背景下的综合型教师的距离又缩小了一步．例如算法与信息技术的整合，数学教师与计算机教师合作鼓励学生上机操作，既可以激发学生学习算法知识的兴趣，又可以促进数学教师提高计算机水平．

（二）新课程背景下的合作教学有利于减轻数学教师的教学负担

在新课程全面铺开的今天，传统的个人备课形式已经显得有点"力不从心"了．高中数学教学内容和教学方式都发生了很大的变化，呈现出更强的自主性和开放性．为此，在教学设计时，我们不得不在查找资料、整合资料上花费更多的时间．这时，合作教学就体现出它独特的魅力，教师可以互通信息、资源共享，在很大程度上减少了人力、物力的浪费，大大减轻了教师的工作量，又彰显了不同教师的个性特点，从而提高了教师的工作效率．我校23位数学教师中，21位老师都认同上述观点（新课程背景下的合作教学是否有利于减轻数学教师的教学负担调查数据，如图1、图2所示）．

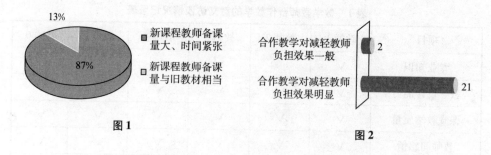

图1   图2

（三）新课程背景下的合作教学有利于保持数学教师的心理健康

新课程虽然如火如荼地实施着，可是数学教师因为学生成绩存在的压力还很大，数学教师难免会出现急躁、焦虑、嫉妒、不正常竞争等心理问题．合作教学可以缓解这一问题，教师通过合作教学必有的互相帮助、互相交流的形式，多一份信任、多一分理解、多一分和谐，从而避免了互相封闭、互相抵触的人际关系．在合作教学的过程中，教师共同体会成功的乐趣，保持了良好的心理状态．

四、新课程背景下数学教师合作教学的途径

叶圣陶先生曾经说过："教师要使自己的教育活动真正有益于学生，有益于教学质量的提高，教师之间就要团结合作，互相合作．"数学教师合作教学的途径有很多，下面结合本人自身特点和所在学校的实际情况阐述几条高效合作教学的途径．

（一）师徒结对

师徒结对这种方式可以极大地促进了青年教师的快速成长．在结对的过程中，老教师将自己的教学经验传承给年轻教师，帮助年轻教师尽快提高业务水平．徒弟要经常听师傅的课，汲取长处．师傅帮助徒弟要从小处入手，从备课开始，指导徒弟制定教学目标，进行教学设计．师傅带徒弟一起去听同行的课也是一种很好的方式，课后师徒一起评课，这样，年轻教师就能更好地找到差距，改进提高．师徒结对是一种双赢行为，年轻教师向老教师学习经验，不断成长．同时，年轻教师创新意识强、接触新事物多、教学手段先进，尤其是对多媒体的使用，这无形中给老教师带来了启发和帮助．

（二）集体备课

在新课程教学过程中，我们已经清楚地认识到教师不再是知识的权威，而是学习的组织者、引导者和合作者．课堂教学要贴近生活、注重设计、做好导演．如何进行集体备课？首先，教师可以对某一教学问题发表个人看法，经过对比、协商、整理等一系列程序，集众人之长，拿出最佳方案，达到集体备课的目的；其次，同教研组教师还可以每人准备两三篇主备课目，由该教师根据教材内容、课标要求和教学进度广泛查阅，搜集资料，独立研究教材，设计教学过程，写出教案；最后，由主备教师说课，同组教师认真倾听，提供相关资料，对该设计进行评析补充和修改，定案后打印，本组教师人手一份，供每位教师在课堂实践中借鉴使用．

（三）互动教研

"研讨出真知，研讨出效率"已成为构建学习型学科组的重要内容．互动教研是集体性的科研活动，它为促进教师的专业成长提供了又一重要途径．教师们集思广益探讨教学中存在的问题，有助于丰富他们的实践智慧，更是对教学过程的反思，取他人之长，补己之短．首先，我们根据学校的实际、学生的学情，编写讲义，不断实践完善，从教学走向研究，它给了教师们更多的互相交流、共同发展的机会；其次，我们还多次开展同堂异构课教学比赛，惊喜地发现，教师们的思维比以前开阔了，创新意识也增强了，更重要的是通过评课达到了"评一课、促多人、带一方"的目的．

（四）合作授课

合作授课是指打破传统的、单人单科授课格局，由两名（或两名以上）教师授课的方式．例如在数学课堂上，我们可以由一名教师主讲，其他教师也深入课堂，一方面参与到学生的小组合作中，为新课程下小组合作学习收集素材、积累经验，同时，辅助教师还可以帮助主讲教师注意到教学实践中那些在正常情况下隐藏起来的不为自己所知觉的一些方面，这就是所谓的"旁观者清"．再例如，在高中数学研究性学习中，教师可根据知识结构、能力倾向进行分工合作教学．这样就可以发挥每位教师的特长，使他们可以在自己的领域里各显其能、各尽其职．通过分工合作达到单人能力达不到的教学效果和学习效果，有效地实现资源的优化利用，也大大减轻了教师们的负担，提高了教学效率，可谓一举多得．

五、新课程背景下数学教师合作教学中可能出现的问题及对策

（一）不正当竞争与多元评价

竞争是教师发展的一种不可或缺的手段，有了竞争就有了动力．"分数才是硬道理"的观念已经在很多教师的心中根深蒂固，为此，教师间的竞争越来越激烈，甚至你死我活．于是，教师间便可能出现集体备课口是心非、集体教研流于形式这种不正当竞争的情况．事实上，竞争与合作并不矛盾，教师通过合作互相促进、共同提高、减少教师间的轻视与敌意，这样才能在共同成长的过程中友好竞争．当然，我们还可以采取集体竞争代替个人竞争、与校外竞争等形式，促进更多教师的专业成长．正如新课程注重学生学习的过程性评价一样，建立有利于促进教师专业成长的多元评价机制才是切切实实地实施合作教学的关键所在．

（二）走过场与成功体验

新课程实施中教师工作量有所增加，高中数学教师课前需要耗费大量的时间查阅资料、进行设计，课后又得花费大量的时间批改作业、辅导答疑．再加上竞争压力过大，很多教师对合作教学可能表现出口头上认可、行为上拒绝的特点．合作教学难免会出现集体备课成了简单的"教案之和""网络资源之并"等情况，于是合作教学便会流于形式．为此，我们提出让教师获得成功体验的策略来解决这一问题．比如一位教师要参加教学比赛，同合作小组的其他教师应该集思广益、在各方面帮助他，计算机水平高的教师可以帮其制作精美的课件，让他真正感受到集体的价值、合作的价值．合作有利于教师持续的专业发展，真正通过教师间的合作文化，改变教师间的人际关系，促进教师专业能力提高和学校发展．

正如加拿大著名教育学者迈克尔·富兰所说："我们需要的不是个别教师的孤立的激情，我们需要的是一种包括但又超越个体的激情．"高中数学教师合作教学在促进教师专业成长的同时，又为教师减轻了负担，优化了资源，提高了教育教学水平．在新课程背景下，我们只要正确认识合作教学并付诸实践，它必将为我们教师在各方面的成长带来无穷的动力．

参考文献：

［1］旦智塔．甘肃省普通高中新课程研修100问［M］．兰州：甘肃教育出版社，2012.

［2］杨玉东，吕世虎．数学课程改革中教师的分析［J］．数学教育学报，2002（1）．

［3］胡波．合作：新课程对教师的新要求［J］．课程．教材．教法，2004（7）.

［4］程仲．集体备课是一种教研幻想［J］．中国教育报，2004（7）.

［5］周湘辉．如此集体备课，还是"革掉"好"［J］．中国教育报，2005（7）.

核心素养视角下数学建模与数学
探究单元教学的思考

甘肃嘉峪关市第一中学　甄　荣

（本文发表于《数学学习与研究》2019 年第 12 期）

摘　要:《普通高中数学课程标准（2017 版)》将"数学建模"列为六大核心素养之一，与其他五个素养直接关联. 高中数学建模活动与数学探究活动是促进学生进一步形成和发展数学应用意识、提高实践能力的重要途径. 数学建模与数学探究的教学一直备受业界关注. 本文从高中数学建模与数学探究的地位、"1＋1"教学模式、实施步骤等方面做了一些分析.

关键词: 高中；数学建模；数学探究；教学

《普通高中数学课程标准（2017 版)》将"数学建模"列为六大核心素养之一，与其他五个素养直接关联. 高中数学建模活动与数学探究活动是促进学生进一步形成和发展数学应用意识、提高实践能力的重要途径.

一、高中数学建模活动与数学探究活动的重要地位

《普通高中数学课程标准（2017 版)》（以下简称《标准》）对"数学建模"这一核心素养的表述如下：数学建模是对现实问题进行数学抽象，用数学语言表达问题、用数学方法构建模型来解决问题的素养.

与 2013 版《普通高中数学课程标准（实验)》相比，新课标将"数学建模活动与数学探究活动"作为一条主线，是一次很大的突破. 它为教师的教学指

明了方向，明确了具体的要求，还设置了专门的课时，设计了相应的评价方式，并要求教师把完成的结果放入综合评价档案袋中．

高中数学建模与数学探究活动的开展，有利于培养学生有意识地用数学语言来表达现实世界．学生在活动中完整地经历了发现问题、提出问题、分析问题、解决问题的过程，在小组合作、师生合作中培养了学生用数学的眼光观察现实世界，用数学的思维思考现实世界，用数学的语言表达现实世界的意识和能力．学生在运用数学知识完整地解决一个真实问题的特有过程，可以帮助学生积累做数学、学数学、用数学的基本活动经验，让学生充分感悟数学与现实之间的关联．更重要的是，长时间参与建模和探究活动，可以有效地促进学生学习方式的转变，激发学生自主思考，促进学生合作交流，最终提升学生适应现代社会要求的可持续发展的素养．

二、高中数学建模活动与数学探究活动"1＋1"教学模式

北京大学附属中学张思明老师指出："中学数学建模"从数学的意义上可以理解为"在中学做的数学建模"，只不过专业要求不高；而从课程的角度，可以理解为"在中学实施的特殊的课程形态，它是一种以'问题引领，操作实践'为特征的活动性课程．"

基于所教学生的素养及现状，我积极尝试采用"1＋1数学建模与探究活动"的教学模式，教学效果显著．具体地讲，"1＋1"中的前一个"1"是指常态教学中的"建模与探究"．建模与探究不仅是一种课程，更是一种学习的理念、策略和方法．平时课堂教学把一些较小的模型穿插在课堂之中，让学生自己去体会和应用．常态教学中我们往往适当分解建模的训练以及学习，化整为零、日积月累，提升学生的建模能力，积累活动经验．后一个"1"是指关于建模和探究的"专题教学"．考虑到不同年级、不同班级的学生层次差异，又将专题教学分为四类，即数学建模、数学实验、探究学习和主题阅读．其具体模式如图1所示：

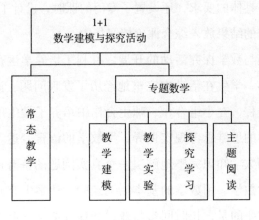

图1

《标准》指出，数学建模是运用数学思想、方法和知识解决实际问题的过程．数学建模是数学学习的一种新的方式，它为学生提供了自主学习的空间．数学建模的过程可以表示为图2：

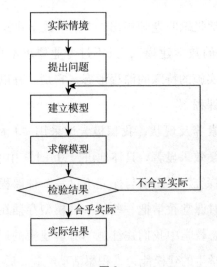

图2

通过数学建模，学生将了解和经历上述框图所表示的解决实际问题的全过程，体验数学与日常生活及其他学科的联系，感受数学的实用价值，增强应用意识，提高实践能力．

数学实验，类似于生化实验．为了解决某类数学问题，学生运用测量工具、手工材料、计算机及几何画板、3D画板等相关工具或软件参与实践、探索数学本质,特别注意的是要凸显学生的主体地位,积累学生的数学活动经验.

探究学习,是有别于数学建模和数学实验的一种方式.它围绕学习过程中生成的某个具体的数学问题,猜测合理的数学结论,可以查阅资料,或与同学讨论,发现一些结论和性质,经过研究论证,向同学讲解推广,这本身就促进了学生的学,培养了学生的科研品质.

主题阅读,即由学生自主确定主题或教师确定主题.学生搜集资料(一般情况下,考虑到高中生的自主学习时间较少,教师可以进行必要的资料筛选)、选取资料、合作学习、分享成果.主题阅读的能力是学生未来学习的必要品质.通过主题阅读,学生学会了如何搜集信息、如何加工信息、如何表达信息.同时,也让学生知道了更多的前沿知识,拓宽了视野.

这样的一种模式,既符合当下高中数学教学的实际,又能让不同的学生在数学中得到不同的发展.

对学生而言,数学建模与探究活动培养了他们的应用数学的意识和能力,培养了他们的创新意识,改变了过去一味听老师讲、不停刷题的学习方式,学生更加重视自主探究、实验讨论、交流合作.对教师而言,很多问题都是全新的,于是教师要学习、要请教、要交流、要查资料、要思考.数学建模和探究活动的开展对教师提出了新的发展要求,教师要为了学生的发展而学而教.在此过程中,教师自身的学科教学能力就提高了,终身学习的理念也就树立了.

参考文献:

[1] 教育部.普通高中数学课程标准[M].北京:人民教育出版社,2018.

[2] 胡凤娟,吕世虎,张思明,等.《普通高中数学课程标准(2017年版)》突破与改进[J].人民教育,2018(9).

[3] 张思明,胡凤娟,王尚志.数学建模从走近到走进数学课堂:推介《数学建模教学与评估指南》[J].数学教育学报,2017(6).

在数学教学中初步建构数学模型的尝试

甘肃省嘉峪关市第一中学　冯玉娟

（本文发表于《中学数学教学参考》2018 年第 3 期）

摘　要：数学建模素养是高中数学课标修订组给出的数学核心素养的六要素之一，而初步建构模型是数学建模的关键步骤．本文主要结合三个教学案例片段，在数学知识的发生发展过程中，特别是如何在实际问题中抽象出数学模型谈了一些笔者的体会与认识，以期更好地培养学生的数学建模素养．

关键词：数学建模；初步建构；数学模型；核心素养

随着数学的广泛应用，数学建模在自然和科学领域的作用越来越重要．我国对数学建模的教学非常重视，将数学建模素养确立为数学核心素养的六要素之一．通过数学建模核心素养的培养，让学生能够经历数学建模的过程，积累用数学的语言表达实际问题的经验，提升学生的数学应用能力．本文通过三个具体的教学案例片段，谈谈如何初步建构数学模型，权当是抛砖引玉．

一、初步建构数学模型的内涵

数学建模是学生对现实问题进行抽象、用数学语言表达和解决问题的过程．学生通过对实际问题进行合理的抽象、假设以及化简，从而利用其中的"规律"建立变量、参数之间的数学模型，并求解模型，最后用所求的结果去解释、检验以及指导实际问题．

初步建构数学模型是根据建模对象的特征和建模的目的，对实际数学问题或现实情景，进行观察、比较、分析、抽象、概括，进行必要的、合理的假设，运用形式化的数学语言表达出数学概念或用数学符号刻画出一种数学结构．这是建立数学模型的关键阶段，教师应给学生提供充分的时间，让学生进行自主、合作、探究，并通过适当的指导，从而建立数学模型．

二、初步建构数学模型的三个案例

章建跃教授在文有这样的阐述："教师要从平凡的日常教学中思考落实立德树人根本任务的策略，在数学知识的教学中寻找发展学生数学核心素养的方式和方法，应成为研究的基本出发点．"下面，笔者将通过三个案例来展示如何将实际问题抽象为数学模型．

（一）不等式模型的初步建构

案例1 二元一次不等式（组）与平面区域

问题 某班级计划用少于 100 元的钱购买单价分别为 2 元和 1 元的大、小彩球装点联欢晚会的会场，根据需要，大球数不少于 10 个，小球数不少于 20 个，你能给出几种不同的购买方案？

师：在日常生活中，我们常常会遇到这类对有限的资源（人力、物力、财力）如何合理分配利用、使其达到最佳效果的问题．那么，请谈谈你是从哪入手来解决这个问题的？

生 1：先设立未知数．

师：设什么量为未知数呢？

生 2：设购买大球 x 个，小球 y 个．

师追问：你是怎么想到设这两个量为未知数的呢？

生 2：因为这两个量的变化会直接引起其他量的改变．

师：说的很好，设决策变量一般遵循"求谁设谁"的原则，还要关注哪些量能引起其他量的变化．

师：你能找出限定两个变量 x，y 的条件，并将文字语言转化为符号语言吗？

生 3：由"总费用少于 100 元"得 $2x + y < 100$；由"大球数不少于 10 个"得 $x \geq 10$；由"小球数不少于 20 个"得 $x \geq 20$．

师：其他同学还有没有需要补充的？

生4：实际问题中还要限定 $x \in \mathbf{N}$，$y \in \mathbf{N}$.

师：这样，我们就得到了一个不等式模型 $\begin{cases} 2x + y < 100, \\ x \geqslant 10, \\ y \geqslant 20, \\ x \in \mathbf{N}, y \in \mathbf{N}. \end{cases}$ （ * ）

设计意图： 通过一道贴近学生生活的实际问题，创设问题情景让学生进行探究，经过将实际问题抽象为不等式模型的建构过程：设立决策变量→文字语言转化为符号语言→抽象出数学模型.

（二）函数模型的初步建构

案例2 对数函数及其性质

问题1 某种细胞分裂时，由一个分裂成2个，2个分裂成4个，……以此类推，一个这样的细胞分裂 x 次后，得到的细胞个数 y 与分裂次数 x 的函数关系式为 $y = 2^x$，把这个指数式化为对数式 $x = \log_2 y$，x 是 y 的函数吗？为什么？

生1：是. 因为任意给定一个细胞个数 y 都有确定的分裂次数 x 与之对应.

师：这位同学根据函数的定义来判断，分析得很精彩.

问题2 "一尺之锤，日取其半，万世不竭"，即将一尺的木棍截取 x 次之后，剩余的木棍长 $y = \left(\dfrac{1}{2}\right)^x$，把这个指数式化为对数式 $x = \log_{\frac{1}{2}} y$，x 是 y 的函数吗？为什么？

生2：是. 因为任意给定一个剩余木棍的长度 y 都有唯一确定的截取次数 x 与之对应.

问题3 在朋友圈里曾经疯传这两个数学式子：$1.01^{365} = 37.7834$，$0.99^{365} = 0.02855$，365 次方代表一年的 365 天，1 代表每一天的努力，1.01 表示每天多做 0.1，0.99 代表每天少做 0.01，365 天后，一个增长到了 37.8，一个减少到 0.03！如果努力 x 天后增长到 $y = (1.01)^x$，把这个指数式化为对数式 $x = \log_{1.01} y$，x 是 y 的函数吗？

生3：也是.

师：通过上面三名同学的回答，我们知道上述三个问题中的对数式都是 x 关于 y 的函数，如果用 x 表示自变量就会得到三个这样的函数：$y = \log_2 x$，$y =$

$\log_{\frac{1}{2}}x$ ，$y = \log_{1.01}x$ ．

师：那么，这三个函数有什么共同特征吗？

生1：真数位置都是x．

师：很好，既然如此，我们能不能用一个统一的式子来表示？

生2：能．可以表示为$y = \log_a x$．

师：这里的底数a的取值有特殊的要求吗？

生3：有，$a > 0$，且$a \neq 1$．

师：你的依据是什么？

生4：将对数式化为指数式，显然对底数的要求不变．

师：非常好．

师：这样，我们就得到了一个对数函数模型$y = \log_a x$（$a > 0$，且$a \neq 1$）．

设计意图：这个数学模型的产生过程和案例1是有所不同的，设置了三个生动而又典型的实例，让同学们通过比较、归纳共同规律最终抽象出对数函数模型．

（三）立体几何模型的初步建构

案例3　直线与平面平行的判定

师：同学们请看图片，这是我们美丽校园的一角．楼顶的边缘所在的直线与地面所在的平面给人以平行的印象，浮雕的上、下边所在的直线与地面所在的平面也给人以平行的印象．同学们能不能举出类似的实例呢？

生1：黑板的上、下边所在的直线与地面所在的平面也给人以平行的印象．

生2：教室的日光灯管所在的直线与地面所在的平面也给人以平行的印象．

生3：课桌的边缘所在的直线与地面所在的平面也给人以平行的印象．

师：以上三位同学观察得非常细致，所举的例子也非常恰当．

师：我们来观看一段激动人心的视频：播放的是2016年8月8号，在里约热内卢举行的奥运会，我国运动员龙清泉参加男子举重比赛打破世界纪录、勇夺冠军的精彩片段．最后，画面定格在杠铃举到最高点时，我们发现横梁所在的直线与地面所在的平面给人以平行的印象．

我们将最高点处横梁所在直线记作a，地面所在的平面记作α，你能保证直线a与平面α平行吗？

生：平行．

师：这样，我们就得到了空间中一条直线与一个平面平行的模型．

设计意图： 在学习线面平行的判定之前，首要的任务是如何建立起线面平行的数学模型．这是一个立体几何的建模问题，与不等式模型、函数模型不同的是在建模过程中更加注重培养学生的空间想象能力．首先让同学们举出生活中大量的给人以直线与平面平行印象的实例来直观感受，然后通过杠铃的横梁与地面的关系抽象出线面平行的立体几何模型．

三、初步建构模型的体会

著名数学家华罗庚曾说过：宇宙之大，粒子之微，火箭之速，化工之巧，地球之变，生物之谜，日用之繁，无处不用数学．可见，数学在现实生活中的应用之广泛．对于数学核心素养的内涵，专家学者基本认同应涵盖用数学眼光观察世界，用数学思维分析世界，用数学语言表达世界．本文通过三个教学片段，在不等式的模型建构、函数的模型建构、立体几何的模型建构等三个方面进行了尝试，带领学生经历了初步建构模型的过程，在一定程度上培养和发展了学生的数学建模素养．

参考文献：

［1］章建跃．核心素养统领下的数学教育变革［J］．高中数学教与学，2017．

［2］褚小婧．高中新课程数学建模教学的设计［D］．金华：浙江师范大学，硕士论文，2009．

［3］人民教育出版社，课程教材研究所，中学数学课程教材研发中心．普通高中课程标准实验教科书·数学5必修A版教师教学用书［M］．北京：人民教育出版社，2007．

［4］邢晓燕．《对数函数及其性质》（第一课时）教学设计［J］．中国信息技术教育，2015．

通高考径自来

——利用通径解圆锥曲线高考题赏析

甘肃省嘉峪关市第一中学　冯玉娟

甘肃省嘉峪关市第二中学　牛鹏羽

（本文发表于《课程教育研究》2018 年第 4 期）

摘　要：我们对 2013—2017 年全国高考数学选择题进行了研究，发现在圆锥曲线的考题中，通径出现的频率很高，俨然成了解析几何中一道亮丽的风景线．本文精选几道高考试题来解之、析之、赏之．

关键词：圆锥曲线；通径；选择题；案例研究

定义：过圆锥曲线（椭圆、双曲线或抛物线）的焦点 F，作一条直线垂直于它的对称轴，和圆锥曲线（椭圆、双曲线或抛物线）相交于 M、N 两点，线段 MN 就叫作圆锥曲线（椭圆、双曲线或抛物线）的通径．

引理在椭圆与双曲线中，通径 $|MN| = \dfrac{2b^2}{a}$；在抛物线中，通径 $|MN| = 2p$．

例1　（2013，课标2，文10）设抛物线 $C : y^2 = 4x$ 的焦点为 F，直线 l 过 F 且与 C 交于 A，B 两点．若 $|AF| = 3|BF|$，则 l 的方程为（　　）．

A. $y = x - 1$ 或 $y = -x + 1$　　　　B. $y = \dfrac{\sqrt{3}}{3}(x - 1)$ 或 $y = -\dfrac{\sqrt{3}}{3}(x - 1)$

C. $y = \sqrt{3}(x - 1)$ 或 $y = -\sqrt{3}(x - 1)$D. $y = \dfrac{\sqrt{2}}{2}(x - 1)$ 或 $y = -\dfrac{\sqrt{2}}{2}(x - 1)$

解法赏析： 由 $|AF| = 3|BF|$ 及 $\dfrac{1}{|AF|} + \dfrac{1}{|BF|} = \dfrac{2}{p}$，得 $|AF| = 4$，$|BF| = \dfrac{4}{3}$，由 $|AF| + |BF| = |AB| = \dfrac{2p}{\sin^2 \alpha}$ 得 $\sin^2 \alpha = \dfrac{3}{4}$，所以，斜率 $k = \tan \alpha = \pm\sqrt{3}$，故选 C.

例 2 （2014，课标 2，文 10）设 F 为抛物线 $C : y^2 = 3x$ 的焦点，过 F 且倾斜角为 30° 的直线交于 C 于 A，B 两点，则 $|AB| = $（ ）.

A. $\dfrac{\sqrt{30}}{3}$ B. 6   C. 12   D. $7\sqrt{3}$

解法赏析： 由 $|AB| = \dfrac{2p}{\sin^2 \alpha}$ 得 $|AB| = \dfrac{3}{\sin^2 30°} = 12$，故选 C.

例 3 （2014，课标 2，理 10）设 F 为抛物线 $C : y^2 = 3x$ 的焦点，过 F 且倾斜角为 30° 的直线交 C 于 A，B 两点，O 为坐标原点，则 $\triangle OAB$ 的面积为（ ）.

A. $\dfrac{3\sqrt{3}}{4}$ B. $\dfrac{9\sqrt{3}}{8}$ C. $\dfrac{63}{32}$ D. $\dfrac{9}{4}$

解法赏析：

$$S_{\triangle OAB} = S_{\triangle OAF} + S_{\triangle OBF} = \dfrac{1}{2}|OF||AF|\sin 30° + \dfrac{1}{2}|OF||BF|\sin 30° =$$

$$\dfrac{1}{2}|OF||AB|\sin 30° = \dfrac{3}{16}|AB|.$$

例 4 （2015，四川，文 7）过双曲线 $x^2 - \dfrac{y^2}{3} = 1$ 的右焦点且与 x 轴垂直的直线，交该双曲线的两条渐近线于 A、B 两点，则 $|AB| = $（ ）.

A. $\dfrac{4\sqrt{3}}{3}$ B. $2\sqrt{3}$ C. 6   D. $4\sqrt{3}$

解法赏析： 因为通径长为 $\dfrac{2b^2}{a} = \dfrac{2 \times 3}{1} = 6$，而 $|AB|$ 比通径略长，故选 D.

例 5 （2016，课标 2，文 5）设 F 为抛物线 $C : y^2 = 4x$ 的焦点，曲线 $y = \dfrac{k}{x}(k > 0)$ 与 C 交于点 P，$PF \perp x$ 轴，则 $k = $（ ）.

A. $\dfrac{1}{2}$ B. 1   C. $\dfrac{3}{2}$ D. 2

解法赏析：由通径长 $2p$ 可知 $P(1,2)$，将点 P 坐标代入 $y = \dfrac{k}{x}$，得 $k = 2$，故选 C.

例 6　（2016，课标 2，理 11）已知 F_1，F_2 是双曲线 $E：\dfrac{x^2}{a^2} - \dfrac{y^2}{b^2} = 1$ 的左、右焦点，点 M 在 E 上，MF_1 与 x 轴垂直，$\sin\angle MF_2F_1 = \dfrac{1}{3}$，则 E 的离心率为（　　）.

A. $\sqrt{2}$　　　　　　B. $\dfrac{3}{2}$　　　　　　C. $\sqrt{3}$　　　　　　D. 2

解法赏析：由 $\sin\angle MF_1F_2 = \dfrac{|MF_1|}{|MF_2|} = \dfrac{1}{3}$ 及 $|MF_2| - |MF_1| = 2a$，得 $|MF_1| = a$. 因为通径长为 $\dfrac{2b^2}{a}$，所以 $|MF_1| = \dfrac{b^2}{a} = a$，即 $a^2 = b^2$，为等轴双曲线，故选 A.

参考文献：

［1］牛鹏羽，冯玉娟．源于通径，归于通径［J］．数学通讯，2013（4）（下半月）．

［2］任志鸿．十年高考分类解析与应试策略（数学）［M］．北京：知识出版社，2017．

例谈一题多解

甘肃省嘉峪关市第一中学　孙小刚

（本文发表于《考试周刊》2014 年第 10 期）

摘　要： 新课程理念强调学生积极主动的学习态度下学生对知识的主动探索、发现要求教师改变教学方式和课堂知识结构，为学生主动探究搭建平台．一题多解是激发学生积极性、开发学生潜能、提高学习效率的有效教学活动．

关键词： 自主探究；发散思维；一题多解．

新课程理念强调学生积极主动地学习，进而能够自主学习；倡导建立以"主动参与，乐于探究，交流与合作"为特征的学习方式，要求教师在教学中为学生的思维发散提供情景、条件和机会，有意识地激发学生的灵活性、创造性，使学生在积极主动的状态中探索，从而培养学生浓厚的学习兴趣，其中一题多解也是常用的教学策略．一题多解是从不同的角度、不同的方位审视分析同一题中的数量关系，用不同解法求得相同结果的思维过程．一题多解可以激发学生发现和创造的强烈欲望，加深学生对所学知识的理解．下面以 2010 年安徽高考数学试题中的圆锥曲线问题为例，谈谈教学中以一题多解为平台训练学生对数学思想和数学方法的娴熟运用，锻炼学生思维的广阔性、深刻性、灵活性和独创性，从而培养学生的思维品质，发展学生的创造性思维．

题目： 已知椭圆 E 经过点 $A(2, 3)$，对称轴为坐标轴，焦点 F_1，F_2 在 x 轴上，离心率 $e = \dfrac{1}{2}$．

（Ⅰ）求椭圆 E 的方程；

（Ⅱ）求 $\angle F_1AF_2$ 的角平分线所在直线 l 的方程.

命题意图： 本题考查椭圆的定义及标准方程、椭圆的简单几何性质、直线的点斜式方程与一般方程、平面向量的应用、点到直线的距离公式、到角公式、角平分线的性质及三角形的内角平分线性质等基础知识，考察解析几何的基本思想及综合运算能力.

解法指导： 第（Ⅰ）问是常规问题，常用待定系数法代点，用离心率的定义、椭圆的定义以及 a 、b 的几何意义求解.

（1）设 $\dfrac{x^2}{a^2}+\dfrac{y^2}{b^2}=1$ ，由 $e=\dfrac{c}{a}=\dfrac{1}{2}\Rightarrow a=2c\Rightarrow c=\dfrac{a}{2}$ ，又 $a^2=b^2+c^2$ ，

则 $a^2=b^2+\dfrac{a^2}{4}\Rightarrow b^2=\dfrac{3}{4}a^2$ ，因为椭圆过点 $A(2,3)$ ，所以 $\dfrac{4}{a^2}+\dfrac{9}{b^2}=1\Rightarrow a^2=$

$16\Rightarrow b^2=12$. 因此，所求椭圆 E 的方程是 $\dfrac{x^2}{16}+\dfrac{y^2}{12}=1$.

（Ⅱ）总体分析，所求直线过定点 $A(2,3)$ ，只要求出斜率即可（由题意知斜率存在）. 因此，在这个问题中渗透着方程思想，只要能找出相关的相等关系列方程即可求解.

思路一： 因为是求角平分线的方程，所以可考虑使用角平分线的性质. 设所求直线 l 的方程为：$y-3=k(x-2)$. 令 $y=0$ ，则 $x=\dfrac{2k-3}{k}$ ，即直线 l 与

x 轴的交点 B 的坐标 $\left(\dfrac{2k-3}{k},0\right)$. 由（Ⅰ）易得直线 AF_1 和 AF_2 的方程分别为

$3x-4y+6=0$ 和 $x=2$ ，根据角平分线的性质，点 B 到直线 AF_1 和 AF_2 的距离

相等，即 $\dfrac{\left|\dfrac{3(2k-3)}{k}+6\right|}{5}=2-\dfrac{2k-3}{k}$ ，解得 $k=2$ ，或 $k=-\dfrac{1}{2}$. 由点 A 在

椭圆 E 上的位置（如图）可知 $k>0$ ，则 $k=2$. 因此，所求直线 l 的方程为：$2x$ $-y-1=0$.

思路二： 在思路一的基础上，如果考虑到将所求具体一点 B 变为所求直线 l 上任意一点 $P(x,y)$ ，则点 $P(x,y)$ 满足的方程即为所求直线的方程. 根据角平分线的性质，点 P 到直线 AF_1 和 AF_2 的距离相等，即 $\dfrac{|3x-4y+6|}{5}=|x-2|$ ，

又点 A 在椭圆 E 上的位置（如图）可知 $k > 0$，整理得直线 l 的方程为：$2x - y - 1 = 0$.

思路三：如果设 $\angle F_1AF_2 = \theta$，所求直线的斜率为 k，考虑到焦点三角形面积公式亦可展开求解思路. $S_{\triangle AF_1F_2} = b^2\tan\dfrac{\theta}{2} = \dfrac{1}{2} \times 4 \times 3 = 6$，解得 $\tan\dfrac{\theta}{2} = \dfrac{1}{2}$. 根据题意易知直线 AF_1 到直线 l 的角即 $\dfrac{\theta}{2}$，根据到角公式可知 $\tan\dfrac{\theta}{2} = \dfrac{k - k_{AF_1}}{1 + k \cdot k_{AF_1}} = \dfrac{k - \dfrac{3}{4}}{1 + \dfrac{3}{4}k} = \dfrac{1}{2}$，解得 $k = 2$. 因此，根据点斜式可得所求直线 l 的方程为：$2x - y - 1 = 0$.

思路四：在思路三的基础上，设所求直线的斜率为 k，则 $k = \tan\angle ABF_2$. 如果考虑到 $\triangle AF_2B$ 为直角三角形，则 $\angle ABF_2$ 与 $\angle ABF_2$ 互余，有 $\tan\angle ABF_2 = \dfrac{1}{\tan\angle BAF_2} = \dfrac{1}{\tan\dfrac{\theta}{2}} = 2$，即 $k = 2$. 因此，根据点斜式可得所求直线 l 的方程为：$2x - y - 1 = 0$.

思路五：如果设 $B(x，0)$，根据通径易知 $AF_2 = 3$，由椭圆第一定义可知 $AF_1 = 5$，考虑到三角形内角平分线性质，得 $\dfrac{AF_1}{AF_2} = \dfrac{F_1B}{BF_2}$，即 $\dfrac{5}{3} = \dfrac{x + 2}{2 - x}$，解得 $B\left(\dfrac{1}{2}，0\right)$. 由 A、B 两点坐标可知 $k = 2$. 因此，根据点斜式可得所求直线 l 的方程为：$2x - y - 1 = 0$.

思路六：由于 $\triangle F_1AF_2$ 为直角三角形，故 $\angle F_1AF_2$ 的角平分线所在直线 l 经过 $\triangle F_1AF_2$ 的内心，易求其内心坐标 $(1，1)$，由直线的两点式方程得 l 的方程为：$2x - y - 1 = 0$. 此方法联系到平面几何的知识，简便易懂.

在教学过程中，我们不难发现：对同一个问题，引导学生从不同的角度思考分析，发现不同的思路和方法，对锻炼学生思维的灵活性、培养和发挥学生的创造能力、贯通知识的纵横联系、提高学生综合运用知识的能力和解题技巧有明显效果.

例说几何概型计算中几何度量的常见选择错误

甘肃省嘉峪关市一中　冯小明

（本文发表于《福建中学数学》2017 年第 3 期）

几何概型是对古典概型的进一步拓展，是等可能事件从有限向无限的延伸．处理几何概型问题的关键是准确地将其转化为相应的几何图形，利用图形的几何度量来求随机事件的概率．因此，能否正确地选择几何度量就决定了问题解决的成败，下面就教学中遇到的两类问题谈谈自己的看法．

一、混淆长度型与面积型几何概型致误

例1　（2012 辽宁卷）在长为 12cm 的线段 AB 上任取一点 C，现作一矩形，邻边长分别等于线段 AC，CB 的长，则该矩形面积大于 20cm^2 的概率为（　　）．

A. $\dfrac{1}{6}$　　　　B. $\dfrac{1}{3}$　　　　C. $\dfrac{2}{3}$　　　　D. $\dfrac{4}{5}$

解：设 $AC = x$，$BC = 12 - x(0 < x < 12)$．

面积 $S = x(12 - x) > 20$，解得 $2 < x < 10$，故矩形面积大于 20cm^2 的概率为 $\dfrac{10 - 2}{12} = \dfrac{2}{3}$．

【错解】"面积大于 20cm^2"，误认为是面积比，由于所作矩形的面积最大为 $S = x(12 - x) \leqslant \left[\dfrac{x + (12 - x)}{2} \right]^2 = 36$，即概率为 $P = \dfrac{36 - 20}{36} = \dfrac{4}{9}$．即把长度型误认为是面积型．

例2 （2013 四川卷）节日前夕，小李在家门前的树上挂了两串彩灯．这两串彩灯的第一次闪亮相互独立，且都在通电后的 4 秒内任一时刻等可能发生，然后每串彩灯以 4 秒为间隔闪亮．那么，这两串彩灯同时通电后，它们第一次闪亮的时刻相差不超过 2 秒的概率是（　　）．

A. $\dfrac{1}{4}$　　　　　　B. $\dfrac{1}{2}$　　　　　　C. $\dfrac{3}{4}$　　　　　　D. $\dfrac{7}{8}$

解： 设两串彩灯同时通电后，第一次闪亮的时刻分别为 x，y，则 $0 \leqslant x \leqslant 4$，$0 \leqslant y \leqslant 4$，而事件 A "它们第一次闪亮的时刻相差不超过 2 秒"，即 $|x - y| \leqslant 2$，其可行域如图 1 阴影部分所示．

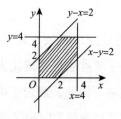

图 1

由几何概型概率公式得 $P(A) = \dfrac{4^2 - 2 \times \left(\dfrac{1}{2} \times 2 \times 2 \right)}{4^2} = \dfrac{3}{4}$．

【错解】 "4 秒为间隔闪亮"，误认为是两串灯的闪亮总时段相差不超过 2 秒，即概率为 $P = \dfrac{2}{4} = \dfrac{1}{2}$，即把面积型误认为是长度型．

评注： 对于几何概型问题，根据题意列出的条件，找出试验的全部结果构成的区域及所求事件构成的区域是解题的关键，这时常常与线性规划问题联系在一起．

二、混淆角度型与长度型几何概型致误

例3 如图 2 所示，在 $\triangle ABC$ 中，$\angle B = 60°$，$\angle C = 45°$，高 $AD = \sqrt{3}$，在 $\angle BAC$ 内作射线 AM 交 BC 于点 M，求 $BM < 1$ 的概率．

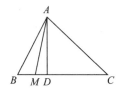

图2

解：因为 $\angle B = 60°$，$\angle C = 45°$，所以 $\angle BAC = 75°$.

在 $Rt\triangle ABD$ 中，$AD = \sqrt{3}$，$\angle B = 60°$，所以 $BD = \dfrac{AD}{\tan60°} = 1$，$\angle BAD = 30°$.

记事件 N 为"在 $\angle BAC$ 内作射线 AM 交 BC 于点 M，使 $BM < 1$"，则可得

$\angle BAM < \angle BAD$ 时事件 N 发生. 由几何概型的概率公式，得 $P(N) = \dfrac{30°}{75°} = \dfrac{2}{5}$.

变式 若本例中"在 $\angle BAC$ 内作射线 AM 交 BC 于点 M"改为"在线段 BC 上找一点 M"，求 $BM < 1$ 的概率.

解：依题意知 $BC = BD + DC = 1 + \sqrt{3}$，$P(BM < 1) = \dfrac{1}{1 + \sqrt{3}} = \dfrac{\sqrt{3} - 1}{2}$.

评注：两题的区别"在 $\angle BAC$ 内作射线 AM 交 BC 于点 M"与"在线段 BC 上找一点 M"，前者 AM 在 $\angle BAC$ 内等可能，结果应该为角度的比；后者 M 为边 BC 上任一点，结果应该为边 BC 上的长度比.

解决此类问题的关键在于弄清题目中的考察对象和对象的活动范围，当考察对象为点而点的活动范围在线段上时，用线段长度比计算；当考察对象为射线、涉及射线的转动、扇形中有关落点区域问题时，应以角的大小作为区域度量来计算概率.

很多几何概型，往往要通过一定的手段才能转化到几何度量值的计算上来，在解决此类问题时，要善于根据问题的具体情况进行转化，这种转化策略是化解几何概型试题的关键.

一类极值点偏移问题的本质探索

甘肃嘉峪关市第一中学　刘小兵

（本文发表于《考试周刊》2016 年第 61 期）

近年来，极值点偏移问题在高中导数解答题中频繁出现，文献［1］、文献［2］的作者对此问题的本质做了较为详细的探索，取得了丰硕的成果，但都技巧性较强．本文以一道诊断题为例，从轴对称的角度出发，通过函数图像的轴对称变换对极小值偏移问题构造的差函数做出直观解释，同时给出了一个极小值点偏移方向的判断准则，供同行们参考．

一、例题分析

（2016 年 3 月兰州市一诊）：已知函数 $f(x) = e^x - ax - 1$（a 为常数），曲线 $y = f(x)$ 在与 y 轴的交点 A 处的切线的斜率为 -1．

（1）求 a 的值及函数 $y = f(x)$ 的单点区间；

（2）若 $x_1 < \ln2$，$x_2 > \ln2$，且 $f(x_1) = f(x_2)$，试证明：$x_1 + x_2 < 2\ln2$．

分析：（1）$a = 2$，函数 $y = f(x)$ 在区间（$-\infty$，$\ln2$）上单调递减，在（$\ln2$，$+\infty$）上单调递增，具体过程略．

（2）$x = \ln2$ 为 $y = f(x)$ 的唯一极小值点，从要证明的结论来看，只要说明 $\dfrac{x_1 + x_2}{2} < \ln2$，也就是中点位于极值点 $x = \ln2$ 的左侧，如下图所示．

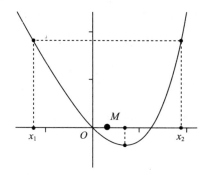

图1

我们知道，函数 $y = f(x)$ 关于直线 $x = \ln 2$ 的对称函数为 $y = f(2\ln 2 - x)$，其图像如下：

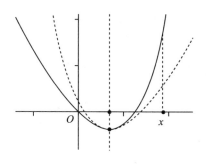

图2

现在考虑差原函数与对称函数间的差函数 $h(x) = f(x) - f(2\ln 2 - x)$，由于

$$h'(x) = f'(x) + f'(2\ln 2 - x) = e^x - 2 + e^{2\ln 2 - x} - 2 \geq 2\sqrt{e^x \cdot e^{2\ln 2 - x}} - 4 = 0，$$

故 $h(x)$ 为增函数，那么 $h(x_1) < h(\ln 2)$，即

$$f(x_1) - f(2\ln 2 - x_1) < 0，f(x_1) < f(2\ln 2 - x_1)$$

因为 $f(x_1) = f(x_2)$，所以 $f(x_2) < f(2\ln 2 - x_1)$

考虑到 $x_2 > \ln 2$，$2\ln 2 - x_1 > \ln 2$，函数 $f(x)$ 在区间在 $(\ln 2, +\infty)$ 上单调递增，故

$$x_2 < 2\ln 2 - x_1，即 x_1 + x_2 < 2\ln 2.$$

二、极小值偏移方向的判断准则

考虑图 2 轴线的右半部分，我们可以看到虚线表征的增长速度要慢于实线，

从自变量的角度来看 $|x_1 - \ln2| > |x_2 - \ln2|$，故极值点左偏．从导数的角度来说，如果 $f'(t) + f'(2x_0 - t) > 0$（其中 x_0 为极小值点，$t > x_0$），那么极值点左偏；如果 $f'(t) + f'(2x_0 - t) < 0$，则右偏；如果 $f'(t) + f'(2x_0 - t) = 0$，则不偏．例如，在例题中 $f'(t) + f'(2x_0 - t) = e^t + e^{2x_0 - t} - 4 = 0$，可以用特殊值予以测试，例题中 $x_0 = \ln2$，取 $t = 2\ln2$，$f'(t) + f'(2x_0 - t) = 2 + (-1) > 0$，故左偏．

参考文献：

［1］邢友宝．极值点偏移问题的处理策略［J］．中学数学教学参考，2014（7）．

［2］赖淑明．极值点偏移问题的另一本质回归［J］．中学数学教学参考，2015（4）．

［3］刘小兵．走进美妙的三角世界——例谈三角函数的一题多解［J］．考试周刊，2015（15）．

高中特长生课后数学学习的现状

甘肃嘉峪关市第一中学　牛淑琴

（本文发表于《新课程》2018 年第 8 期）

摘　要： 随着我国新课改的深入发展，教育模式、教学理念得以创变，教师在关注课堂教学目标落实成效的基础上，更加关注学生自主学习状态．本文通过对高中特长生课后数学学习现状进行分析，以期为提高特长生数学学习效率提供依据．

关键词： 高中特长生；数学学习；现状；对策

高中特长生在学习书本知识的同时还需学习专业课，为其取得优异的高考成绩奠定基础．鉴于学生学习精力有限，专业课与文化课授课时间有限，特长生需要在课堂教学中进行取舍，为此其会错失一些数学课程．然而数学知识环环相扣，一旦学生未能跟上数学教学进度，将会降低其数学学习效率，影响数学考试结果．鉴于特长生需要进行课后学习，夯实数学基础知识，跟上教学进度，教师在了解特长生课后数学学习现状的基础上，思考提升其课后数学学习效率之良策显得尤为重要．

一、高中特长生课后数学学习现状

相较于普通考生，高中特长生不仅需要学习书本知识，还要提高其专业精度，学习压力相对较大．其中高中数学作为特长生必考科目，具有一定的学习难度，需要特长生花更多心思进行自主学习，弥补其课堂学习的缺失．然而仍有许多特长生无法掌握课后数学学习方法，影响其数学成绩，为此探究其课后数学学习现状，引导其提高课后数学学习效率刻不容缓.

1. 缺失数学学习计划

高中特长生自主学习时间相对紧张，需要在学习书本知识的同时，花大量时间练习其所选择的特长，留给数学课后学习的时间所剩无几. 在这种严峻的课后数学学习氛围中，许多特长生未制订系统高效的学习计划，自主学习较为盲目，无法提高其课后数学学习效率.

2. 自律能力较低

高中特长生无法积极主动地展开课后数学学习. 高中数学具有一定的学习难度，对学生的数学能力、计算能力、思维能力等数学素养有所要求，加之数学知识相对枯燥乏味，无法调动学生自主学习的积极性，使学生无法主动展开课后学习.

3. 学习方法不科学

高中特长生通常情况下依据数学教材内容进行自主学习，致使其学习效率无法得到有效提高，导致该结果的主要原因在于特长生未能依据自身学习需求，积极创新学习方法，缺失教师课后数学学习的引导，使其学习方法无法满足自身学习需求，降低了其课后数学学习效率[1].

二、提高高中特长生课后数学学习效率的对策

通过对高中特长生课后数学学习现状进行分析可知，特长生学习任务较为繁重，不能为课后数学学习预留充裕的时间，缺失学习计划，学习方法滞后，自主学习积极性较低等问题，充斥在当前高中特长生课后数学学习现状中，影响其数学学习成效. 鉴于此，为使高中特长生数学成绩得以有效提升，探究提高其课后数学学习效率的对策显得尤为重要.

1. 制订科学有效的课后数学学习计划

每位高中特长生数学学习能力、数学基础、自主学习需求各不相同，为使学生能充分利用自主学习时间，其需率先对自身数学学习现状进行深度解析，找到数学学习立足点，构建课后数学学习网络，制订学习计划，吸纳数学知识.

例如，有些高中特长生数学基础较差，其可以夯实基础知识为导向制订学

习计划．以"空间几何体"这一章节为例，特长生可启动"自主学习笔记"，将本章节有关空间几何体结构、三视图、直观图、几何体表面积、几何体体积等定义与公式记录在册，切忌照本宣科、原封不动地抄录数学知识及相关内容，应以自己的理解为出发点记录学习成果，同时记录相关例题，突出学习重点，总结自主学习难点，并将其反馈给教师，提高自主学习效率．若学生落下的课程较多，其需以每个章节为基点制订学习计划，切忌急功近利、盲目追赶教学进度，应依据其学习需求，控制自学进度，完成学习计划[2]．

2. 养成良好的课后数学学习习惯

学习无法一蹴而就，它是量的累积过程，只有学生踏实走好每一步，才能攀上知识的高峰，数学学习亦是如此．教师需引导学生养成良好的课后数学学习习惯，使其跳脱被动学习状态，提高课后学习的积极性．基于此，数学教师应在课堂教学过程中突出数学学习乐趣的教学，提高特长生数学知识感染力，激发特长生数学学习兴趣，让兴趣成为"老师"陪着特长生展开课后学习．

3. 掌握科学高效的学习方法

数学学习方法千变万化，只要学生能结合自身学习需求掌握科学高效的学习方法，就可以提高课后学习效率．例如，特长生可采用"思维导图"法进行学习总结，将数学重点知识设为思维导图核心，将定义、公理、公式、例题、实例应用、学习盲区等设为关键词，调动学生发散思维，引导其回顾并夯实基础知识，建立自主学习体系，提高其课后学习效率．再如，数学教师可依据特长生数学学习情况制定课后学习"微课程"，借助微课引导学生展开课后学习．通过微课，特长生能在线与数学教师进行沟通，在教师指导下攻克数学学习难关，提高学生课后数学学习效率[3]．

三、结束语

综上所述，高中特长生若想有效提高其课后数学学习效率，其需制订科学有效的课后数学学习计划，养成良好的课后学习习惯，掌握科学高效的学习方法，使自身数学成绩得以提升．

参考文献:

[1] 陈小平. 高中艺术特长生的数学教学方法初探 [J]. 新教育时代电子杂志（教师版），2017（19）：2.

[2] 赵凤朵. 高中音乐特长生数学作业设计的研究 [J]. 都市家教（下半月），2016（8）：161-161.

[3] 李茂华. 培养高中音乐特长生学习数学的兴趣——个性化作业设计 [J]. 神州（下旬刊），2016（5）：65-65.

利用生成性资源促进数学教学的有效实施策略

甘肃嘉峪关市第一中学　蒲香香

（本文发表于《教育革新》2018 年第 10 期）

（本文系 2017 年甘肃省教育科学"十三五"规划"陇原名师"专项
课题《高中数学教学生成性资源开发与利用的实践研究》
（课题立项号：GS［2017］MSZX033）成果之一）

摘　要： 教学策略的实施有助于促成学生经验的提升，改变学生的学生态度，增强学生的学习兴趣，提高学生的学习成绩．本文阐述了如何在教学的各个环节中，从教师和学生两个角度、多个层面更有效地利用生成性资源来促进数学教学的具体实施策略．

关键词： 生成性资源策略数学教学

课堂教学是一个动态的不断发展推进的过程，这个过程既有规律可循，又有灵活的生成性和不可预测性．只有适度开发和有效利用课堂的资源，才能促进预设教育目标的高效率完成．教师是教学活动的主导者，在已有的客观条件下，教师的教育行为对资源的影响最大．那么在实际教学中教师怎样才能更好地创设教学实现生成性资源的教学价值呢？

一、弹性化教学设计，有益生成

弹性化教学设计，只为教学设计大概路径和主要事件，是对教学过程的宏观规划，没有为每一步教学详细规定，但是对课堂上可能出现的种种新情况进行了思考，设计了多种可能的处理策略. "凡事预则立，不预则废"，强调生成，并不意味着舍弃预设. 有效的教学应当追求生成与预设的和谐统一，处理好动态生成与弹性预设的关系.

1. 熟练掌握教材，熟悉学生情况

教师唯有吃透教材，才能准确把握教学重点，合理取舍教学中生成的资源，向教学目标逐步靠拢，最大化实现教学效益. 教师掌握学生的认知水平和思维特点，把握最近发展区，有利于弹性化的教学设计，同时预测课堂中学生可能提出的问题，可能做出的回答，并制订应对策略. 例如，教学中经常出现这样的情况：教师提出一个问题，学生一时答不上来，怎么办？教师或放缓思考的坡度，或变换角度，或化难为易等. 教师对问题的提出要"先难后易"，保证能激发学生的思维，也能使"差学生"思考问题；教师对学生的提问要"由远及近"，"差学生"回答，"好学生"补充，这样就不用担心课堂上出现"好学生"把答案告诉"差学生"的情况. 这些只有教师熟悉教材、了解学生的情况下才能办到.

2. 教学例题、习题的设计要有弹性

例题讲解、习题布置是数学课堂教学非常重要的两个环节，对例题、习题的处理直接影响教学进度与教学效果. 教师对所选例题的信息提炼方式、转化过程、解题途径要做到心中有数，以应对教学中的突发事件；要力求教学例题分层设计，以满足不同层次学生的需要；在习题设计时要遵循"下要保底、上不封顶"的原则，多设计一些"必做题"和"选做题"，让学困生"吃得了"、中等生"吃得好"，优等生"吃得饱".

尤其是在数学解题教学中，教师不仅要对题目的多种解法预设，还要预设思路的探索过程；不仅要对正确的解法预设，还要预设错误的解法；不仅要对通性通法预设，还要预设巧解特法；不仅要对学生的解法预设，还要预设教师的解法；不仅要对解题中的分析预设，还要预设解题后的反思；不仅要对解题过程和方法预设，还要预设教学过程和方法.

3. 教学目标、内容、方法、时间安排要有弹性

教学目标的制订要合理构建知识与技能，过程与方法，情感、态度与价值观三维目标体系，以关注生命、学生的精神生活，赋予教育生活意义和以生命价值为价值取向．若产生意想不到的有价值资源，教师则要及时调整教学目标．教学内容的选择上不能局限于教材，只要适合学生的认知规律，从学生实际出发的所有有关人与自然、人与社会、人与自我等方面的材料都可作为学习内容．教学方法是根据教学内容及学生情况灵活选择的，要善于用情景式、启发式、讨论式教学法，因为此类教学法的教学更有利益激发学生的思维，进而生成更多的教学资源．在时间安排上，教师要为学生的主动参与留出时间，为师生在教学过程中发挥创造性留有余地，也为难以预料的教学环节提供调控再继续的时间．

二、创设问题情境，促进生成

生成性课程是以问题情境为媒介，以对话的方式实施，在师与生、生与生、师生分别与教材等的对话探究、交互作用过程中动态生成的建构性课程．在生成性教学中，教师可以在教学的各个环节设置问题情境．"问"的主体，开始由"教师讲"向"教师问"转变，最后由"教师问"向"学生问"转变；"问"的设置，在疑难处设置，在学生的"最近发展区"内设置，把握问题的难易程度；"问"的方法，遵循循序渐进的原则，层层递进推动学生思维．

1. 促进提出问题的教学策略

促进生成和提出问题的策略如下：①创设开放性的问题氛围，鼓励和赞赏学生的提问行为；②设置问题障碍，激活学生的思维，让学习者疑中生疑；③留有课堂思维"空白"，提供学生提问的时间；④以问促问，通过教师提问（有争议或难度的问题）引发学生生成新的问题；⑤把握所生成问题的解答方法，鼓励学生自我判断和评价；⑥引导和鼓励学生在平时的学习中探求问题．⑦创设探究性的问题，引发学生的探究欲望，激起学生的求知欲和创造性思维．

2. 以问题为桥梁开展对话教学

对话教学是师生共同进行的主题探究或问题解决式的学习．在对话教学理念下，学习不是被动地接受知识，而是发现生成、加工重组、重新建构新认知结构的过程．课堂中教师应善于观察学生的学习情况，组织学生仔细倾听他人的观点，平等对话、共同探讨，有意识地辨证看待知识和其他个体的见解，不是全部肯定或者全部否定，而是批判性地看待对话教学中的知识和其他内容．

透过对话，通过别人对每个知识点的理解或某个问题的意见，发现自己所要表达的与别人所理解的之间的不同之处，从中发现新的问题，加深自己对问题、知识点的理解. 对话教学一方面可以学习他人的长处，另一方面有可能在自己的观点和别人的观点的基础上产生新的想法.

三、抓住教学契机，有效生成

在新课标理论的指导下，教师形成了开放的数学课堂教学，学生的个性得到充分发展，敢于大胆地表达自己的感受、意见和结论，而不是去揣度标准答案，课堂上出现了不同的声音，发生争论，引发进一步的思考，甚至会出现一些意想不到的独特见解. 教师要善于把多样化的探究策略、个性化的思维方式作为教学资源，达到资源共享.

作为教师，要用心倾听、及时捕捉和充分肯定动态生成的亮点资源，让智慧闪耀光芒；要留心倾听学生的独特见解，及时进行提炼；同时也要及时捕捉学生出现尴尬的、错误的问题所在，通过点拨、引导，帮助学生找出问题症结所在，反思错误原因，把错误作为一种资源加以利用，就有可能把探究引向深入，从而演绎课堂的精彩.

四、形成资源意识，把握生成

教师对与时俱进的先进教育理念的吸收是课堂动态生成资源的基础. 在实际教学中，有些教师并没有意识到生成性资源的重要性，为应付考试而教，学生为应付考试而学. "知识本位""应试至上"的价值趋向和"急功近利"的教学心态，使得教师通常不会过多考虑与考试"无关"的教学内容，即使是课堂上呈现的生成性资源，若不在教学计划之内，也不会被重视. 有的一线老师提出"我不知道怎么去生成，您给我一个示范 A"，也有的一线老师提出"我连预设都没有达到，哪有精力去生成". 这些真实的语言背后透露出这样的信息：生成性资源没有固定模式，开发生成性资源比预设要求更高. 从另一角度来看，这是因为教师缺少对生成性资源开发与利用的实践性知识，没有信心和能力去处理.

在新课改下，教师要培养强烈的教学资源意识，把教学中各种有意义的生成性资源充分挖掘出来，将各种"始料未及的信息"及时捕捉并理智地纳入教学设计之中，用来改进教师的教和学生的学．

五、结语

教师在教育实践中的独立思考和实践反思是课堂动态生成资源的源泉．教师只有经常反思生成中的"成功点"，反思生成中的"创新点"，反思生成目标的"达成度"，反思生成中的"失误点"，在此基础上潜心钻研教材，仔细揣摩学生，提前预想课堂，精心设计教学环节，巧妙选择课堂提问，当课堂上真正有"生成"发生时，才能做到临危不乱、处变不惊，置"生成"于教学常态中，化"意外"于合情发展处．

参考文献：

［1］李祎．动态生成观下数学解题教学设计的改进［J］．数学通报，2006.5.

［2］阳红．生成性教学视野下教师实践性知识的提升［J］．全球教育展望，2010.11.

［3］周改英．新课程化学课堂对话生成教学资源刍议［J］．化学教育，2010.10.

［4］朱志平．什么样的问题情境能促进课堂动态资源的生成［J］．上海教育科研，2007.3.

文科数学教学策略的探索与思考

甘肃嘉峪关市第一中学　　夏鸿雁

（本文发表于《数学学习与研究》2016 年第 14 期）

在当今社会，数学疯了一般侵入到了其他学科，无论是经济、金融，还是管理、心理，无论是社会工作还是行政法规……其扩张速度比我们文科学生认识的速度更快．所以，文科生要不要学数学以及文科生学数学有没有用容不得我们有半点质疑．

但是，怎样学好数学应该是很多文科生的梦魇．众所周知，文科生学习数学存在两个问题：一个问题是把数学和其他学科一样去学习了，认为记忆最重要；另外一个问题是没有真正理解数学的方法性和思想性．所以，了解材质脾性的雕琢与教化，才是解决问题的关键．

一、推敲教学方法，激发文科学生数学学习兴趣

苏霍姆林斯基说："惊讶感情是寻求知识的强大源泉．"教师既像厨子也像导演，如果不能把同样的食材做出别样的风味，师生会很腻；如果没有真正出彩的剧本，再卖力的表演也不可能叫座．而对文科生这样一个本来就对数学有抵触心理的群体来说，兴趣的培养就是一个解决问题的敲门砖．

1. 巧妙设计，激发动力

我们必须具有挖掘、把握教材中的智力因素和善于捕捉学生思维活动的动向并加以引导的能力，充分利用巧妙的设计为智力发展服务．

比如我们在讲等差数列时，引入少年高斯计算"$1 + 2 + 3 + 4 + \cdots\cdots + 100 =$"的故事，在讲等比数列时引入印度象棋发明者与国王的对话故事．

2. 抓住心态，创设情境

兴趣的形成与发展总是和成功联系起来的，常成功的活动，人们对它感兴趣，而常失败的活动对兴趣起消极作用，经常给学习以成功的体验，帮助学生获得积极的情感，使之形成正确的学习态度，对数学学习也将起到很大的促进作用．所以，兴趣依赖于成功所带来的愉悦心情，教师要善于抓住学生"好胜"的心态，创设"成功"的情境，鼓动、诱导、点拨，帮助学生获得成功．

3. 适时评价，培养自信

"数学是思维的体操"，对于文科生这样一个凭感性认知事物的群体来说，其对数学学习自信的建立是学好数学的重要前提，教师及时、具体的评价是其建立自信的关键．教师要鼓励那些标新立异甚至异想天开的想法，并允许他们试错，决不能吝啬表扬的言语，只要有一点闪光点，我们就应该积极肯定．

二、深入挖掘教材，加强解题规律教学

数学知识无外乎两条主线：一个是基础知识，另一个是深层知识，即数学思想与数学方法．教师只有以数学思想统摄整个教学过程，才能从本质上理解教材知识的内容．

1. 摒弃只讲基础知识，不渗透数学思想的教学方法

数学思想方法来源于数学基础知识，是数学的精髓，是解决问题的有效手段．没有渗透数学思想的数学知识，就像缺失营养的土壤一样，贫瘠干涸．如果我们只是在解题的过程中罗列各种方法，那么只会让文科班的学生对数学有抵触心理．

案例：（1）已知 $f(x)$ 的定义域为 $[-1, 3]$，求函数 $f(2x-1)$ 的定义域．

（2）已知 $f(e^x) = x$，则 $f(4) = $ _____．

这两道题比较抽象，如果不渗透转化思想，学生仅仅照着老师的解题过程去"照猫画虎"，那么估计就和没讲一样，反而会加剧学生的恐惧心理．

2. 优化教学过程，设计适合文科生的教学活动

教师不能致力于"精讲多练"，因为文科班学生质疑能力不强，上课发言也不积极，因此，教师教学时要多引导学生思考，用一个一个的小问题，把知识的发展过程揭示出来，且每一个问题的提出都要引起学生的认知冲突，只要

有了这种认知冲突，学生就会自觉地去思考．

案例：求 $f(x) = x^2 - 2ax + 2$ 在 $[2，4]$ 上的最大值．

学生拿到这道题的时候首先想到的是画函数图像，当他们画图像的时候，由于对称轴为 $x = a$，所以就不容易下手了，那么接下来老师的引导就起到至关重要的作用．

师：要求出给定区间上的最大值，对称轴 $x = a$ 的位置有几种情况？

生：分为三种情况，$a \leq 2$，$2 < a < 4$，$a \geq 4$．学生很容易答出当 $a \leq 2$ 时，$f(x)_{max} = f(4) = 18 - 8a$；当 $a \geq 4$ 时，$f(x)_{max} = f(2) = 6 - 4a$．

师：当 $2 < a < 4$ 时，$f(x)$ 的最大值呢？（学生陷入很激烈的讨论之中）

学生甲：$f(x)_{max} = f(2) = 6 - 4a$．

学生乙：$f(x)_{max} = f(4) = 18 - 8a$．

师：为什么会出现这两种答案呢？他们两个人画的图像有什么不一样的地方？（让甲乙两人在黑板上画出其图像）生：两个人画的图像对称轴一个离2近，一个离4近．

师：那么，这两种情况存在吗？

生：存在．

师：那么，第三种情况中会出现这两种小情况与什么有关系？

生：我们应该先找到区间 $[2，4]$ 的中点3，当 $2 < a < 3$ 时，$f(x)_{max} = f(4) = 18 - 8a$；当 $3 \leq a < 4$ 时，$f(x)_{max} = f(2) = 6 - 4a$．一切进展都顺其自然，整个过程都是以学生为主体，步步入局．

三、深入调查研究，加强学习方法指导

高中数学从总体上看比较单一，主要以讲授为主，学生很容易形成死记硬背、机械训练的状况．所以，我们要以指引以学生自主学习、合作学习、反思学习等为主，最大限度地挖掘其智力潜能．

高中数学之绿色解题教学

甘肃嘉峪关市第一中学　谢　娟

（本文发表于《高中数理化》2018 年总第 278 期）

摘　要：解题教学是数学教学中的重要部分，并且解题教学本就是培养学生核心素养的载体．教学效果的最大化是教师们追求的，本文作者提出了高中数学中的绿色解题教学．

关键词：绿色解题教学；发散思维；逻辑思维；灵感思维

谈到解题，许多人认为解的题太多就是陷入了题海，那么怎样才能让学生从题海中解脱出来，但又能在高考中脱颖而出呢？这让我不禁想到了解题教学与核心素养的关系，如果一个高中生的核心素养比较好，那么他必定是不用陷入题海但又能脱颖而出的那一个，而解题教学本就是培养学生核心素养的载体，高中数学教学离不开解题教学．那么怎样的解题教学才能有效提高学生的核心素养呢？这里我提出了绿色解题教学的概念．所谓绿色解题教学，就是真正把握题目的本质，充分调动学生的思维，把一节课的教学效果发挥到最大化的教学．

一、融会贯通，触类旁通——培养学生的发散思维

下面以构造函数解导数小题为例．

例1：函数 $f(x)$ 是定义在 $(-\infty, 0) \cup (0, +\infty)$ 上的奇函数，当 $x > 0$ 时，$f(x) + xf'(x) < 0$，且 $f(-4) = 0$，其中 $f'(x)$ 为 $f(x)$ 的导函数．则不等式 $f(x) > 0$ 的解集为_____．

思路点拨：构造 $F(x) = xf(x)$，则 $F'(x) = f(x) + xf'(x)$，$F(x)$ 在 $(0, +\infty)$ 单调递增，且 $F(-4) = 0$，$F(x)$ 为偶函数.

教学思路：先让学生自己思考，然后让学生分享思路，最后师生共同解决问题. 这道例题需写出严谨的解题过程.

变式 1 函数 $f(x)$ 是定义在 $(-\infty, 0) \cup (0, +\infty)$ 上的偶函数，当 $x < 0$ 时，$xf'(x) - f(x) > 0$，且 $f(1) = 0$，其中 $f'(x)$ 为 $f(x)$ 的导函数. 则不等式 $f(x) < 0$ 的解集为_____.

思路点拨：构造 $F(x) = \dfrac{f(x)}{x}$，则 $F'(x) = \dfrac{xf'(x) - f(x)}{x^2}$，$F(x)$ 在 $(-\infty, 0)$ 单调递增，且 $F(1) = 0$，$F(x)$ 为奇函数.

教学思路：先让学生自己思考，发现 $xf'(x) - f(x)$ 中间是减号，由此想到分式函数的导函数，然后师生共同解决问题.

变式 2 函数 $f(x)$ 是定义在 $(-\infty, 0) \cup (0, +\infty)$ 上的偶函数，当 $x > 0$ 时，$2f(x) > xf'(x)$，且 $f(-1) = 0$，其中 $f'(x)$ 为 $f(x)$ 的导函数. 则不等式 $f(x) > 0$ 的解集为_____.

思路点拨：构造 $F(x) = \dfrac{f(x)}{x^2}$，则 $F'(x) = \dfrac{xf'(x) - 2f(x)}{x^3}$，$F(x)$ 在 $(0, +\infty)$ 单调递增，且 $F(-1) = 0$，$F(x)$ 为奇函数.

教学思路：先让学生自己思考，发现 $xf'(x) - 2f(x)$ 相比较变式1多了个 2，由此想到构造 $F(x) = \dfrac{f(x)}{2x}$，此时教师引导学生去求导，发现这样构造的函数不符合题意，从而自然地想到构造 $F(x) = \dfrac{f(x)}{x^2}$，最后师生共同解决问题.

变式 3 函数 $f(x)$ 是定义在 $(-\infty, 0)$ 上的可导函数，且有 $xf'(x) > x^2 + 3f(x)$，其中 $f'(x)$ 为 $f(x)$ 的导函数. 则不等式 $8f(x + 2014) + (x + 2014)^3 f(-2) > 0$ 的解集为_____.

思路点拨：构造 $F(x) = \dfrac{f(x)}{x^3}$，则 $F'(x) = \dfrac{xf'(x) - 3f(x)}{x^4}$，$F(x)$ 在 $(-\infty, 0)$ 单调递增，且 $F(x + 2014) = \dfrac{f(x + 2014)}{(x + 2014)^3}$，$F(-2) = -\dfrac{f(-2)}{8}$，则

不等式等价于 $F(x+2014)-F(-2)<0$，然后用 $F(x)$ 在 $(-\infty,0)$ 上的单调性.

由此可以得到结论：条件中出现 $xf'(x)+nf(x)$，构造函数 $F(x)=x^nf(x)$，条件中出现 $xf'(x)-nf(x)$，构造函数 $F(x)=\dfrac{f(x)}{x^n}$. 到此，得到了 $f(x)$ 与 x^n 的结论，那么 $f(x)$ 与 e^x，$f(x)$ 与 $\ln x$，$f(x)$ 与 $\sin x$ 也会有这样的结论吗？

二、对比分析，强化细节——培养学生严密的逻辑思维

严谨是数学的一大特点，有效的绿色数学教学可以培养学生严密的逻辑思维.

例 2：已知数列 $\{a_n\}$ 中，$a_1=1$，前 n 项和 $S_n=\dfrac{n+2}{3}a_n$，求数列 $\{a_n\}$ 的通项公式.

学生 1：由 $S_n=\dfrac{n+2}{2}a_n$ ①得 $S_{n+1}=\dfrac{n+2}{3}a_{n+1}$ ②，用②-①得

$S_{n+1}-S_n=\dfrac{n+3}{3}a_{n+1}-\dfrac{n+2}{3}a_n$，变形得 $\dfrac{a_{n+1}}{a_n}=\dfrac{n+2}{n}$，从而得到 a_n.

学生 2：把 $a_n=S_n-S_{n-1}$，$(n\geq2)$ 带入 $S_n=\dfrac{n+2}{3}a_n$，得 $\dfrac{S_n}{S_{n-1}}=\dfrac{n+2}{n-1}$，$(n\geq2)$ 由累乘法得到 S_n，从而得到 a_n.

教学思路：比较两种方法的简洁性，从而让学生择优而取.

变式设数列 $\{a_n\}$ 的前 n 项和为 S_n. 已知 $a_1=a$，$a_{n+1}=S_n+3^n$，$n\in\mathbf{N}^*$. 设 $b_n=S_n-3^n$，求数列 $\{b_n\}$ 的通项公式.

学生 1：由 $a_{n+1}=S_n+3^n$ ①得：$a_{n+2}=S_{n+1}+3^{n+1}$ ②，用②-①得：$a_{n+2}=2a_{n+1}+2\cdot3^n$，利用构造新函数法求出 a_n，再带入 $a_{n+1}=S_n+3^n$，求出 S_n，再带入 $b_n=S_n-3^n$，进而求出 b_n.

学生 2：由 $a_{n+1}=S_n+3^n$ 得：$S_{n+1}-S_n=S_n+3^n$，即 $S_{n+1}=2S_n+3^n$，而 $b_{n+1}=S_{n+1}-3^{n+1}=2S_n+3^n-3^{n+1}=2(S_n-3^n)=2b_n$，进而求出 b_n.

教学思路：比较两种方法的简洁性，让学生择优而取，再比较两道题的细节，例题中的问题是求 a_n，故用学生 1 的方法较好. 而变式的问题是求 b_n，

$b_n = S_n - 3^n$，所以用学生 2 的方法比较好．解题教学中通过"咬文嚼字"进行相互比较研究，展示知识之间的内在联系和细微差别，在方法上举一反三，加深学生对数学本质的理解，提高学生的解题能力，同时也培养了学生严密的逻辑思维能力．

三、源于课本，高于课本——培养学生的灵感思维

问渠哪得清如许，为有源头活水来．高考题中许多题目的源头都是课本习题，所以，师生需要研究清楚课本上的习题，有了坚实的基础，解决问题时灵感自然而然就产生了．

（2017 浙江卷理科第 15 题）已知向量 $\vec{a}$ 与 $\vec{b}$ 满足 $|\vec{a}| = 1$，$\vec{b} = 2$，求 $|\vec{a} + \vec{b}| + |\vec{a} - \vec{b}|$ 的最大值．

课本习题： 人教 A 版必修 4 第 109 页例 1．

思路点拨： 由 $\dfrac{a+b}{2} \leqslant \sqrt{\dfrac{a^2+b^2}{2}}$ 可得，$|\vec{a} + \vec{b}| + |\vec{a} - \vec{b}| \leqslant 2\sqrt{\dfrac{(\vec{a}+\vec{b}) + (\vec{a}-\vec{b})^2}{2}} = 2\sqrt{5}$，所以 $|\vec{a} + \vec{b}| + |\vec{a} - \vec{b}|$ 的最大值为 $2\sqrt{5}$．

（2017 全国卷 Ⅱ 文科第 21 题）已知函数 $f(x) = (1 - x^2)e^x$，当 $x \geqslant 0$ 时，$f(x) \leqslant ax + 1$，求 a 的取值范围．

课本习题： 人教 A 版选修 2 - 2 第 32 页 B 组题中第 1 题的第（3）小题，$e^x \geqslant 1 + x$．

思路点拨： 把 $e^x \geqslant 1 + x$ 中的 x 换成 $-x$，得到 $e^{-x} \geqslant 1 - x$，即 $e^x(1 - x) \leqslant 1$，因为 $x \geqslant 0$，所以 $e^x(1 - x) \leqslant 1$，两边同乘以 $1 + x$，即可得到 $(1 - x^2)e^x \leqslant x + 1$．当 $x \geqslant 0$ 时，要使 $f(x) \leqslant ax + 1$，只需当 $x \geqslant 0$ 时，$x + 1 \leqslant ax + 1$，故 $a \geqslant 1$．

参考文献：

［1］王晓东．高三数学本真复习中的"联""串""变"［J］．中国数学教育（高中版），2014（1 - 2）：50 - 53.

［2］谢娟．高中数学中的对比教学［J］．考试周刊，2015（13）：71 - 72.

数学史融入函数概念教学的探索

甘肃嘉峪关市第一中学　闫丽丽

(项目名称：甘肃省教育科学"十二五"规划课题"基于实践的

高中函数模块教学中渗透数学史的探索与研究"

课题编号：GSGB［2015］MSZX140）

函数的概念是高中阶段数学的核心概念，函数的思想和方法贯穿高中数学的始终．然而，函数概念因其高度概括性、符号的抽象性、表达形式的多样性、应用对象的多变性和思维水平的高要求成为高中数学的重点和难点，也是高一新生在数学学习中需要跨越的第一个障碍．这就对教师提出了更高的要求．教师只有深入地理解教学内容，全面体会教材的编写意图，针对学生的认知水平和思维发展规律，设计合理的教学情境，才能实现有效教学．在此，将我曾经的迷惑和探索的感悟与大家分享．

一、函数概念的发展历程之"迷"

每个数学概念的产生都有它现实或理论发展的需要，函数概念也是这样．致力于运动研究的科学家们，在天体位置、航海测量、炮弹射程等问题中，探究两个变量之间的关系，这正是函数产生和发展的背景．1692 年德国数学家莱布尼兹首次使用"function"一词，用函数表示随曲线的变化而改变的几何量，如坐标、切线等；1718 年瑞士数学家约翰·贝努利在莱布尼兹函数概念的基础上，强调函数要用公式表示；1755 年瑞士数学家欧拉将函数定义为"如果某些变量，一个变量的函数是由这个变量和一些数即常数以任何方式组成的解析表达式"，这是解析式函数，但有很大的局限．突破这一局限的是杰出的德国数学家狄利克雷．1837 年狄利克雷提出："如果对于 x 的每一个确定值，y 总有一个确定的值与之对应，那么 y 是 x 的函数．"这个定义较清楚地说明了函数的内涵，只要有一个法则，使得取值范围内的每一个值，有一个确定的 y 和它对应就行，不管这个法则是公式、图像、表格还是其他形式．十九世纪末，随着集合概念的出现，函数概念进而用更加严谨的集合和对应语言来表达，形成了高中学习的函数概念．综上所述可知，函数概念的发展与生产、生活以及科学技术的实际需要紧密相关，而且随着研究的深入，函数概念不断得到严谨化、精确化的表达，科技在进步，函数概念还在继续发展．

二、函数概念的理解之"迷"

学生初学函数时会有疑惑：为什么初中和高中所学的函数概念不一样呢？教师一般会回答：只是看问题的角度不同，初中阶段的概念是运动变化观点下的变量间的依赖关系，而高中阶段的概念是集合观点下的对应关系，它们的实质是一样的．

我对函数概念有更深层的理解，是在学习了 A. Sfard 提出的数学概念的二重性理论之后．对于许多数学概念，我们若将其看作是一个静态的整体性的实体，那么它就具备对象的特点；若是将其看作是一种数学运算或变换，则体现了过程的特点．A. Sfard 认为数学概念具有两个侧面：从过程角度看，它是一种操作性概念；从对象角度看，它是一种结构性概念．二者在概念形成过程中是先操作后结构的，这是符合人类认知规律的，而最终在认知结构中是共存的，在不同的时机发挥不同的作用．函数概念正是这样具备过程与操作性和对象与结构性双重特征的概念，从过程侧面理解函数是从一个变量得到另一个变量的方法，是从一个集合到另一个集合的对应而从对象侧面理解函数是有序数对的集合，是两个数集间的关系．

三、教学情境设计之"迷"

新课改后的几版教材对函数概念的处理方式存在很大的差异，但是教师应该"用教材教，而不是教教材"．因此，面对众多的教学素材和多样的教学思路，教师应针对学生的认知水平和思维能力的差异，提出不同的教学方案．现将我实践方案中的几个片段供大家参考．

片段1：映射概念

原大纲版教材采用的方式是奥苏伯尔的概念同化策略：先映射后函数，但因映射本身是一个相当抽象的概念，用它来构建函数概念，实现从一般到特殊的演绎，对学生的思维能力要求较高．新课改后，只有湘教版采用这种方式，其他各版教材都采用了先函数后映射的方式．这种方式体现了概念的形成，与初中所学函数知识衔接自然，更符合一般学生的学习心理，也更接近学生从具体到抽象、从特殊到一般的思维习惯．函数是特殊的映射，可以把映射看作函数概念的推广，也可以用映射概念来帮助理解函数．映射可安排在第二课时完成，这样的安排凸显了函数的核心地位，淡化了映射，也符合课程目标．

片段2：情境引入

为了让学生能更好地理解抽象的函数概念，各版教材都采用丰富的背景实例创设问题情境的方式引入，在问题的引导下，归纳出函数的概念，引导学生感受函数概念的原发现过程，体会数学的应用价值，培养学生"数学地看问题"和"数学地思维"．人教版和苏教版的三个实例都是选自运动（随时间变化炮弹高度）、自然界（臭氧层空洞面积的变化）和经济生活（恩格尔系数变化），以解析法、图像法、列表法三种不同方式表示，既可以让学生感受函数的广泛应用，又可以使学生意识到对应关系不仅可以是明确的解析式，也可以是形象直观的曲线或表格，还可以是抽象的描述．

片段3：认识符号

函数定义中采用的符号对学生来说是陌生的，掌握好它有利于对函数概念的理解．函数从对象整体的角度看是集合间的对应关系，表示为 $f: A \to B$；从过程的角度看是变量间的依赖关系，记为 $y = f(x)$，表示"y 是 x 的函数"．符号 $f(a)$ 与 $f(x)$ 既有区别，又有联系．要掌握这些符号，可以先通过解析法表示的具体函数体会，再在例1中巩固，这样的学习任务与学生的思维最近发展区相适应，可以激发学生的学习热情和信心．

片段4：融入数学史

仔细对比研究会发现：学生学习函数的过程和函数概念的发展历程有着相

似之处，都经过了四个阶段：从实际问题中发现变量间的依赖关系→用数学表达式描述变量间关系→发现更多样的对应关系→集合表示的对应关系．教师可以在课堂小结环节简要讲解"函数概念的发展历程"，引导学生体会过程的相似性和初中函数概念的局限性，使学生更深刻地理解概念的实质；将有关函数发展史的"阅读与思考"结合"实习作业"布置为周末小论文，开拓学生的数学视野，使学生认识数学的科学价值、应用价值和文化价值．通过这些活动，把数学的学术形态转化为学生易于接受的教育形态，提高学生学习数学的兴趣和信心．

　　总之，教学设计应遵循激发动机和兴趣的情意原则：创设问题情境引导学习，激活思维，激发求知欲；铺设恰当的认知阶梯，呈现与学生思维最近发展区相适应的学习任务，激发学生学习热情．形成式概念的教学设计应遵循学生的学习过程与知识的发生发展过程有机整合的过程原则：还原概念的原发现过程；还原思维的发展过程，构建一条"从具体到抽象、从特殊到一般、由此及彼、由表及里、从片面到全面"的思维通道．

教学设计

中 篇

"§3.1.1 随机事件的概率"教学设计

甘肃省嘉峪关市第一中学　卢会玉

（本设计发表于《理科考试研究》2016 年第 01 期）

【教材版本】

人民教育出版社《普通高中课程标准实验教科书数学必修3》（A 版）

【教学目标】

（1）通过实例引入随机事件，激发学生的学习兴趣，让学生体会随机事件是一类常见的事件．

（2）通过拳王的实例，激发学生对祖国的热爱之情．

（3）了解随机事件、必然事件、不可能事件的概念．

（4）通过实例使学生认识到研究随机事件的概率是现实生活的需要，树立辩证唯物主义的观点．

（5）正确理解概率的概念和意义，明确事件 A 发生的频率 $f_n(A)$ 与事件 A 发生的概率 $P(A)$ 的区别与联系．

（6）通过现代信息技术的合理利用，让学生体会到现代信息技术是认识世界的有效手段．

（7）通过观察表格和折线图，让学生体会观察、分析、归纳、总结、自主建构概率的产生过程．

（8）通过抛硬币的试验获取数据，归纳总结试验结果，发现规律，真正做到在探索中学习、在探索中提高．

（9）通过学生自己动手、动脑和亲身试验来理解知识，体会数学知识与现实世界的联系．

（10）提高学生分析问题和解决问题的能力，培养学生的数学化归思想．

（11）培养学生的辩证唯物主义观点，增强学生的科学意识．

【教学重点】

事件的分类；概率的定义以及和频率的区别与联系．

【教学难点】

用概率的知识解释现实生活中的具体问题．

【授课类型】

新授课．

【课时安排】

一课时（40分钟）．

【教学方法】

引导启发式、参与发现式．

【教学用具】

硬币数枚、投灯片、计算机及多媒体教学．

【教学过程】

活动一：体会身边的随机事件

（1）教师和学生一起欣赏2004年火箭队和马刺队的一场比赛中麦迪投中4个三分球图片以及拳王邹市明和泰国拳王的比赛图片，让学生体会身边的随机事件．

（设计篮球比赛和拳击比赛情境，旨在激发学生学习数学的热情，调动学生主体参与学习活动的积极性，并让学生体会身边的随机事件，同时增强爱国热情.）

（2）教师问学生如果两人都想看一本好书，应该采用什么办法？

（设计这个情境，旨在让学生进一步体会身边的随机事件.）

活动二：探究随机事件的定义

（1）回顾三个情境，教师提问情境中涉及的三个事件有什么共同特点？

（2）教师问学生生活中还有类似的事件吗？

设计意图：培养学生独立思考和语言表达能力，让学生尝试"说数学".

（3）教师问学生生活中还有不属于此类的事件呢？

（学生发表观点，教师及时实施多元评价.）

（4）教师问学生生活中遇到的事件想全面了吗？

交流后，教师问学生生活中遇到的事件可以分为几类？完善定义并用多媒体展示事件的分类.

想一想 为什么要相对于条件 S 呢？如果条件改变，事件会发生什么样的变化呢？

教师举例：①龟兔赛跑的故事；②一个不透明的袋子中装有大小相同的 5 个白色球和 5 个黄色球，如果将袋中的球全部换为黄色或者白色，那么摸一次球，出现黄色，这个事件会不会发生改变？

（如果条件发生了改变，有可能会使事件的性质发生改变. 这个环节是为了让学生进一步理解事件的定义.）

活动三：探究随机事件的概率定义

（1）回顾麦迪投三分球的情境，教师提问学生如果班长和麦迪是火箭队的队友，那么应该派谁去投三分球？

（这个环节是为了让学生进一步体会随机事件发生的可能性有大小之分，可以进行比较.）

（2）教师阐述正是因为有这个特点，所以，人们用数值表示随机事件发生的可能性大小.

设计意图：让学生体会随机事件发生的可能性有大小之分，让学生明确随机事件发生的可能性大小可以帮助我们决策.

数学实验 1 分小组做抛掷硬币的实验.

要求：每两位同学为一组做抛掷硬币的实验，并记录各组正面朝上的次数.

教师用 Excel 统计各组数组，绘制出折线图. 并在学生仔细观察图表和折线图之后说出自己发现的结论.

教师问：还有没有其他的角度来思考这个问题？如果我们把数据累积起来再做一次统计会有什么效果？

教师用 Excel 统计各组累积数组，绘制出折线图.

预设答案：频率在某个常数附近摆动，随着实验次数的增加，频率会逐渐稳定在某个常数.

（Excel 的使用，有利于学生更准确地发现问题，节省课堂有效教学时间，同时也体现了信息技术的有效整合.）

（设置这个环节是为了让学生尝试"做数学"，体会知识的生成过程，并且让学生尝试"说数学".）

数学实验 2 展示数学家蒲丰、杰尔逊、维尼等做抛掷硬币的实验数据，并做出折线图.

预设答案：频率在某个常数附近摆动，随着实验次数越来越多，频率会逐渐稳定在某一个常数，这个常数是 0.5.

（教师在展示数学家的实验数据后，提出数学家为了追求数学真理付出了艰辛努力，这种精神是值得我们学习的，也是对我们来说最重要的. 进行适时、适当的情感教育.）

数学实验 3 展示采集麦迪某个赛季投三分球的数据，做出折线图.

设计意图：让学生体会到神奇的麦迪投三分球命中的概率也不过是 0.33 左右. 这也对一开始的问题有了说明.

想一想 如果我们再做一次实验，实验数据和刚才的数据会是一样的吗？为什么？

用计算机模拟实验.

设计意图：让学生体会随机事件的实验结果是随机的，或许每次的结果都不一样，只是随着实验次数的增加，这种随机性就呈现出一定的规律性.

想一想 通过刚才的实验，同学们发现了什么？有什么共同规律？

设计意图：让学生通过数学实验的数据分析、归纳、总结出结论，这正体现了新课标中"不同的学生在数学上得到不同的发展"这一理念.

想一想 通过刚才的实验，同学们发现了什么？有什么共同规律？

设计意图：让学生再次辨析频率和概率的概念，这也是这节课的难点之一.学生在尝试"说数学"的同时归纳总结的能力也得以提升.

活动四：新知应用

判断下列问题的对错：

(1) 抛掷一枚硬币有可能正面朝上也有可能反面朝上.

(2) 抛掷一枚硬币正面朝上的概率为 0.5，所以抛掷两次硬币一定有一次是正面朝上.

(3) 抛掷一枚硬币正面朝上的概率为 0.5，所以抛掷 12000 次时，出现正面的次数很有可能接近 6000 次.

（学生独立练习，教师个别指导，教师实施评价并展示解题过程.）

活动五：小结归纳布置作业

用三个问题小结回顾今天的内容.

问题 1：事件"采用'石头剪刀布'的方法，甲获胜"是哪一类事件？回顾事件的分类.

问题 2：为了估计上述事件的概率，我们可以采用什么方法以回顾利用大量重复试验得到事件发生频率的规律，从而估计出事件发生的概率？

问题 3：如果某种彩票的中奖率为 $\frac{1}{10000}$，那么买 10000 张这种彩票一定能中奖吗？（假设该彩票有足够多的张数.）

买 10000 张彩票相当于做了 10000 次随机试验，因为每次的结果都是随机的，所以 10000 次的结果也是随机的，有可能一张都没中奖. 但是随着实验次数的增加，这种随机性又呈现出一定的规律性，最终获奖的频率稳定在 $\frac{1}{10000}$.

（教师在本环节引导学生从知识层面对随机事件的概率进行梳理，深化知识与技能．）

教师又提出：虽然中奖的概率很小，但是小概率事件不一定不会发生，所以在生活中才有那么多的人关注彩票，而在我们身边还有车祸等这样的随机事件，并用幻灯片展示意外图片．

（教师在本环节分享对意外事件的感受：虽然在生活中我们会遇到不同的意外，但是我们并没有时刻充满着恐慌，也并没有因为遭遇失败而放弃努力．正是因为体育比赛中充满着随机事件，体育比赛才显得那么刺激精彩．我们的人生道路也充满着随机事件，所以，我们的人生才会各有各的不同、各有各的精彩，祝愿每个同学都能活出自己的精彩．）

【布置作业】

设计恰当的数学实验，估计"采用'石头剪刀布'的方法，甲获胜"这个随机事件的概率．

（设计数学实验，一方面是让学生体会数学的应用价值，提高资料检索的能力；另一方面体现了"不同的学生在数学上得到不同的发展"这一理念．）

【板书设计】

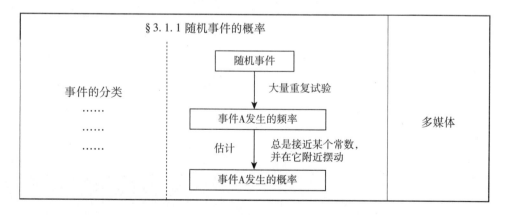

【教学反思】

课堂教学采用了启发引导的教学方式，学生对应使用了小组合作、自主探究的学习方法；借助 Excel 软件整合 PPT 制作教学课件辅助教学，让学生亲身经历随机事件的概率的探索过程，体会数学知识的生成过程；充分发挥了信息技术在高中数学学科教学中的强大优势，教学效果良好.

"§3.3.1 几何概型"教学设计

甘肃省嘉峪关市第一中学 甄 荣

（本设计发表于《考试周刊》2015 年第 57 期）

【教学目标】

（1）通过对几个试验的观察分析，经历几何概型的建构过程．

（2）通过问题情境，总结归纳几何概型的概念和几何概型的概率公式．

（3）会用几何概型的概率公式对简单概率问题进行计算，体会数形结合的数学思想．

（4）能根据古典概型与几何概型的区别来判别某种概型是古典概型还是几何概型．

（5）通过大量生活实例，让学生感受生活中处处有数学，树立数学服务于生活的观点．

（6）阅读中国射箭手张娟娟的故事，增强民族自豪感．

【教学重点】

（1）掌握几何概型的基本特点．

（2）会用几何概型的概率公式对简单概率问题进行计算．

【教学难点】

判断一个试验是否为几何概型，如何将实际背景转化为几何度量．

【授课类型】

新授课.

【教学方法】

引导启发式、对话式.

【教学过程】

活动一：游戏中的几何概型

（1）教师给出问题情境：甲乙两人玩转盘游戏（转盘如图1所示），规定当指针指向 B 区域时，甲获胜，否则乙获胜，在这种情况下求甲获胜的概率是多少？

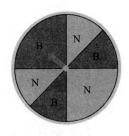

图1

设计意图：设计问题情境，旨在激起学生学习数学的热情，调动学生主体参与学习活动的积极性，并让学生体会身边的几何概率模型.

（2）学生会很快得到答案：$\frac{1}{2}$. 教师提出问题，"有什么方法可以说明概率为 $\frac{1}{2}$"？学生分小组完成转盘实验，填写《实验数据记录表》.

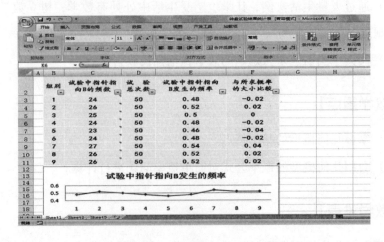

图2

（3）教师用计算机模拟转盘实验.

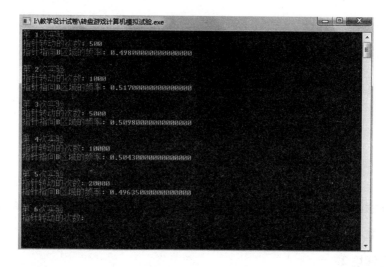

图3

教师小结：我们发现，指针指向 B 区域的频率有大于 0.5 的，有小于 0.5 的，但总是在 0.5 附近摆动. 实验次数越多，频率在概率附近的摆动幅度越小.

设计意图：一方面是调动学生学习的积极性，使学生以最快的速度进入学习状态；另一方面，让学生再次完成大量重复随机试验，进一步理解概率的统计定义. 而计算机模拟实验也让学生再次感受到信息技术在数学学习中的意义.

活动二：感受情境，建构新知

问题情境 1

从 1984 年洛杉矶奥运会开始，韩国射箭女队就开始了在奥运舞台上的称霸之路. 直到 2008 年北京奥运会，中国箭手张娟娟成了第一个打破坚冰的"勇者"，先后战胜了多名韩国箭手闯入决赛，并且在决赛中以一环的优势绝杀韩国箭手朴成贤，打破了韩国队在这一项目上 20 多年的称霸纪录，向世界证明了韩国女队并非不可战胜，堪称最有价值的一次突破.

奥运会射箭比赛的靶面（如图 4 所示）直径是 122cm，黄心直径是 12.2cm，假设箭都等可能射中靶面内任何一点，那么如何计算射中黄心的概率？

图4

设计意图：通过张娟娟的故事，培养学生的爱国之情，增强民族自豪感，进行情感教育．

问题情境2

有一杯800ml的水，其中含有1个细菌，用一个小杯从这杯水中取出100ml，求小杯水中含有这个细菌的概率？

问题情境3

某人在7：00—8：00的任意时刻随机到达单位，求他在7：10—7：20之间到达单位的概率．他在7：40—7：50、7：25—7：35到达单位的概率呢？

教师与学生以互动对话的方式，解决上述三个问题．在解决的过程中，师生重复分析三个情境中涉及的基本事件．

设计意图：三个问题情境让学生认识到概率与我们的生活息息相关，激发了学生的兴趣．对具体情境进行细致分析，让学生跨越"古典概型"，体验试验结果在等可能发生的前提下，从少到多、从疏到密、从有限到无限、从量变到质变，培养学生的理性精神和辩证思维．同时，问题情境覆盖长度、面积、体积三个层面，为后续教学做好铺垫．

教师提出思考问题：

问题1　上述三个问题有哪些共同特点？与之前所学的古典概型一样吗？

教师板书：①无限性；②等可能性．

问题2　上述三个问题中的概率，你是怎样计算的？能不能模仿古典概型的计算公式，得到一个一般性的结论呢？

设计意图：明确指令，帮助学生从直观感受上升到理性认识，为后续教学埋下伏笔.

活动三：形成定义，对比辨析

定义：如果每个事件发生的概率只与构成该事件区域的长度（面积或体积）成比例，则称这样的概率模型为几何概型（Geometric models of probability）.

几何概型的概率公式：

$$P(A) = \frac{构成事件 A 的区域长度（面积、体积、角度等）}{实验的全部结果所构成的区域长度（面积、体积、角度等）}$$

教师提出问题，几何概率模型和古典概率模型的区别有哪些？请同学分组讨论，并填写表1.

表1

	几何概型	古典概型
基本事件个数	无限个	有限个
基本事件的可能性	等可能	等可能
概率公式	$P(A) = \dfrac{\mu_A}{\mu_\Omega}$	$P(A) = \dfrac{n_A}{n_\Omega}$

设计意图：让学生明确几何概型和古典概型的区别与联系，进一步理解和掌握几何概型.

活动四：理论迁移，学以致用

例1 海豚在水池中自由游弋，水池的横剖面为长 30m，宽为 20m 的长方形．求此海豚嘴角离岸边不超过 2m 的概率.

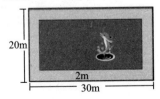

图5

教师提出以下问题，引导学生分析题意，正确选择几何度量：

① 试验的全部结果所构成的区域是什么？其几何度量是什么？

② 记事件 A："此海豚嘴角离岸边不超过 $2m$"，构成事件 A 的区域是什么？其几何度量是什么？

学生很快给出答案 $P(A) = \dfrac{S_A}{S_\Omega} = \dfrac{30 \times 20 - 26 \times 16}{30 \times 20} = \dfrac{184}{600} = \dfrac{23}{75} \approx 0.31$.

设计意图：给出几何概型的简单例题，通过引导分析，帮助学生建构起解决几何概型问题的一般方法和步骤．规范答题的格式和规范表述，将解题教学落到实处．

活动五：小结归纳布置作业

教师提问：通过这节课的学习，你有哪些收获呢？

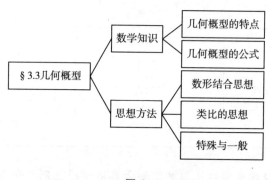

图 6

作业：

- 必做：课本习题3.1A组1，2，3.

- 选做：判断"概率为1的事件为必然事件"这一说法的正误，撰写300字左右的小论文．

"§2.2.2 对数函数及其性质" 教学设计

甘肃省嘉峪关市第一中学　冯玉娟

（本教学设计荣获甘肃省论文评比一等奖）

【课题】

§2.2.2 对数函数及其性质．

【教材版本】

人民教育出版社《普通高中课程标准实验教科书数学必修1》（A版）．

【教材解析】

本节内容选自《普通高中课程标准数学教科书必修1》（人教A版）第二章基本初等函数（1），主要内容是对数函数的定义、图像、性质及初步应用．对数函数是继指数函数之后的又一个重要初等函数．从知识或涉及的思想方法来看，对数函数与指数函数有许多类似之处．与指数函数相比，对数函数所涉及的知识更丰富，方法更灵活，能力要求也更高．学习对数函数是对指数函数知识和方法的巩固、深化和提高，也为解决函数综合问题及其实际应用奠定了良好的基础．对数函数既是指数函数的反函数，也是高中乃至以后的数学学习中应用极为广泛的重要初等函数之一，其研究方法以及研究的问题具有普遍意义，有利于进一步加深对函数思想方法的理解．

【教学目标】

（1）理解对数函数的概念．

（2）探究对数函数的性质．

（3）通过指数函数类比得到对数函数的概念，体会类比的数学方法．

（4）通过对数函数有关性质的研究，培养学生观察、分析、归纳的思维能力以及数学交流能力．

（5）体会化归思想、数形结合思想在研究数学问题中的作用．

（6）根据对数函数的底数 $a > 1$ 或 $0 < a < 1$ 的不同情况进行讨论，体会分类讨论的思想．

【教学重点】

（1）通过指数函数类比得到对数函数的概念，体会类比法．

（2）对数函数的定义、图像和性质．

【教学难点】

（1）探究对数函数的定义．

（2）底数 a 对图像的影响．

【授课类型】

新授课．

【课时安排】

第一课时（40 分钟）．

【教学方法】

引导启发式、参与发现式、问题探究式．

【教学用具】

多媒体课件.

【学情分析】

本节内容是学生在学习了指数运算、指数函数图像及其性质和对数运算的基础上,进一步学习对数函数图像及其性质.因此,在学生的认知结构中已经有了指数运算、指数函数及其性质、对数运算等知识结构,通过类比、探究等学习活动,学习对数函数图像及其性质.但是,刚从初中升入高一的学生,仍保留着初中生的许多学习特点,能力发展正处于形象思维向抽象思维转折的阶段,但更注重形象思维.学生在初中学习函数时要求比较低,运算能力也不太高,而进入高中之后函数概念十分抽象,对运算能力要求也比较高,这双重问题增加了对数函数教学的难度,所以教学中更应关注学生的学习过程.

【教学策略分析】

新课程倡导学生自主学习,要求教师成为学生学习的引导者、组织者和促进者,使教学过程成为师生交流、积极互动、共同发展的过程.

根据本节课的教材特点以及学生的实际情况,笔者尝试运用引导启发式、参与发现式、问题探究式的教学法,力图通过创设问题情境、分析问题和解决问题等一系列过程,组织学生主动参与、主动探究有关问题,引导学生步步深入地参与到课堂教学活动中来.

【教学过程】

活动一:情境引入

本环节引用朋友圈曾经疯传的图片(图1),用其所含的数学式子及其励志意义引入新课.

图1

教师借此告诉学生如果我们能够每天进步一点点，365天后我们将进步一大步．

接着教师又展示（图2）：

图2

教师告诉学生如果我们在刚刚有点退步的时候及时调整，那么亡羊补牢，为时不晚．

设计意图：一方面让学生感受所学的指数带给我们的震撼；另一方面，将情感教育渗透到本节课中，让学生体会一句真理：积跬步以致千里，积怠惰以致深渊．与此同时，也让同学们体会到，如果一个人及时地纠正自己的错误，亡羊补牢，为时不晚．

活动二：类比构建

教师提出问题：

那么，我们如何才能收获到 100 倍的效果呢？也就是当 $1.01^x = 100$ 时的 x 为多少？学生自然会想到之前所学的知识：$a^b = N \Leftrightarrow b = \log_a N(a > 0 \text{ 且 } a \neq 1)$，从而得到 $x = \log_{1.01} 100$．

紧接着又问全体同学：$y = a^x(a > 0 \text{ 且 } a \neq 1)$ 能不能改写为对数式？学生自然会写出 $x = \log_a y$，明确了本节课研究的内容，教师提出问题：

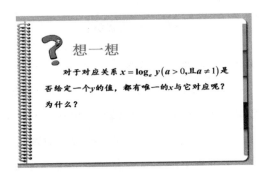

图 3

继续追问：根据函数的定义，x 是 y 的函数吗？

教师又问学生：我们习惯上用什么来表示自变量和因变量呢？

至此，对数函数的定义呼之欲出，类比指数函数的定义，顺理成章地得到了如下的对数函数的定义：

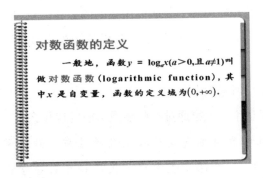

图 4

设计意图： 建构主义理论指出，学生原有认知结构是新授课的基础，本节课已有的知识储备是指数和对数的运算、指数函数的定义等，让学生从对应关系、唯一性等角度出发探究问题，其逻辑性强，利于知识系统的主动建构．而问题是数学的心脏，只有提出有效而精准的问题，才能最大限度地激发出学生思维的火花．此处以问题串的形式，环环相扣，步步追问，使得学生从各个角度充分理解，符合学生的"最近发展区"．同时，类比的思想方法是数学常用的一种方法，利用已经学过的指数函数的知识类比学习对数函数，也是合情合理的．这对于学生知识系统的建构也是非常有利的．

活动三：概念辨析

想一想：下列函数中，哪些是对数函数？

（1）$y = \log_2(x - 2)$；（2）$y = \log_2 x + 1$；（3）$y = -\log_2 x$．

学生可能会觉得第三个函数不是对数函数，可是 $y = -\log_2 x$ 可以用对数的运算性质 $y = -\log_2 x = \log_{\frac{1}{2}} x$ 进行变形，其实它也是对数函数．

设计意图： 对数函数的定义是形式化的定义，带领学生辨析就是为了让学生加深对对数函数定义的理解．

活动四：新知探究

认识了对数函数的定义之后，教师问学生：当遇到一个陌生的函数时，我们应该从哪些方面研究这个函数？

学生根据以前的经验可知，要研究函数的图像和性质．

给学生几分钟时间，在坐标纸上，利用描点法分组画出以下两个函数的图像．

紧接着教师在几何画板上和学生一起画 $y = \log_3 x$ 和 $y = \log_{\frac{1}{3}} x$ 的图像．

这时教师提问学生，大家通过这些图像，能发现什么？

设计意图： 让学生自主发现对数函数的性质，鼓励学生说出自己的想法，提倡"说数学"．在课堂教学中，教师启发引导学生叙述自己参与知识探究活动的思维过程，说明自己探索发现的数学结论，发表自己各种的解题见解，提出自己在学习中碰到的困难、困惑、产生的疑问，畅谈自己

学习后的收获．这是给学生创造的条件和机会，目的就是为了激发学生
"说"数学的积极性，让学生想说、会说、乐说、并在说的过程中学会思
考，发展思维．

活动五：新知应用

例 1：求下列函数的定义域：

（1）$y = \log_a x^2$；（2）$y = \log_a (x - 4)$．

例 2：比较两个数的大小：

（1）$\log_2 3.4$ 和 $\log_2 8.5$．

（2）$\log_{0.3} 1.8$ 和 $\log_{0.3} 2.7$．

（3）$\log_a 5.1$ 和 $\log_a 5.9$（$a > 0$ 且 $a \neq 1$）．

活动六：课堂小结

教师和同学共同对本节课所学的内容进行总结，形成相应的知识体系．同时，
教师用一幅藏头对联与学生共勉，提高学生的人文素养，渗透情感教育．

设计意图：对知识、思想和方法进行总结，旨在使本节课的知识系统化，
升华学生思维．藏头对联的出现与开头励志图片相呼应，在提高学生的人文素
养、渗透情感教育的同时，让同学置身诗一般的课堂．

活动七：布置作业

基础作业：（1）习题 2.2A 组 7、8 题．

探究作业：（2）请同学们课后探究 $y = a^x$ 与 $y = \log_a x$（$a > 0$，且 $a \neq 1$）
的关系，并证明你的结论．

设计意图：课后作业是课堂的一个有效延续，能够及时巩固本节课所学的
知识．

【板书设计】

§2.2.2 对数函数及其性质 对数函数	多媒体展示区	例

《对数函数及其性质》点评

冯老师的这节数学课，饱含激情，热情四射，整个课堂渗透着满满的正能量，将数学学科的育人功能发挥得淋漓尽致，算得上是一节德育精品课的典范.

我从以下四个方面进行简单的点评，不到之处请专家和同行批评指正.

一、开门定调，惠及一生

冯老师以微信圈中广为流传的两个指数幂的等式引入课堂，通过两个数学式子给学生渗透了"积跬步以致千里，积怠惰以致深渊"的深刻人生哲理. 我相信，通过这节课，这个哲理一定会在学生的内心深处悄悄地生根发芽，将来有一天定会长成参天大树，也必将伴随和启发学生的一生.

二、循循善诱，师生同行

众所周知，任何一门课的教学，主体和落脚点都是学生. 正是注意到这一点，冯老师在授课的自始至终都在引导学生思考，启发学生回答，鼓励全体学生充分地参与到课堂中来. 学生在老师的循循善诱下体会、发现知识的乐趣，体会学习数学的快乐，见证师生合作的神奇. 这种课堂，在一定程度上指导了学生做事情时既要注重独立思考，又要注重合作共赢.

三、信息技术，与时俱进

随着时代的进步、社会的发展，新世纪的教学也出现了创新. 冯老师的这节课在探究对数函数的图像与性质时，恰到好处地运用了几何画板这一神奇的数学软件，将对数函数的图像动态化、一般化，将对数函数的性质直观化，学生在现代化信息技术的辅助教学下，学习的效果非常好.

四、跳出数学，升华境界

　　还记得在甘肃省首届高中数学单元教学设计培训讲座中，首都师范大学的王尚志教授讲道："作为一名数学教师，要跳出教材看课标，跳出课标看数学，跳出数学看教育"．冯老师的这节课可以说对这句话做了一个完美的诠释，既把握住了教材的重难点，也达到了课标的要求；既展现了数学的本质，渗透了数形结合、类比归纳、特殊一般、函数方程四大数学思想，又将数学课延伸和提升到为人处世的道理，充满了人文主义关怀、鼓励以及对莘莘学子的殷切期望．让我们再来领略一遍课堂结尾冯老师赠送给学生的那句藏头对联吧：

　　对人生励志应效古训，累小步以大成；

　　数风流人物还看今朝，需厚积而薄发．

"正切函数的性质和图像"教学设计

甘肃嘉峪关市第一中学　闫丽丽

本课例是现代信息技术与课程内容有机整合的一次有效的实践，几何画板软件的应用起到了突破难点的作用；在引导学生完成性质到图像和图像到性质转化的两个关键环节中，充分渗透了数形结合的思想和方法；引导启发学生积极运用观察、思考、猜想、讨论、推理、运算等多样化的学习策略，发展了学生的计算能力、空间想象能力、自主探究能力和合作交流能力.

一、所用教材

人民教育出版社《普通高中课程标准实验教科书数学必修1》A版　1.4.3正切函数的性质和图像.

二、教学资源

教材、教参、课程标准、多媒体投影仪、几何画板软件.

三、教学目标

（1）知识与技能目标：利用已学的正切函数的知识探究性质；学会画正切函数的图像；掌握正切函数的性质；通过函数性质到图像和图像到性质的转化，体会数形结合的基本数学思想和方法.

（2）过程与方法目标：通过想象图像、描点画出图像、计算机软件画出图像，使学生对研究函数图像的方法有了基本的认识，也增强了想象力；体会从性质到图像和从图像到性质两种研究函数的不同思路.

（3）情感态度与价值观目标：借助几何画板，动态演示单位圆中的正切线的变化和正切函数准确图像，让学生亲身经历数学研究的过程，体会探索的乐趣，增强学习数学的乐趣；利用独立解答和分组讨论相结合的学习方式，增强学生自主创新和团结协作的精神．

四、教学重点

正切函数的主要性质和图像及画法．

五、教学难点

通过性质掌握图像特点，通过观察图像总结函数性质．

六、教学方法

主要采取类比、讨论、启发等教学方式，并借助多媒体辅助手段．

七、教学过程

（一）复习引入

（1）请回答正切函数的定义是什么？定义域呢？正切线怎么画？

（2）学习正余弦函数时研究过哪些方面呢？

（前面我们先画出正余弦曲线，再由图像观察总结函数性质，今天我们换一种思路，先由正切函数的定义和正切线研究函数性质，再来研究图像．）

（二）知识探究一：正切函数的性质

思考 1：正切函数的解析式：_____，定义域是_____．

思考 2：正切函数是周期函数吗？最小正周期 $T =$ _____．

思考 3：正切函数具有奇偶性吗？

思考 4：当角 x 在 $\left(-\dfrac{\pi}{2}, \dfrac{\pi}{2}\right)$ 内变化时，正切值发生什么变化？这样的变化说明正切函数具有怎样的性质呢？

思考 5：当 x 小于 $\dfrac{\pi}{2}$ 且无限接近 $\dfrac{\pi}{2}$ 时，正切值如何变化？

当 x 大于 $-\dfrac{\pi}{2}$ 且无限接近 $-\dfrac{\pi}{2}$ 时，正切值又如何变化？

正切函数有没有最大或最小值？它的值域是_____．为了更直观、更准确地观察正切线的变化，我们借助于一款画图软件——几何画板来看一下．（激活插入的程序，作图并叙述，画单位圆，做切线，画任意角的终边、正切线、度量角，度量正切线，拖动角的终边，观察正切线的变化．）

小结（见表1）：

表1

定义域	$\left\{ x \mid x \neq \dfrac{\pi}{2} + k\pi \,,\, k \in \mathbf{Z} \right\}$
值域	**R**
周期性	π
奇偶性	奇函数
单调性	在区间 $\left\{ -\dfrac{\pi}{2} + k\pi , \dfrac{\pi}{2} + k\pi \right\} k \in \mathbf{Z}$ 内单调递增

（三）知识探究二：正切函数的图像

（1）讨论与探究一：正切函数的性质对我们做出它的图像有哪些启发呢？你能想象出它的图像的样子吗？（分组讨论、集思广益，要有理有据，可以与已知函数类比，展示学生讨论的结果．）

（2）选择先画开区间 $\left(-\dfrac{\pi}{2}, \dfrac{\pi}{2} \right)$ 的图像，将区间八等分，作正切线，再平移正切线、描点、连线可得一个周期的图像．

根据正切函数的周期性，把区间 $\left(-\dfrac{\pi}{2}, \dfrac{\pi}{2} \right)$ 的图像向左、右扩展，得到正切函数 $y = \tan x, x \in \mathbf{R}$，且 $x \neq \dfrac{\pi}{2} + k\pi (k \in \mathbf{Z})$ 的图像，称为"正切曲线"．

（3）想一想，如何快速画出 $y = \tan x$，$x \in \left(-\dfrac{\pi}{2}, \dfrac{\pi}{2} \right)$ 的简图？哪些点和线起关键作用呢？（三点两线法）

（4）用几何画板来看正切函数的准确图像．（激活插入程序，用几何画板展示）

（5）想一想，正切函数在整个定义域内是增函数吗？正切函数会不会在某一区间内是减函数？

（四）图像与性质

（1）回想一下，函数的性质对我们研究图像有哪些帮助？

（2）讨论与探究二：现在我们已经知道了正切曲线，你能从正切函数的图像出发，总结它的性质吗？我有一个要求，忘掉已经讨论过的性质结论，只从图像观察，要有理由．（学生自由发言，互为补充，课堂讨论达到高潮．）

（五）知识应用

例： 求函数 $y = \tan\left(-\dfrac{\pi}{2}x + \dfrac{\pi}{3}\right)$ 的定义域，最小正周期和单调区间．

学生先自己做，找三名学生在黑板上完成，教师讲评．因为此类问题正余弦部分就有涉及，学生完成得很好．

（六）小结

（1）正切函数的性质和图像．

（2）数形结合的思想和方法．

（七）作业

习题　1，2，3，4

【教学反思】

初次阅读这篇教材内容，只觉得教学内容少、难度小，又由于本课之前学生已学习过正（余）弦函数、单调性、奇偶性、周期性等内容，好像没什么可细究的，也出不了什么新东西．但是再次详细阅读课本和教参后，我又有了一些新的想法：

首先，正弦、余弦函数按照从函数定义到作函数图像，再到讨论函数性质，最后到函数模型应用的顺序展开，而正切函数先利用诱导公式和单位圆讨论性质，然后再利用性质作图象，这样做的目的是为了可以使学生体会从不同角度讨论函数．通过改进呈现方式、提供直观感知、观察发现、归纳类比、空间想象、反思与建构等思维活动的载体，达到体现数学教育新理念，促进学生采取积极主动、勇于探索的学习方式进行学习.

其次，加强相关知识的联系性、几何直观、数形结合的思想方法. 为了更好地体现数形结合的思想，教师在教学中要充分发挥单位圆和三角函数线的直观作用，使学生形成用单位圆讨论三角函数问题的意识和习惯，同时引导学生体会从正切函数的定义和几何意义出发，发现正切函数的性质，再想象正切函数图像的样子，直到画出函数图像后，再次总结函数性质，每个环节之间的转换都渗透着数形结合的思想方法. 数形结合的思想方法是这节课的精髓.

再次，利用信息技术，符合新课程的基本要求. 为了突破难点，本节适当地使用了信息技术. 多媒体教学的呈现方式不仅在课堂上为学生留出了更多的思考和讨论的时间，还加强了知识的发生、发展过程，加深了学生对有关概念的认识，突破了学生学习中可能遇到的困难. 特别是几何画板的一步步使用，积极引导学生学习和使用计算机及专业工具和软件，以突破难点.

最后，强化了学生学习的"过程性"，使数学思想的学习和数学能力的培养落到实处. 通过学生对五个思考题的各个击破，得出了主要性质；通过想象图像、描点画出图像、计算机软件画出图像等，学生对图像有了深刻的印象，也增强了想象力；通过两组讨论和探究，深化了知识，升华了思想. 教师从提出问题、思考解决问题的策略等方面对学生进行了具体示范、引导，学生或看、或说、或想、或听、或写、或画完成了每个过程.

"不等式选讲" 单元教学设计

甘肃省嘉峪关市第一中学　卢会玉
（本单元教学设计荣获甘肃省论文评比一等奖）

一、课题

不等式选讲．

二、教材版本

人民教育出版社《普通高中课程标准实验教科书数学选修 4 - 5》　A 版（以下简称人教 A 版）．

三、数学分析

作为简单不等式解法、平面向量、三角函数等内容的综合应用和进一步深化，《普通高中数学课程标准（2017 年版）》再一次将不等式作为高中数学学习内容，以专题"不等式选讲"列入高中数学选修课（任选），体现了新课程重视数学的整体性以及部分内容中学与大学学习内容相互衔接和融合的原则．学生通过本专题的学习，进一步体会不等量关系与等量关系一样也是自然界中存在的基本数学关系，掌握基本不等式的几何意义，了解柯西不等式、排序不等式在实际生产生活中的应用，体会从实际问题中抽象出数学问题的过程，培养探究数学问题的兴趣与能力，体会数学在实际生产生活中的应用价值，提高应用意识和实践能力．

利用代数恒等变换以及放大、缩小的方法是证明不等式的基本方法，如比较法、综合法、分析法、反证法、放缩法等,在很多情况下需要利用一些前人为我们创造的技巧,对于专门从事某些数学领域研究的人们掌握这些技巧是极为重要的.

数学归纳法是重要的数学思想方法,教师应通过对一些简单问题的分析,帮助学生掌握这种思想方法.利用数学归纳法解决问题,常常需要进行一些代数恒等变换,这就要求教材的编写者和教师不要选择那些代数恒等变换比较复杂或过于技巧化的问题或习题,以免冲淡对数学归纳法思想的理解.通过不等式及其证明的几何意义与背景的学习,加深学生对这些不等式的数学本质的理解,提高学生的逻辑思维能力和分析解决问题的能力.

在数学分析中,不等式不仅是一个重要并且是有效的工具,也是数学分析中重要的研究对象,在许多证明和分析的过程中充分地体现了不等式的灵活性和巧妙性.例如在解决三角函数相关问题、求函数最值、解方程等方面都有重要作用,它使一些比较复杂的问题迎刃而解.也正因为不等式的这种多变性,使得不等式在证明过程中不只有一种形式.我们只有正确掌握不等式的运用方法,才能使解题更简单.

四、教育分析

通过对不等式的证明和对柯西不等式与排序不等式的认识,学生更全面地理解了不等式所表达的不等量关系,提高了利用数学知识解决实际问题的能力,形成了对数学更加全面的了解,逐步认识到了数学的科学价值、应用价值和文化价值.这也是学生认识世界的重要途径.

根据 2017 年版课程标准的设置意图,把"不等式选讲"中的相关知识,通过学生容易接收和比较熟悉的不等式的性质和绝对值不等式作为第一讲,然后将证明不等式的基本方法(比较法、综合法、分析法、反证法、放缩法)介绍给学生,进而又提出了一些不仅形式优美而且具有重要应用价值的不等式,即人们常说的经典不等式(柯西不等式和排序不等式),旨在以"不等式选讲"为载体,让学生体会不等式是数学研究的重要内容,领略各种不等式的数学意义、几何背景及其应用,感受数学的美妙,提高学生的数学素养,开阔学生的数学视野.

通过实际应用,教师引导学生通过自己的数学实践活动,从问题提取数学模型，经过发展和创造过程，进一步拓展学生的数学活动空间，增强学生"做数学""用数学"的意识，激发学生的学习兴趣．

五、教学现状分析

1. 对于教师而言

本专题在人教 A 版初中数学中就已经进行了初步的学习，在高中也以必修章节出现，现在《课程标准》又将它以选修内容呈现，对于是否应在中学将"柯西不等式和排序不等式"设为"不等式选讲"的课程内容，在不同的阶段，不同的学者从不同的角度探讨过此类问题，提出了许多肯定或是否定的意见和建议．将"不等式"重新编排在高中课程的选修教材中就是重视数学应用的一大举措．但是由于每一位高中数学教师的知识结构、教学经历、擅长模块等不尽相同，每位教师对"不等式"的理解、认识将会有所不同，在进行"不等式"这一选修专题的教学时，必然表现在确立的教学目标、确定的教学内容、选择的教学方法与评价方法等都将有所不同．加上作为选修内容本身又在深度、难度的把握上有较大的弹性，老教师可能还会受到老教材中相应教学内容及难度设置的影响．从内容的容量及教法和学法角度而言，这部分内容与以往的课程有较大的差异，同时，《课程标准》对这部分的教学要求留有相当大的教学发挥空间．面对这样一种现状，如何选择教学内容、教学模式以及在实施过程中应遵循哪些原则来实现自己的教学目标，并没有一个现成的范式．

2. 对于学生而言

高中毕业后，一部分学生考上大学继续深造，中学学习的不等式为其大学继续学习相关内容打下了一定的基础；另外一部分学生进入社会开始新的工作生活，这也是他们学习新知识、更新新技术的基础．总之，作为现代的中学生，学习必要的不等式的知识是实现可持续发展的需要．

从学生的心理发展来看，初中阶段是学生以形象思维为主逐步向经验型的抽象思维的过渡阶段，学生的抽象思维能力逐步占优势，但需要感性经验的支持．高中阶段是学生以经验型为主的抽象思维向理论型抽象思维的过渡阶段，这时抽象逻辑思维占主导地位．而"不等式选讲"中的相关内容需要很强的抽象思维能力，因此，新课程在选修课中安排本专题内容，是完全符合学生心理发展规律的. 新课程标准下的高中数学在内容和结构上都做了大幅度的调整，删除了一些陈旧的内容，为开设必要的选修课提供了学时上的保证.

六、课标分析与对比

2003 年 4 月，我国颁布了由教育部制定的《普通高中数学课程标准（实验）》，2004 年 9 月广东省、海南省、山东省、宁夏回族自治区等四省区开始进入首轮 2003 年版课程标准的教学实验. 该课程标准依据"构建共同基础，提供发展平台；提供多样课程，适应个性选择"等 10 条基本理念，螺旋上升地在必修与选修模块中设置了解析几何内容. 2003 年版课程标准建构的不等式课程体系，是以不等式为核心，以"认识不等式——一元一次二次不等式的解法——不等式的性质——不等式的证明"为顺序，螺旋上升、循序渐进地展开内容.

本专题在必修 5 章节出现，现在 2017 年版课程标准又将它以选修内容呈现，充分说明了本专题内容在高中阶段学习的必要性. 新课程标准关于不等式的内容与以前的教学大纲相比，在教学内容、教学逻辑顺序的安排、教学的方法和教学的要求上都有了很大的改变. 原有的主要内容分别归入了必修模块 5 和选修模块 4 - 5，归并、增添了一些新的内容. 因此，不等式教学面临着明显的变化. 其中不等式的性质在教学内容上《课程标准》未给出具体要求，使得不同版本的教材之间形成了一定的差异，也给教学的实施带来了不确定因素.

在使用教学大纲下的人教版教材进行不等式性质的教学过程中，从学生的理解、掌握、运用上来看，对性质本身的理解要求能够较好地达成. 这不仅是因为教材的表述清晰明确，并做出了严格证明，同时还应当归功于判断是非的教学活动，它帮助学生对不等式性质的认识从形式进入实质.

大纲版的人民教育出版社教材在练习和习题中，配备了一组是非判断性问题，并要求学生举例说明理由，这就为培养学生的数学判断能力起到了积极的作用. 通过说明理由或列举反例的训练，学生学会了怎样判断是非、说清原因. 这样，不等式性质的教学在培养学生的思维能力方面也有了建树.

2003 年版课程标准在必修部分的不等式要求中未涉及不等式的性质，而是在选修系列 4 的"不等式选讲"中有"回顾和复习不等式的基本性质"的要求，但未具体列出包括哪些性质.

面对当前教学内容、措施方面的问题和以往教学成效方面的问题，我们需要拿出既合理又有效的方案，来实施不等式性质的教学，为不等式的证明和其他运用、为使用不等式的性质培养学生思维能力创设条件．

由于高中各阶段教材对"不等式"内容的处理不同，笔者通过对 1998 年版和 2001 年版以及 2007 版新旧教材进行比较（对比）研究，侧重点放在高中数学新课程中本专题的特点、特色的研究上，并根据这一特点分析如何进行教学设计．对所选专题的设计和研究，侧重于探讨不等式教学中的四个焦点问题：

（1）不等式内容对教学有哪些要求？对教学设计会产生哪些影响？

（2）选取什么样的实例会更有利于不等式教学？

（3）课堂上教师应如何引导学生探究、领会不等式涉及的各种数学思想？

（4）如何做好现代信息技术与此专题的整合？

随着新课改的进行，2017 年版课程标准对不等式教学的要求逐渐提高，人们对这部分内容教学的研究越来越重视，尤其柯西不等式和排序不等式在新教材中都给予了介绍．柯西不等式是由大数学家柯西（Cauchy）在研究数学分析中的"流数"问题时得到的．柯西不等式非常重要，灵活巧妙地应用它，可以使一些较为困难的问题迎刃而解．柯西不等式在证明不等式、解三角形、求函数最值、解方程等问题上得到应用．

七、在高中数学中的价值和地位

1. 教育价值

这个专题的学习可以培养学生的基本知识和基本技能，使学生理解能用这些知识解决不同问题的思想方法，了解数学在科学技术中的应用，体会数学价值的魅力．通过这部分内容的学习，学生掌握了"不等式"的具体内容和相关的数学知识，并在此基础上提高了用不同方法，从不同角度分析、解决问题的能力，体会"不等式"在解决数学问题时所起的重要作用．这部分内容主要是在不等式性质和不等式证明的基础上，对不等式的内容进一步深化，使学生知道"不等式"在现实生活中的重要性和必要性，知道这部分知识对科学技术发展的作用及对现代社会所产生的影响，并引导学生从中体会到：

（1）在现代高科技社会中，看似和自己生活无关的数学学科在社会进步中原来发挥着重大的作用.

（2）数学的作用已经不仅仅是自然科学的基础和工具，有的已发展成为可以直接应用的技术，为社会直接创造价值.

不等式是高中数学的重要内容，也是以后学习大学数学不等式知识的基础.在现代数学教学和应用上，不等式知识及其反映出的数学思想、方法几乎渗透到数学的各个领域.另外，不等式本身是刻画现实世界中的不等关系的数学模型，反映了事物在量上的区别，所以学生对于不等式知识的掌握不只是会影响其个人在数学领域的发展而且会间接影响其在物理、生物等其他学科领域的进步与发展.

2. 应用价值

在我国新一轮的数学课程改革中，学生数学应用意识和应用能力的培养被放在十分突出的位置上，强调数学要联系学生的日常生活，并在课程设置上能让学生感受到这种联系，鼓励学生用数学知识解决生活中的真实问题，在新课程中高中数学设置不等式的重点也是强调发展学生的数学应用意识.不等式的内容作为解决问题的工具知识，在日常生活和科技领域中具有广泛的应用性，同时具有较强的现实性、社会性和实践性.

不等式可以使问题更容易解决，问题也能更直观，可以更好地刻画问题的本质.比如常见的工程造价最低问题、行程最短问题、经济收益最大问题、溶液混合比例问题、分配比例问题、增长率问题、决策问题、营销问题、利润最大化问题、逆水行舟问题，等等.在日常生活中直接或间接用到不等式的例子很多，学完这个选修专题后，学生就会自觉地用不等式的相关知识解决问题，将实际生活中涉及的可用不等式相关方法解决的问题归类、抽象并解决，这无疑有利于培养学生的抽象能力、逻辑思维能力，有利于培养学生进行发现学习、理论联系实际的观念和行为，更重要的是可以培养他们应用数学的意识和能力.

3. 思维价值

从"不等式选讲"的专题内容可以看出，内容的编排和设计遵循学生思维能力的发展.在"不等式选讲"中，教科书在学生已有知识的基础上，着重介绍了"基本不等式和绝对值不等式"和"证明不等式的基本方法"，而后又引入了"柯西不等式和排序不等式",引导学生领略这些不等式的数学意义、几何背景、证明方法及其应用,让学生感受数学的美妙,提高数学素养,以加深学生对这些不等式的数学本质的理解,提高学生的逻辑思维能力和分析解决问题的能力.

作为一个选修专题,虽然学生已经学习了高中必修课程的 5 个模块和 3 个选修模块,教材内容仍以初中知识为起点,在内容的呈现上保持了相对的完整性.

第一讲是"不等式和绝对值不等式",为了保持专题内容的完整性,教材回顾了已学过的不等式的 6 个基本性质,从"数与运算"的思想出发,强调了比较大小的基本方法,回顾了二元基本不等式,突出了几何背景和实际应用,同时推广到 n 个正数的情形,但教学中只要求理解掌握并会应用 2 个和 3 个正数的均值不等式.

对于绝对值不等式,借助几何意义,从"运算"角度,探究归纳了绝对值三角不等式,并用代数方法给出了证明.通过讨论 2 种特殊类型不等式的解法,学习解含有绝对值不等式的一般思想和方法,而不是系统研究.

基本不等式和绝对值不等式是本专题的重点内容,专题中先给出定理 1 和定理 2,然后给出探究问题:"你能从几何的角度解释定理吗?"甚至还追问:"你能给出定理的其他几何解释吗?"非常明显的是,这部分内容特别强调不等式及其证明的几何意义与背景,以加深学生对这些不等式的数学本质的理解,提高学生的逻辑思维能力和分析解决问题的能力.

第二讲是"证明不等式的基本方法",教材通过一些简单问题,回顾介绍了证明不等式的比较法、综合法、分析法,反证法和放缩法.其中,用反证法和放缩法证明不等式是新的课程标准才引入到中学数学教学中的内容.这些方法大多在选修 2 - 2"推理与证明"已经学过,此处再现也是为了专题的完整性.对于新增的放缩法,通过实际例子,学生明确了不等式放缩的几个简单途径和方法,如舍掉或加进一些项,在分式中放大或缩小分子或分母,应用基本不等式进行放缩等.

证明不等式的基本方法是本专题的基础内容.教科书引导学生从各个角度对不同的不等式重新认识,旨在让学生体会不等式证明和数学上所有其他证明问题一样,没有一种适用于所有的问题的统一方法,应该对具体问题的特点作具体分析,选择合适的方法,有助于学生进一步体会解决问题中数学方法的灵活多变.

第三讲是"柯西不等式和排序不等式".这两个不等式也是本专题实质上的新增内容,教材主要介绍柯西不等式的几种形式、几何背景和实际应用.其中柯西不等式及其在证明不等式和求某些特殊类型函数极值中的应用是教材编写和我们教学的重点.事实上,柯西不等式和均值不等式在求最值方面的简单应用,二者同样重要,在某些问题中,异曲同工.

排序不等式只作了解,教材中展示了"探究—猜想—证明—应用"的研究过程,初步认识排序不等式的有关知识.

第四讲是"数学归纳法证明不等式".数学归纳法在选修 2-2 中也学过,旨在进一步让学生理解"归纳递推"的证明,同时让学生了解贝努利不等式及其在数学估算方面的初步运用.

4. 文化价值

在不等式的发展历史中,有多位数学家是不得不提的:17 世纪数学家笛卡尔对等周问题进行了探索;斯坦纳对等周问题进行了证明,等周问题既是基本不等式的自然引申,又是激发人类好奇心的极好的材料.这些内容既能体现人类对不等式的文化传承,又能揭示不等式延伸的趣味性;既能体现不等式的重要性质,又能体现巧妙的数学思维.

奥古斯丁·路易·柯西是世界著名的数学家,他是数学分析严格化的开拓者、复变函数论的奠基者,也是弹性力学理论基础的建立者.他是仅次于欧拉的多产数学家,他的全集包括 789 篇论著,多达 24 卷,其中有大量的开创性工作.举世公认的事实是,即使经过了将近两个世纪,柯西的工作和现代数学的中心位置仍然相去不远.他引进的方法以及无可比拟的创造力,开创了近代数学严密性的新纪元.由他发现的柯西不等式在数学的各个分支里都有着极其广泛的应用,它在不同的领域有着不同的表现形式,对它的应用可谓灵活多样.柯西不等式在初等数学和高等数学中有着不菲的价值,它的应用充分体现了数学各领域间的内通性、渗透性和统一性.

不等式从出现到发展应用,都是伴随着人类文化的发展而发展的,还不断地丰富着人类文化，促进着人类文化的发展，并在将来对社会文明的发展起着更大的作用.

八、教学设计理念

1. 亲和力

课题引入如果生动活泼，就能够激发学生的兴趣，引发学生的学习激情. 教师应尽量选取与内容密切相关的、典型的、丰富的和学生熟悉的素材，用生动活泼的语言，创设能够体现数学的概念、结论及其思想方法发生发展过程的学习情境，使学生感到数学是自然的、水到渠成的，激发学生对数学的亲切感，引发学生"看个究竟"的冲动，兴趣盎然地投入学习. 在体现知识归纳过程中的数学思想、解决各种问题中的数学的力量、数学探究和论证方法的优美和精彩之处、数学的科学和文化价值等方面，让学生与学生，学生与老师之间多作交流，品味数学的无穷魅力，让我们的教学设计更具"亲和力"，启发学生更深入的数学思考，不断激发学习的激情.

2. 问题性

在教学设计中，根据课堂的实际情况以适时、适当的问题引导数学活动，培养学生的问题意识，孕育学生的创新精神. 在知识形成的"关键点"上，在运用数学思想方法产生解决问题策略的"关节点"上，在数学知识之间联系的"联结点"上，在数学问题变式的"发散点"上，在学生思维的"最近发展区"内，不是由教师直接给出新的知识或是问题的答案，而是借助教学设计的"观察""思考""探究"等环环相扣而又层层递进的教学环节，引导学生的思考和探索活动，使他们经历观察、实验、猜想、推理、交流、反思等理性思维的基本过程，切实改进学生的学习方式.

3. 联系性

学习本专题，学生已掌握的知识有：

第一，初中课标要求的不等式与不等式组.

（1）根据具体问题中的大小关系了解不等式的意义，并探索不等式的基本性质.

（2）解简单的一元一次不等式，并能在数轴上表示出解集；解由两个一元一次不等式组成的不等式组，并会用数轴确定解集．

（3）根据具体问题中的数量关系，列出一元一次不等式和一元一次不等式组，解决简单的问题．

第二，高中必修 5 中的不等式内容．

（1）通过具体情境，感受在现实世界和日常生活中存在着的大量的不等关系，了解不等式（组）的实际背景．

（2）一元二次不等式．

（3）二元一次不等式组与简单线性规划问题．

（4）基本不等式及其应用（求最值）．

第三，高中选修 2 - 2 推理与证明中的比较法、综合法、分析法、反证法、数学归纳法等内容．

设计时强调类比、推广、特殊化、化归等思想方法的运用，学习多方面、多角度思考问题的方式，提高数学思维能力．利用知识间的相互联系，使多种思想方法灵活应用，使学生对数学思想方法能够融会贯通，应用自如，使学生体会数学探索活动的基本规律，认识"数""形"的联系，进一步理解不等式的精髓．

九、教学效果思考

在初中以及高中必修 5 和选修 2 - 2 中，学生对不等式都已经有了一定的了解，所以，本专题的内容很多都可以看作是先前学习内容的深化或者拓展．例如，在必修 5 中对一元二次不等式和二元均值不等式及其应用已经有所接触，此处只要推广到三元均值不等式情况即可；比较法、综合法、分析法、反证法、数学归纳法在选修 2 - 2 的"推理与证明"中已经学习，贝努利不等式可以看作数学归纳法的一个应用；绝对值不等式可以看作是对绝对值意义及其应用的一点拓展．如果以知识间的联系性为依托，那么，本专题的学习一定会达到预期的效果．

在教学方式方面：

（1）创设问题情景，启发学生思维，让学生体会数学过程，改进学生学习方式．在进行具体内容的教学时，教师要重视问题情境，其目的不仅是介入数学知识，更重要的是使学生体会数学知识的发生与发展的过程，解决学生认知上的困难，启发学生的思维，改进学生学习的方式．

（2）充分重视数学知识的联系性，使教学过程既成为学生学习新知识的过程，也成为已学知识的提升过程．

（3）强调数学思想方法，关注数学思维活动，提高学生认知水平．高水平的数学教学活动不会停留在知识的传授与学习这个层次上．在教学时，教师要充分关注学生的数学思维活动，帮助学生以数学知识为载体，提炼数学思想方法，提高认知水平．

在教学内容方面：

（1）明确课标要求，把握教学难度．例如在解绝对值不等式的教学中，教师要控制难度，含未知数的绝对值不超过两个，绝对值内的关于未知数的函数主要限于一次函数．

（2）不等式证明的教学，主要使学生掌握比较法、综合法、分析法，其他方法，如反证法、放缩法、数学归纳法，以及应用柯西不等式和排序不等式的证明，只要求了解．

（3）代数恒等变换以及放缩法常常使用一些技巧，这些技巧是极为重要的，但对大多数学生来说，往往很难掌握这些技巧，教师在教学中要尽力使学生理解这些不等式以及证明的数学思想，对一些技巧不做更多的要求，不能把不等式的教学陷在过于形式化的和复杂的技巧之中．

（4）鼓励学生运用已有的不等式知识解决新问题．

（5）可以组织学生成立研究性学习小组，合作完成专题中的探究并做学习总结报告．

（6）充分应用现代教育技术，利用计算机展现基本不等式，让学生感受数学的无穷魅力．

十、教材编写特点

1. 强调背景，展现过程

教科书在介绍新知识、新方法时，十分重视知识背景，以恰当的问题引导学生经历观察、归纳、概括、推理、交流、反思的思维过程和知识发生发展的过程,并通过思考、探究、旁白等方式鼓励学生积极参与这个过程,培养学生主动思考、自主探索的学习习惯.

2. 突出联系性

作为一个选修专题,虽然学生已经学习了高中必修课程的 5 个模块和 3 个选修模块,教材内容仍以初中知识为起点,在内容的呈现上保持了相对的完整性.教科书在关注这些联系的同时,特别重视几何意义的探究,使学生了解不等式及其证明的几何意义与背景,以加深学生对这些不等式的数学本质的理解,提高学生的逻辑思维能力和分析问题、解决问题的能力.

课程标准中所给出的运用"放缩法"证明不等式的要求,本质上就是让学生学会在不等式性质中的"不等量传递性"的引导下,主动找寻适当的"中间量",通过它与不等式两边大小关系的比较证明结论的方法.

教科书还重视数学知识与实际问题的联系,将所学数学知识与实际问题联系起来,不仅可以让学生看到数学是有用的,而且可以激发学生学习数学的热情,增强数学应用意识.教科书不仅在正文方面注意给出实际问题,在例题、习题、探究与阅读材料等方面均做出了安排.

3. 重视思想性

(1)坐标系是数形结合的桥梁,在解决柯西不等式问题时渗透着数形结合思想.

(2)从具体到抽象,从特殊到一般是人们经常采取的认识事物的思维方式,也是一种重要的数学思想方法.

(3)注重类比思想.在很多内容的处理上,教科书不是把结论直接陈述给学生,而是启发学生用类比的方法进行思考,让学生自行探究并获取结论.

除了上述的思想,本专题突出的基本数学思想还有集合思想、分类讨论思想和化归思想.突出的基本数学方法(通法)有换元法(设中间变量,包括设参数).除此以外,本章的各部分内容还渗透了等价变换、综合法、分析法以及观察、比较、抽象、概括等方法.

4. 新增学习总结报告

要求学生写一篇学习总结报告,报告应包括三方面的内容:

(1)知识的总结.对本专题介绍的不等式知识及其中蕴涵的数学思想方法

和数学背景进行总结.

（2）拓展. 通过查阅资料、调查研究、访问求教、独立思考，进一步探讨不等式的应用.

（3）学习体会. 学习本专题的感受、体会、看法.

教学不仅仅是把知识装入学生的头脑中，更重要的是学生对问题进行分析和思考，从而把知识变成自己的"学识"、自己的"主见"和自己的"思想".

十一、单元教学课时安排

2017 年版课程标准中"不等式选讲"内容的设置在 2003 年 4 月教育部制定的《普通高中数学课程标准（实验）》中，把坐标系与参数方程的内容设置为选修系列 4 中第 5 个专题，将本章节内容放入高中数学教材中. 其内容（约 18 学时）设置如下：

第一讲：不等式和绝对值不等式

一、不等式（约 2 课时）

二、绝对值不等式（约 2 课时）

第二讲：证明不等式的基本方法

一、比较法（约 1 课时）

二、综合法与分析法（约 2 课时）

三、反证法与放缩法（约 2 课时）

第三讲：柯西不等式与排序不等式

一、二维形式的柯西不等式（约 1 课时）

二、一般形式的柯西不等式（约 1 课时）

三、排序不等式（约 1 课时）

单元小结（约 1 课时）

第四讲：数学归纳法证明不等式

一、数学归纳法（约 2 课时）

二、用数学归纳法证明不等式（约 2 课时）

学习总结报告（约 1 课时）

十二、单元教学目标

1. 不等式的基本性质

掌握不等式的基本性质，会应用基本性质进行简单的不等式变形.

2. 含有绝对值的不等式

（1）理解绝对值的几何意义.

（2）理解绝对值三角不等式：$\big||a|-|b|\big| \leqslant |a \pm b| \leqslant |a| + |b|$，$|a-c| \leqslant |a-b| + |b-c|$.

（3）会解绝对值不等式：$|ax+b| \leqslant c$，$|ax+b| \geqslant c$.

（4）会解绝对值不等式：$|x-a| + |x-b| \leqslant$，$|x-a| + |x-b| \geqslant c$.

3. 不等式的证明

通过一些简单问题了解证明不等式的基本方法：比较法、综合法、分析法、反证法、放缩法、数学归纳法.

4. 几个著名的不等式

（1）认识柯西不等式的几种不同形式，理解它们的几何意义，会用二维三维柯西不等式进行简单的证明与求最值.

（2）理解掌握两个或三个正数的算术—几何平均不等式并应用.

（3）了解 n 个正数的均值不等式、n 维柯西不等式、排序不等式和贝努利不等式.

5. 利用不等式求最大（小）值

会用两个或三个正数的算术—几何平均不等式、柯西不等式求一些特定函数的最值.

6. 数学归纳法与不等式

（1）了解数学归纳法的原理及其使用范围.

（2）会用数学归纳法证明简单的不等式.

（3）会用数学归纳法证明贝努利不等式：$(1+x)^n > 1 + nx$，（$x > -1$，n 为正整数）.

7. 完成一个学习总结报告（包括三方面的内容）

（1）知识的总结：对本专题的整体结构和内容的理解，进一步认识数形结合思想，思考本专题与高中其他内容之间的联系．

（2）拓展：通过查阅资料、调查研究，进一步探讨不等式的应用．

（3）对本专题的感受、体会、看法．

8. 帮助学生理解相关内容

帮助学生感悟理解数形结合、类比、化归等数学思想在解决问题中的作用．

十三、单元教学重点

（1）不等式基本性质、均值不等式及其应用、绝对值不等式的解法及其应用．

（2）用比较法、分析法、综合法证明不等式．

（3）柯西不等式及其应用、排序不等式．

特别是以下三点在教学中应当有所侧重：

① 绝对值不等式．

a. 理解绝对值的几何意义，并了解下列不等式的几何意义及取等号的条件．

$$\left| |a| - |b| \right| \leqslant |a \pm b| \leqslant |a| + |b|，|a - c| \leqslant |a - b| + |b - c|．$$

b. 掌握求解以下绝对值不等式的解法．

$$|ax + b| \leqslant c，|ax + b| \geqslant c，|x - a| + |x - b| \leqslant，|x - a| + |x - b| \geqslant c．$$

② 不等式的证明：比较法、综合法、分析法．

求差、求商比较的基本方法步骤，包括因式分解、配方、定号、指数运算、对数运算、函数单调性等；综合法强调将问题进行合理变形转换，使之能运用定义、公理、定理、性质推证命题；分析法要强调书写步骤的合理性，注意逻辑上的充分条件，步步可逆不是指等价．

③ 用均值不等式、柯西不等式求最值．

会用两个或三个正数的算术—几何平均不等式、柯西不等式求一些特定函数的最值．

十四、单元教学难点

（1）三个正数的算术—几何平均不等式及其应用、绝对值不等式解法．

（2）用反证法，放缩法证明不等式．

（3）运用柯西不等式和排序不等式证明不等式以及求最值等．

十五、本单元课时教学案例

附：

《绝对值三角不等式》教学设计

教材版本

人民教育出版社《普通高中课程标准实验教科书数学选修4－5》（A版）

教学目标

（1）了解绝对值三角不等式的含义，理解绝对值三角不等式公式及推导方法，会进行简单的应用；

（2）充分运用观察、类比、猜想、分析证明的数学思维方法，体会转化和数形结合的数学思想，并能运用绝对值三角不等式公式进行推理和证明；

（3）通过对绝对值三角不等式的推理和证明的过程，激发学生的求知欲，培养学生的积极探索、勇于钻研的科学精神和严谨的科学态度．

教学重点

绝对值三角不等式的含义，绝对值三角不等式的理解和运用．

教学难点

绝对值三角不等式的发现和推导、取等条件．

授课类型

新授课．

课时安排

一课时（40分钟）．

教学方法

引导启发式、参与发现式．

教学用具

多媒体课件

教学过程

活动一：回忆旧知

师：关于含有绝对值的不等式的问题，主要包括两类：一类是解不等式，另一类是证明不等式．本节课探讨不等式证明这类问题．

（1）请同学们回忆一下绝对值的意义．

$$|x| = \begin{cases} x, & \text{如果 } x > 0 \\ 0, & \text{如果 } x = 0 \\ -x, & \text{如果 } x < 0 \end{cases}.$$

几何意义：在数轴上，一个点到原点的距离称为这个点所表示的数的绝对值．

（2）证明一个含有绝对值的不等式成立，除了要应用一般不等式的基本性质之外，经常还要用到关于绝对值的和、差、积、商的性质：

① $|a| \geq a$，当且仅当 $a \geq 0$ 时等号成立，$|a| \geq -a$ 当且仅当 $a \leq 0$ 时等号成立．

② $|a| = \sqrt{a^2}$．

③ $|a| \cdot |b| = |a \cdot b|$．

④ $\dfrac{|a|}{|b|} = \left|\dfrac{a}{b}\right|(b \neq 0)$，那么 $|a| + |b| = |a + b|$？$|a| - |b| = |a + b|$？

（这些问题先由学生思考、回答，教师补充完善，当学生回答了（2）－④这个问题时，提出问题：那么 $|a| + |b| = |a + b|$？$|a| - |b| = |a + b|$？先引起学生的思考．）

活动二：新知探究

师：类比不等式性质的得出过程，你认为 $|a|$，$|b|$，$|a + b|$ 之间有什么样的关系？

学生先进行猜想．

设计意图：为定理的合理出现做准备．

教师提出问题后，引导学生分小组讨论，思考并得出以下猜想结论：

$|a + b| \leq |a| + |b|$（当且仅当 $ab \geq 0$ 时，等号成立.）

设计意图： 培养学生的类比思想，点燃学生学习的热情. 同时教师也参与到学生的讨论中，对有困难的小组进行启发.

师：那你能证明你的结论吗？

已知 a，b 是实数，试证明：$|a + b| \leq |a| + |b|$（当且仅当 $ab \geq 0$ 时，等号成立.）

师：你还有其他的方法证明这个不等式吗？

设计意图： 学生感受到胜利的喜悦，进而再次挑战自己，培养学生的钻研精神.

方法二：分析法，两边平方.

学生作答，并展示做题成果.

活动三：得出结论

定理1 如果 a，b 是实数，那么 $|a + b| \leq |a| + |b|$（当且仅当 $ab \geq 0$ 时等号成立.）

师：如果把 a，b 换为向量 $\vec{a}$，那么 $\vec{b}$ 情形又怎样呢？

（教师提问后，让学生思考并回答问题. 当向量 $\vec{a}$，$\vec{b}$ 不共线时，那么由向量加法的三角形法则，向量 $\vec{a}$，$\vec{b}$，$\vec{a} + \vec{b}$ 构成三角形，因此我们有向量形式的不等式 $|\vec{a} + \vec{b}| < |\vec{a}| + |\vec{b}|$.）

师：向量形式的不等式 $|\vec{a} + \vec{b}| < |\vec{a}| + |\vec{b}|$ 的几何意义是什么呢？

（教师提问后，让学生思考并回答问题.）

学生回答：就是三角形的两边之和大于第三边.

教师提问：向量 $\vec{a}$，$\vec{b}$ 共线时有怎样的结论？

（教师提出问题后，引导学生分小组讨论.）

活动四：完善结论

师：你能根据以上思路探究出 $|a + b|$，$|a - b|$，$|a|$，$|b|$ 之间的关系吗？

学生分组，进行小组合作探究.

第一组：探究 $|a + b|$ 与 $|a| - |b|$ 之间的关系.

第二组：探究 $|a - b|$ 与 $|a| + |b|$ 之间的关系.

第三组：探究 $|a - b|$ 与 $|a| - |b|$ 之间的关系.

（采用小组合作这种方式，一方面是考虑到小组合作这种特殊的学习模式具有信息密度大、传递速度快等特点；另一方面是为了培养学生的合作意识和语言表达能力，让学生尝试"说数学".）

讨论结束后，小组派代表向全班同学展示讨论结果.

（学生发表观点，教师及时实施多元评价.）

设计意图：设置这个环节是为了让学生尝试"做数学"，体会知识的生成过程，教师对有困难的同学进行个别指导.

方法预设：

根据定理 1，有 $|a + b| + |-b| \geqslant |a + b - b|$，即 $|a + b| + |b| \geqslant |a|$.则 $|a + b| \geqslant |a| - |b|$.

得出结论：

定理（绝对值三角形不等式）如果 a, b 是实数，则 $||a| - |b|| \leqslant |a \pm b| \leqslant |a| + |b|$.

活动五：升华结论

教师给出定理 2：

如果 a、b、c 是实数，那么 $|a - c| \leqslant |a - b| + |b - c|$，当且仅当 $(a - b)(b - c) \geqslant 0$ 时等号成立.

师：如何利用数轴给出定理 2 的几何解释？

讨论结束后，学生发表观点.

（设 A，B，C 为数轴上的 3 个点，分别表示数 a，b，c，则线段 $AB \leqslant AC + CB$. 当且仅当 C 在 A，B 之间时，等号成立. 这就是上面的例 3. 特别的，取 $c = 0$（C 为原点），就得到例 2 的后半部分.）

交流后，教师完善定义并用多媒体展示结论.

设计意图：采用小组合作这种方式，是为了培养学生的合作意识和语言表达能力，让学生尝试"说数学". 而且综合运用所学知识，获取结论，培养学生的探索精神，体会获取成果的喜悦.

活动六：例题讲解

例1 已知 $|x-a| < \dfrac{c}{2}$，$|y-b| < \dfrac{c}{2}$，求证 $|(x+y)-(a+b)| < c$.

证明 $|(x+y)-(a+b)| = |(x-a)+(y-b)| \leqslant |x-a| + |y-b|$ ①

$|x-a| < \dfrac{c}{2}$，$|y-b| < \dfrac{c}{2}$，

$\therefore |x-a| + |y-b| < \dfrac{c}{2} + \dfrac{c}{2} = c$ ②

由①，②得 $|(x+y)-(a+b)| < c$

例2 已知 $|x| < \dfrac{a}{4}$，$|y| < \dfrac{a}{6}$. 求证：$|2x-3y| < a$.

证明 $|x| < \dfrac{a}{4}$，$|y| < \dfrac{a}{6}$，$\therefore |2x| < \dfrac{a}{2}$，$|3y| < \dfrac{a}{2}$，

由例1及上式，$|2x-3y| \leqslant |2x| + |3y| < \dfrac{a}{2} + \dfrac{a}{2} = a$.

注意：在推理比较简单时，我们常常将几个不等式连在一起写. 但这种写法，只能用于不等号方向相同的不等式.

设计意图：通过本题训练，学生进一步体会了直线的参数方程，并能利用参数解决有关线段长度问题，培养学生从不同角度分析问题和解决问题能力以及动手能力.

活动七：知识应用

练习：

1.（课本P19习题1.2第1题）求证：

(1) $|a+b| + |a-b| \geqslant 2|a|$；(2) $|a+b| - |a-b| \leqslant 2|b|$.

2.（课本P19习题1.2第3题）求证：

(1) $|x-a| + |x-b| \geqslant |a-b|$；(2) $|x-a| - |x-b| \leqslant |a-b|$.

（本题由学生独立完成，教师补充完善.）

设计意图：注重知识的落实，通过问题的解决，学生能进一步理解所学知识.

活动八：课堂小结

一、知识小结

1. 实数 a 的绝对值的意义

(1) $|a| = \begin{cases} a(a > 0) \\ 0(a = 0) \\ -a(a < 0) \end{cases}$ （定义）；(2) $|a|$ 的几何意义.

2. 定理（绝对值三角形不等式）

如果 a ，b 是实数，则 $||a| - |b|| \leq |a \pm b| \leq |a| + |b|$. （注意取等的条件.）

二、思想方法小结

类比、数形结合、转化等数学思想.

设计意图：对学习内容有一个整体的认识，培养归纳、概括能力.

活动九：布置作业

作业

● 必做：课本 P12 第 2，4，5 题

● 选做：如果关于 x 的不等式 $|x - 3| + |x - 4| < a$ 的解集不是空集，求参数 a 的取值范围；如果不等式 $|x - 3| + |x - 4| < a$ 有解呢?

设计意图：使学生进一步巩固所学知识，加深对知识的理解，为学有余力的学生提供思考的空间.

板书设计

绝对值三角不等式

1. 绝对值三角不等式
2. 定理证明
3. 例题分析

教案设计说明

本节课研究了绝对值三角不等式，并进行了简单的应用，注重知识的产生过程，培养学生综合运用所学知识分析问题和解决问题的能力. 教学过程渗透运动与变化、数形结合、类比、转化等数学思想，关注学生的参与和知识的落实.

本节课绝对值三角不等式的证明是比较困难的，这是因为要给绝对值三角不等式赋予一定的几何意义．因此在教学中除了复习预备知识以外，还复习了绝对值的和、差、积、商的性质．从实数 a 的绝对值 $|a|$ 的几何意义出发，探究出 $|a+b|$ 与 $|a|-|b|$ 之间的关系，$|a-b|$ 与 $|a|+|b|$ 之间的关系，$|a-b|$ 与 $|a|-|b|$ 之间的关系．这样设计既注重了知识的产生过程，又使学生深刻理解了绝对值三角不等式的几何意义．

教学过程注重以教师为主导、学生为主体的教学模式．在实施教学和完成教学目标的过程中，适时将学生分组讨论、师生对话、学生动手、学生归纳小结等方式服务于"绝对值不等式"知识的重点和难点的教学中，充分体现了以人为本，鼓励全体学生参与以及重视学法指导的教学新理念．本节课恰当地利用了多媒体辅助教学，增强了教学的直观性．

教学反思

借助几何画形整合 PPT 制作教学课件辅助教学，让学生亲身经历绝对值三角形不等式的探索过程，体会数学知识的生成过程，达到教学预期．

学习评价表

具体内容	评价结果							
	自我评价			小组评价			教师评价	
	★★★	★★	★	★★★	★★	★	★★★	★
体会绝对值不等式是一类重要的不等式形式，体会数学的应用价值								
通过探究绝对值三角不等式的形式，领会类比的思想方法								
掌握绝对值三角不等式，并能灵活应用								
通过现代信息技术的合理利用，体会现代信息技术是认识世界的有效手段								
体会数形结合的思想，提高发现、分析、解决问题的能力								
在探究的过程中，体会从特殊到一般的数学方法								

十六、本单元教学反思

罗杰斯强调以学习者为本，注重学习过程，促进学生学会学习并增强适应性，这与数学新课程理念不谋而合．罗杰斯认为，知识是否被掌握，所学的知识是否系统，对学生来说并不是举足轻重的，教学过程的重心是让学生"学会学习"．在教学中，至关重要的是帮助学生获得知识、信息和个人成长，这根本不是凭借教师对知识的传授就能实现的．所以，教师应该把学生培养成"学会如何学习的人""学会如何适应变化的人"，从而成为能顺应社会要求"充分发挥作用"的人．为实现该目标，他认为要鼓励学生充分自信，从而使学生产生超越自己的思想，开发出自己的潜在能力，最终达到学会学习，完善个性的教育目的．

不等式选讲专题在新课程中是数学选修内容，学生具有较强的数学能力，并且也有了一定的不等式基础．因此，教学设计充分发挥学生的能动性，利用学生已有的经验，联系学生的生活体验，帮助学生进行有目的、有意义地建构新的知识，让学生主动参与学习过程，积极理解新知识．这些理论贯穿于本专题的教学设计过程中，无疑将对本专题教学的顺利展开提供强有力的理论依据．

本设计对不等式的挖掘还不够，未来的教学还要作进一步的探索，使学生在对不等式本质的认识过程中，提高个体数学素养、学习数学的欲望和兴趣．在应用不等式知识解决生产、生活问题上还需进一步拓展，在教学中尽可能让学生在经历探索、解决问题过程中体会到数学的应用价值．有人说"教学是一门遗憾的艺术"，只有更好，没有最好，教学研究永无止境．

"导数及其应用"主题教学设计

甘肃嘉峪关市第一中学 甄 荣

（本单元教学设计荣获省一等奖）

一、数学内容分析

1. "导数及其应用"内容结构（图1）

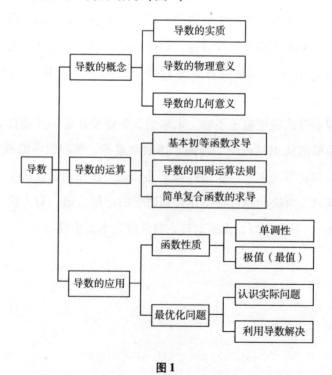

图1

2. "导数及其应用"在高中数学中的地位

导数用变化的观点考虑问题,以变量观念为中心动态地揭示函数局部的变化规律,而极限将研究对象由有限延伸到无限、静态过渡到动态.该主题融数形于一体,既介绍求导的运算、导数的几何意义,又阐述根据导数判断函数在给定区间内的单调性,导数在日常生活中关于最值问题的应用等.既丰富了学生的极限思想,又帮助了学生更好地理解和学习函数的性质,通过求一阶导数来判断函数的单调性、极值、最值,求二阶导数来判断其拐点与凹凸性,再结合描点就比较容易画出函数的图像.导数主题让学生建立了函数性质整体定性研究与局部定量研究的关联,打破了几类基本初等函数的局限,将函数性质的研究推向更一般的情形.高中导数课程是提升学生数学抽象、数学运算、直观想象、数学建模、逻辑推理等数学学科核心素养的重要载体.

3. "导数及其应用"在小学、初中、高中函数主线中的地位(图2)

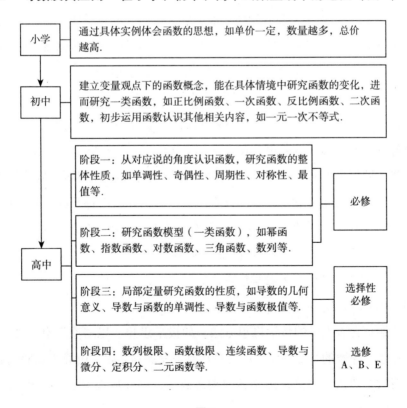

图 2

4. 高中导数与大学微积分的关系

导数是微积分的核心概念之一，高中导数知识是大学微积分的基础和铺垫，但绝不是大学微积分的"简缩本"，它们在处理方式上有很大的不同．比如高中直接通过实际背景——速度、膨胀率、增长率等反映导数思想和本质的实例，引导学生经历由平均变化率到瞬时变化率的过程，认识和理解导数概念，突出导数概念的本质，直观性强．而大学微积分是在学习一般极限的基础上，把导数作为一种特殊的极限来处理，更突出其形式化的特征．再如，高中导数与单调性，通过对具体函数图像的观察给出用导数判断一些简单函数的单调性的方法，注重以形助数．而大学微积分则立足于理论的高度，以 Lagrange 中值定理及单调性定义为工具，解决学生在高中导数中所学"用导数判断函数单调性及单调区间"之所以然的问题，把他们引入到理论层次．

5. 微积分课程在数学整体中的地位

17 世纪牛顿和莱布尼茨分别独立地完成了微积分的创建工作，微积分的创立是数学发展中的一座里程碑，它结束了从古希腊以来几何学派统治数学发展的历史，进入了一个新的发展阶段．一方面，它极大地推动了数学学科的发展，一系列内容丰富、思想深刻、应用广泛的数学分支在微积分的基础上诞生成长．例如，微分方程、积分方程、复变函数、实变函数、泛函分析、微分几何、拓扑学等等．另一方面，微积分在力学、天文学以及物理和其他科学技术中的运用，极大地促进了科学的发展．大量的几何问题和物理问题，从计算面积、体积到确定天体运动轨道，被微积分算清了，微积分的出现开辟了数学的新天地．恩格斯曾有这样的赞誉："在一切理论成就中，未必再有什么像十七世纪下半叶微积分的发明那样看作人类精神的最高胜利了．"

6. "导数及其应用"的数学教育价值

（1）有助于培养学生的逻辑思维能力．

本主题蕴含着大量的数学思想方法，如极限思想、以"直"代"曲"、无穷小等思想，导数的学习使学生的视野从有限发展到无限，由静止发展到运动，使学生对数学的认识由静态数学转向动态数学，更好地理解了"变化"，加深了对函数的理解．

（2）有助于丰富学生对数学的认识．

"数"是用来描述静态事物的，函数是从运动变化的观点去描述事物，而导数就是对事物变化快慢的一种描述，并由此可进一步处理和解决与极大极小、最大最小等相关的实际问题，是研究事物变化率和优化问题的有力工具．通过导数的学习，学生可以从中体会变量数学的力量．

（3）有助于提高学生的数学文化素养．

导数作为微积分的一部分，是渗透数学文化的重要载体．从刘徽的割圆术到牛顿和莱布尼茨的大胆尝试，直至微积分理论体系的形成，就是一部人类面对新问题、新挑战，开拓进取，锲而不舍的奋斗史；就是人们认识问题从直观到抽象、从静止到运动、从有限到无限、量变引起质变、透过现象认识本质的进步史．它让学生了解微积分知识的产生、发展历程，体验和欣赏一种变量数学的文化，提高学生的数学文化素养．

（4）有助于培养学生的数学应用意识．

史宁中教授说，我们要让学生学会用数学的眼光观察世界，会用数学的思维分析世界，会用数学的语言描述世界．导数主题正是一个很好的载体，尤其是变化率的概念，在现代社会中随处可见（如人口的增长率、汽油的使用效率、绿植的增长率等）．"导数及其应用"的学习让学生感受到很多优化问题可以转化为函数最值问题，而导数是解决这类问题的有效工具．这正是数学建模、逻辑推理和数学运算的集中体现．

二、课程标准分析

1. 课标要求

《普通高中数学课程标准（2017 年版）》对一元函数导数及其应用部分的要求如下：

本单元的学习，可以帮助学生通过丰富的实际背景理解导数的概念，掌握导数的基本运算，运用导数研究函数的性质，并解决一些实际问题．

本单元的内容包括导数概念及其意义、导数运算、导数在研究函数中的应用、微积分的创立与发展．

（1）导数概念及其意义.

① 通过实例分析，经历由平均变化率过渡到瞬时变化率的过程，使学生了解导数概念的实际背景，知道导数是关于瞬时变化率的数学表达，体会导数的内涵与思想.

② 体会极限思想.

③ 通过函数图像直观理解导数的几何意义.

（2）导数运算.

① 能根据导数定义求函数 $y = c$，$y = x$，$y = x^2$，$y = x^3$，$y = \dfrac{1}{x}$，$y = \sqrt{x}$ 的导数.

② 能利用给出的基本初等函数的导数公式和导数的四则运算法则，求简单函数的导数；能求简单的复合函数（限于形如 $f(ax + b)$）的导数.

③ 会使用导数公式表.

（3）导数在研究函数中的应用.

① 结合实例，借助几何直观了解函数的单调性与导数的关系，能利用导数研究函数的单调性；对于多项式函数，能求不超过三次的多项式函数的单调区间.

② 借助函数的图像，了解函数在某点取得极值的必要条件和充分条件；能利用导数求某些函数的极大值、极小值以及给定闭区间上不超过三次的多项式函数的最大值、最小值；体会导数与单调性、极值、最大（小）值的关系.

（4）微积分的创立与发展.

收集、阅读对微积分的创立和发展起重大作用的有关资料，包括一些重要历史人物（牛顿、莱布尼茨、柯西、魏尔斯特拉斯等）和事件，采取独立完成或者小组合作的方式，完成一篇有关微积分创立与发展的研究报告.

2.《课程标准（2017 年版）》相较《课程标准（实验）》的变化

与《普通高中数学课程标准（实验）》相比，《普通高中数学课程标准（2017 年版）》最大的变化表现为：

（1）将一元函数导数及其应用由选修课程变为选择性必修课程，与数列一起组成一个主题，建议 30 课时.

（2）删减了定积分与微积分基本定理．与原理科相比，导数难度有所下降，这也符合高中课程提高国民素质、面向大众的定位．

（3）选修课程中的 A 类课程、B 类课程、E 类课程（大学数学的先修课程）中均有较为系统的微积分课程．

A 类课程是供有志于学习数理类（如数学、物理、计算机、精密仪器等）学生选择的课程．微积分内容包括数列极限、函数极限、连续函数、导数与微分、定积分．

B 类课程是供有志于学习经济、社会类（如数理经济、社会学等）和部分理工类（如化学、生物、机械等）学生选择的课程．微积分内容包括极限、导数与微分、定积分、二元函数．

无论是选择性必修课程还是选修课程，课程标准均提出了新的要求，通过导数课程的学习，着重提升学生数学抽象、数学运算、直观想象、数学建模及逻辑推理等数学学科核心素养．

三、学情分析

学生已经在必修课程中学习了函数的概念，从整体的角度研究了函数的单调性、奇偶性等性质，并掌握了几类具体的函数模型．事实上，学生已经有了生活中的"逼近""趋向"等概念，在指数函数学习时，就已经接触到了《庄子·天下篇》中的"一尺之棰，日取其半，万事不竭"．在初中，有的学生就已经了解了刘徽的"割圆术"．高中生的大脑中已经有了"极限"的相关经验．同时，学生在物理学科已经学习了速度、加速度等概念，这些都为导数的教学做好了铺垫．

另外，进入高中后，学生的推理能力有了明显的进步，辩证逻辑思维迅速发展，高二学生的推理能力达到了比较完善的水平．情境教学让学生经历了由平均变化率到瞬时变化率的过程，再抽象出导数的概念，就不难被学生所接受了．基于学生的认知发展水平，以经验为基础，注重直观想象，学生将用微观去驾驭宏观，从变量关系层面去把握事物变化的数学本质．

四、教材比较分析

1. 两版教材内容编排的比较（见表1）

表1

北师大版	湘教版
1. 平均变化率与瞬时变化率	1. 导数概念及其意义
1.1 平均变化率	1.1 函数的平均变化率
1.2 瞬时变化率	1.2 瞬时变化率与导数
2. 导数的概念及其几何意义	1.3 导数的几何意义
2.1 导数的概念	2. 导数的运算
2.2 导数的几何意义	2.1 几个基本函数的导数
信息技术应用　用割线逼近切线	2.2 函数的和差积商求导法则
3. 导数的计算	2.3 简单复合函数的求导
4. 导数的四则运算法则	数学实验　曲线的切线与函数的导数
4.1 导数的加法与减法法则	3. 导数在研究函数中的应用
4.2 导数的乘法与除法法则	3.1 函数的单调性与导数
5. 简单复合函数的求导法则	3.2 函数的极值与导数
6. 用导数研究函数的性质	3.3 三次函数的性质：单调区间和极值
6.1 函数的单调性	3.4 导数的应用举例
6.2 函数的极值	数学文化　微积分的故事
6.3 函数的最值	小结与复习
7. 导数的应用	复习题
7.1 实际问题中导数的意义	数学建模　易拉罐的优化设计
7.2 实际问题中的最值问题	
信息技术应用　利用导数研究函数	
数学探究活动　探究函数的性质	
阅读材料　微积分的创立与发展	
本章小结	
复习题	

2. 两版教材章头图及引言的比较（见表2）

表2

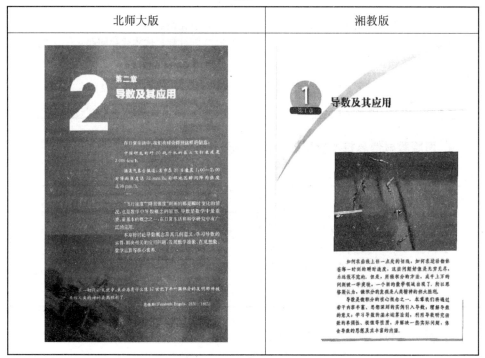

北师大版	湘教版

3. 两版教材情境素材选取的比较（见表3）

表3

北师大版	湘教版
1. 物理素材	1. 物理素材
① 变速运动平均速度	① 质点运动的平均速度
② 自由落体的瞬时速度	② 自由落体运动的平均速度、瞬时速度
③ 线密度	
④ 功与功率	③ 圆周运动
2. 生活及其他素材	④ 斜抛、平抛运动
① 服退烧药后的体温变化	⑤ 木块斜面下滑问题
② 水管流量问题	2. 生活及其他素材
③ 食品加工效率	① 气球的膨胀率
④ 血液药物浓度	② 高台跳水
⑤ 油轮泄漏，油膜面积与时间关系	③ 投石入水，水面波纹

续 表

北师大版	湘教版
⑥ 港口退潮，水面高度与时间关系 ⑦ 降雨强度 ⑧ 边际成本 ⑨ 长方体容积 ⑩ 企业利润问题	④ 氯化钠晶体 ⑤ 圆柱耗材成本优化问题 ⑥ 耗油量问题

4. 两版教材信息技术应用的比较（见表4）

表4

	北师大版	湘教版
内容	信息技术应用 1. 用割线逼近切线 2. 利用导数研究函数	数学实验 曲线的切线与函数的导数
软件	GeoGebra	网络画板

5. 两版教材数学文化的渗透比较（见表5）

表5

北师大版	湘教版
P90 阅读材料微积分的创立与发展	P11 割圆术 P43 数学文化微积分的故事

6. 两版教材数学建模的比较（见表6）

表6

北师大版	湘教版
最优化问题	最优化问题 数学建模　易拉罐的优化设计

7. 教材比较的结论及启示

① 两版教材所选知识点基本一致，都按照"平均变化率→瞬时变化率→导数的概念→导数的运算→导数在研究函数性质中的应用→导数在实际问题中的应用"这一顺序编排．北师大版比湘教版多了"实际问题中导数的意义"，让

学生更深刻地理解导数的意义，感受导数的价值．而湘教版比北师大版多了"三次函数的性质：单调区间和极值"，以三次函数为例，专设一节，让学生系统掌握、利用导数研究函数的一般方法．

② 两版教材的章头引言均图文并茂，结构基本一致．北师大版以"飞行速度"和"降雨强度"为例指出导数的广泛应用而湘教版由"如何求曲线上任一点处的切线，如何求运动物体在每一时刻的瞬时速度"两个问题指出导数的应用．两版教材在章头引言都指出导数是数学中最重要的概念之一，均引用恩格斯的名言说明微积分的地位，还都介绍了本章的主要内容．不同的是，北师大版特别指明通过本章学习着重发展学生数学抽象、直观想象、数学运算等核心素养．

③ 两版教材都提供了丰富的情境素材，涉及物理、生物、经济、生活等多个领域，其中北师大版的情境素材更多样，湘教版的情境素材更贴近学生生活．

④ 基于信息技术的高中数学教学手段日新月异，正在改变着数学教育的方式．信息技术的应用是这两版教材中的又一共性．北师大版教材使用 GeoGebra 软件设置了两个信息技术应用专栏，分别是"用割线逼近切线"和"利用导数研究函数"．湘教版则使用网络画板设置了数学实验和"曲线的切线与函数的导数"两个信息技术应用专栏．这都有助于学生理解导数的本质，培养其几何直观能力．

⑤ 北师大版教材"阅读材料"的主要内容有微积分创立的时代背景、牛顿和莱布尼茨创立微积分和微积分的完善，指明运动问题、切线问题、最值问题、求面积体积问题直接导致微积分的诞生．湘教版教材中"数学文化"则分酝酿、诞生、发展三个阶段，用讲故事的方法介绍了微积分的历史．两版教材的讲述方式虽有很大不同，但内容都是微积分创立与发展的过程、主要结论、关键人物、典型事件及重大贡献．

⑥ 关于数学建模相关内容，两版教材都安排了导数在实际问题中的应用，不同的是，北师大版特别强调了实际问题中导数的意义，而湘教版则以贴近学生生活的易拉罐的设计为背景，设置数学建模专节，比较完整地介绍了一个与导数应用有关的建模案例，并提出进一步深入研究的问题，增强了学生"数学有用"的信念，也让学生深切感受到导数作为一种工具，在解决其他学科和生活上的一些优化问题中的重要价值．

⑦ 通过教材比较分析，发现两版教材都有各自的闪光点和不足．通过比

较，我们可以更好地把握各版本教材的共性，抓住重点，汲取各版教材中的精华，为教学所用．

五、本主题的重、难点

1. 教学重点

平均变化率、瞬时变化率的概念及实际意义，导数的概念，导数的几何意义，简单函数的导数运算，利用导数研究函数单调性、极值、最值等性质的方法，导数在最优化问题中的应用，微积分的发展史及其在数学乃至社会科学上的重要价值．

2. 教学难点

抽象概括导数的概念，体会极限思想，会利用导数定量分析函数的局部性质．

六、本主题教学策略

1. 重视情境的创设

导数这一主题中很多问题的提出，都是有物理背景、几何背景、生活实际背景的，教学中要尽可能地创设真实的情境，激发学生的思考，引导学生用数学的眼光观察现象、发现问题，用数学的思想方法分析解决问题，再用数学的语言进行恰当的描述．教师要重视这些背景素材的教学，培养学生从情境中抽象出数学问题、数学概念的能力．

2. 重视知识的生成

这一主题中很多知识的教学都应重视其生成过程．教师在建构过程中要让学生更好地理解概念的本质，如在导数的教学过程中，让学生借助具体实例充分经历从绝对变化到平均变化，再由平均变化到瞬时变化的过程，理解这些变化各自的特点和作用，在此基础上抽象导数的概念，最后帮助学生运用导数概念分析实际问题中的函数变化，感悟极限思想．再如，在导数单调性的教学中，教师结合学生学过的大量实例，借助这些函数的图像，让学生观察探究，得出函数的单调性与导数的关系．在本主题教学中，教师一定要多举例子，多进行极限思想的描述，让学生充分参与观察、类比、归纳、抽象、推理等数学活动．

3. 重视信息技术的应用

信息技术是学生学习和教师教学的重要辅助手段．在本主题教学中，教师借助信息技术帮助学生更好地理解变化，各种画板工具可以充分展示局部放大，以"直"代"曲"，动态展示割线逼近切线的过程．通过直观演示，既可以让学生充分体会无限逼近的极限思想，也可以促进学生对导数概念及意义的理解．信息技术的有效整合，既有利于提高教学效率，又可以使学生对导数的理解更加透彻．但是，我们也应认识到，多媒体辅助教学一定不能取代学生主体的思考过程．

4. 重视数学文化的渗透

导数的教学是对学生进行数学文化教育的重要载体．学生学习微积分的目的在于体验一种变量数学的文化．学生可以从刘徽提出的割圆术和古代劳动人民用一块块石头砌成拱形洞的实际例子中感受到以"直"代"曲"的力量．教师在教学中要渗透微积分创立的时代背景和有关人物的资料，让学生进行交流，体会导数的思想及其丰富的内涵，领略数学思想和方法在解决实际问题中的力量，感受微积分的创立与发展对人类文明的贡献．

5. 重视学生素养的发展

导数定量地反映了函数的局部变化，充分体现了极限的思想．学生在分析大量变化率实例的基础上抽象出导数的概念，通过实例和函数图像研究函数的单调性与导数的关系，借助信息技术探讨利用导数研究函数性质的一般方法，体会导数在物理、天文、经济、化学以及生物学中的广泛应用．本主题的教学要立足于发展学生的数学抽象、直观想象、逻辑推理及数学建模核心素养，特别要培养学生对数学的"感觉"，重视学生基本活动经验．

七、本主题教学目标

（1）结合具体情境，经历由平均变化率过渡到瞬时变化率的过程，直观理解导数的概念及其几何意义．

（2）能利用给出的导数公式和导数运算规则，求简单函数和简单复合函数的导数．

（3）借助几何直观，了解函数的单调性与导数的关系，定量分析函数变化，感悟函数局部性质与整体性质的联系．

（4）能利用导数研究简单函数的单调性、极值、最值等问题.

（5）体会极限思想、方法在解决函数问题中发挥的作用，深入认识无限运动的"变化"，并建立与不等式等相关内容的联系.

（6）知道微积分的创立过程以及微积分对数学发展和人类文化发展的意义和价值.

八、本主题教学课时计划（见表7）

表7

教学内容		课时计划
平均变化率与瞬时变化率	平均变化率与瞬时变化率	2课时
导数的概念及其几何意义	导数的概念	1课时
	导数的几何意义	1课时
数学实验	用割线逼近切线	1课时
导数的计算	几个基本函数的导数	1课时
	导数的加法与减法法则	1课时
	导数的乘法与除法法则	1课时
	简单复合函数的求导法则	1课时
用导数研究函数的性质	函数的单调性	1课时
	函数的极值	1课时
	函数的最值	1课时
导数的应用	实际问题中导数的意义	1课时
	生活中的优化问题	1课时
数学实验	发现三次函数的性质	1课时
实习作业交流	走进微积分	2课时
本章小结	本章小结	1课时

九、本主题课时教学案例

课题 §2.1 变化的快慢与变化率

教材版本

北京师范大学出版社《普通高中教科书数学选择性必修第二册》

教学目标

（1）通过生活实例，感知生活中的"变化"，体会平均变化率在实际生活中的需要；

（2）分析实例，探寻计算平均变化率的方法，经历由自然语言描述到数学表达的过程，提高用数学语言描述、表达现象的能力；

（3）抽象概括一般函数平均变化率的概念，掌握求平均变化率的一般步骤；

（4）通过联想、类比，了解平均变化率的几何意义，体会数形结合思想；

（5）通过对高台跳水实例的分析，感知平均变化率在刻画变化快慢中的局限性，理解研究瞬时变化率的必要性；

（6）通过多个实例的分析，探究瞬时变化率的计算方法，感受无限"逼近"的极限思想；

（7）理解瞬时变化率的概念，会计算简单函数在某点处的瞬时变化率；

（8）了解变化率在物理、经济、生物、自然等学科中的应用，提高发现问题、提出问题、分析问题、解决问题的能力.

教学重点

理解平均变化率和瞬时变化率的实际意义及数学意义，会计算简单函数在某点处的瞬时变化率.

教学难点

平均变化率过渡为瞬时变化率的理解，体会无限"逼近"的极限思想.

授课类型

新授课.

教学方法

引导启发式、参与发现式.

课时安排

2 课时.

教学过程

阶段一：情境导入，感受"变化"

（1）世界是变化着的，生活中的变化无处不在，如战斗机极速冲刺，气温的变化，气球的膨胀，树木生长等．教师播放 PPT，展示生活中的一些变化的情境，再让学生自由举例，充分感知生活中的变化．

（2）运动变化是一种普遍现象，函数是描述运动变化规律的重要工具．如何定量刻画千变万化的变化现象，是数学研究的重要课题．17世纪创立的微积分就源于研究运动物体的变化规律，它是数学发展中的里程碑．

教师结合章引言，介绍相关数学史知识．

设计意图：用多媒体展示生活中的变化现象，让学生感受生活中的变化，体会数学源于生活，激发学生的学习兴趣．接着介绍相关数学史知识，让学生接受文化的熏陶．

阶段二：学习平均变化率

【引例】

国美和苏宁经营同一种电器，国美用6个月时间赚到20万元，苏宁用1个月时间赚到4万元．你怎样评价国美和苏宁两家公司的经营成果？为什么？

预设：

生1：国美效益好，国美赚到了20万元，苏宁只赚到了4万元．

生2：苏宁效益好，苏宁仅用了1个月就赚到4万，赚得快．

教师引导学生，要进行收益比较，就要找到一个合理的衡量标准．

组织学生讨论，初步得出结论．

预设：比较收益好不好要看平均每月的收益，国美平均每个月约挣到3.33万元，而苏宁是4万元．从这个角度比较，苏宁电器经营效果较好．

教师指出，生活中的变化是普遍存在的，我们能够感知到这种变化，那么如何刻画这种变化的快慢？引出课题．

设计意图：通过一个简单的生活例子，引发认知冲突，指出研究平均变化率的现实需要，培养学生的数学理性精神．

【实例1】

物体从某一时刻开始运动, 设 s 表示物体经过时间 t 所走过的路程, 显然 s 是 t 的函数, 表示为 $s = s(t)$,

在运动的过程中测得一些数据, 如下表:

t/s	0	2	5	10	13	15	…
s/m	0	6	9	20	32	44	…

问题1 物体在 $0\sim2\text{s}$ 和 $10\sim13\text{s}$ 这两段时间内, 哪一段时间运动得快? 如何刻画物体运动的快慢?

教师引导学生用物理中学习的平均速度来比较物体运动的快慢.

在 $0\sim2\text{s}$ 这段时间内, 物体的平均速度为 $\dfrac{6-0}{2-0} = 3$ (m/s);

在 $10\sim13\text{s}$ 这段时间内, 物体的平均速度为 $\dfrac{32-20}{13-10} = 4$ (m/s).

显然, 物体在后一段时间比在前一段时间运动得快.

教师指出, 用平均速度可以刻画物体运动的快慢.

设计意图: 利用学生物理中学过的平均速度来比较物体运动的快慢, 在学生的最近发展区寻找知识的生长点.

【实例2】

某人吃完退烧药, 他的体温变化如图所示:

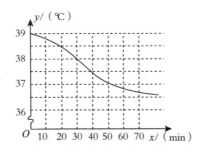

问题2 比较时间 x 从 0min 到 20min 和从 20min 到 30min 体温变化情况, 哪段时间体温变化较快? 如何刻画体温变化的快慢?

预设1：当时间 x 从 0min 到 20min 和从 20min 到 30min 时，体温 y 都下降了 0.5℃，而后一段用时较短，所以后一段时间体温下降较快.

预设2：当时间 x 从 0min 到 20min 时，体温 y 相对于时间 x 的平均变化率为

$$\frac{38.5-39}{20-0} = \frac{-0.5}{20} = -0.025 \ （℃/min）；$$

当时间 x 从 20min 到 30min 时，体温 y 相对于时间 x 的平均变化率为

$$\frac{38-38.5}{30-20} = \frac{-0.5}{10} = -0.05 \ （℃/min）.$$

前一段时间平均每分钟体温下降 0.025℃，而后一段平均每分钟体温下降 0.05℃. 显然，后一段时间体温下降快.

教师指出，用体温的平均变化率来刻画体温的变化快慢.

设计意图： 以图像的形式给出体温的变化情况，让学生数形结合进行分析，学生能从图像上感受到体温变化的快慢，进而引导学生用数学语言刻画. 学生首先发现体温变化的量相等而所用时间不同，从而得出结论，接着教师继续引导学生用数学的符号表示，从而引出体温相对于时间的平均变化率. 整个过程让学生经历了由自然语言描述向数学语言描述的转化过程，培养了学生用数学语言表达现象的能力.

【抽象概括】

问题3 上面两实例中表示变化快慢的量分别是什么？有什么联系？

实例1是用一段时间内物体的平均速度刻画了物体的运动快慢.

当时间由 t_1 变为 t_2 时，物体所走的路程从 $s(t_1)$ 变为 $s(t_2)$，这段时间内物体的平均速度是

$$平均速度 = \frac{s(t_2)-s(t_1)}{t_2-t_1}$$

实例2是用一段时间内体温的平均变化率刻画体温的变化快慢.

当时间由 x_1 变为 x_2 时，体温从 $y(x_1)$ 变为 $y(x_2)$，这段时间内体温的平均变化率是

$$体温的平均变化率 = \frac{y(x_2)-y(x_1)}{x_2-x_1}$$

问题4 对于一般的函数 $y=f(x)$，如何刻画函数值变化的快慢呢？

对于一般的函数 $y = f(x)$，当自变量 x 从 x_1 变为 x_2 时，函数值从 $f(x_1)$ 变为 $f(x_2)$，其平均变化率为

$$平均变化率 = \frac{\Delta y}{\Delta x} = \frac{f(x_2) - f(x_1)}{x_2 - x_1}$$

其中自变量的改变量 $\Delta x = x_2 - x_1$，函数值的改变量 $\Delta y = f(x_2) - f(x_1)$．

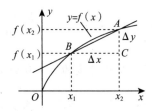

用平均变化率来刻画函数值在区间 $[x_1, x_2]$ 上的变化快慢．

设计意图： 通过两个实例归纳总结出一般函数的平均变化率，让学生经历由特殊到一般的推理过程，提升学生的数学抽象素养．

问题 5 由函数平均变化率的形式你能联想到什么知识？函数平均变化率的几何意义是什么？

设计意图： 联系直线斜率，探求平均变化率的几何意义，渗透数形结合思想，为之后瞬时变化率的几何意义埋下伏笔．

【实例 3】

人们发现，在高台跳水运动中，运动员相对于水面的高度 h（单位：m）与起跳后的时间 t（单位：s）存在函数关系 $h(t) = -4.9t^2 + 6.5t + 10$．

问题 6 运动员在 $0 \leqslant t \leqslant 0.5$，$1 \leqslant t \leqslant 2$，$0 \leqslant t \leqslant \dfrac{65}{49}$ 这三个时间段里的平均速度分别是多少？

预设：

在 $0 \leqslant t \leqslant 0.5$ 这段时间里，平均速度为 $\bar{v} = \dfrac{h(0.5) - h(0)}{0.5 - 0} = 4.05 \ (\mathrm{m/s})$；

在 $1 \leqslant t \leqslant 2$ 这段时间里，平均速度为 $\bar{v} = \dfrac{h(2) - h(1)}{2 - 1} = 8.2 \ (\mathrm{m/s})$.

在 $0 \leqslant t \leqslant \dfrac{65}{49}$ 这段时间里，平均速度为 $\bar{v} = 0 \ (\mathrm{m/s})$.

设计意图： 以中国跳水运动"梦之队"为背景引出高台跳水的典型实例，厚植爱国情怀. 用平均速度描述运动员运动状态，培养学生数学建模的素养. 同时让学生从值的正负角度再次认识平均变化率.

问题 7 运动员在 $0 \leqslant t \leqslant \dfrac{65}{49}$ 这段时间是静止的吗？

问题 8 你认为用平均速度描述运动员的运动状态有什么问题吗？

设计意图： 通过这样的问题设计，让学生意识到，用平均速度刻画物体的运动变化比较"粗糙"，从而引出研究瞬时速度的必要性.

阶段三：学习瞬时变化率

【引例】

我们知道平均速度能够刻画物体在一段时间内的变化，但这种刻画有局限，人们也关注物体在某一瞬间的速度. 比如，在汽车行驶过程中不断变化着的速度表，每个时刻指针指向的都是汽车在该时刻的瞬时速度. 那么怎样求一个运动物体的瞬时速度呢？让我们从一个简单而具体的运动问题开始.

【实例 1】

一个小球从高空自由下落，其走过的路程 s（单位：m）与时间 t（单位：s）的函数关系为 $s = \dfrac{1}{2}gt^2$. 其中，g 为重力加速度 （$g = 9.8 \mathrm{m/s^2}$）. 试估计小球在 $t = 5 \mathrm{s}$ 这个时刻的瞬时速度.

学生首先想到物理中求解瞬时速度的办法. 教师引导学生用已有的数学知识和方法解决该问题. 学生讨论交流.

预设: 根据平均速度计算公式 $\dfrac{\Delta s}{\Delta t} = \dfrac{s(t_1) - s(t_2)}{t_1 - t_2}$. 求出 5s 到 6s 这段时间内小球的平均速度为

$$\frac{s(6) - s(5)}{6 - 5} = \frac{176.4 - 122.5}{1} = 53.9 \, (\text{m/s}) \, .$$

可以用这个近似表示 $t = 5\text{s}$ 时的瞬时速度, 但不够精确, 可以缩短时间间隔, 求出 5s 到 5.1s 这段时间内小球的平均速度为

$$\frac{s(5.1) - s(5)}{5.1 - 5} \approx \frac{127.45 - 122.5}{0.1} = 49.5 \, (\text{m/s})$$

用它可以更精确地表示 $t = 5\,\text{s}$ 时的瞬时速度.

教师引导学生思考, 如果继续缩短时间间隔, 所求平均速度就更加接近瞬时速度, 请同学们利用计算机或计算器完成如下表格:

t_0 / s	t_1 / s	时间的改变量 $(\Delta t) / \text{s}$	路程的改变量 $(\Delta s) / \text{m}$	平均速度 $\left(\dfrac{\Delta s}{\Delta t}\right) / \text{m/s}$
5	5.1	0.1	4.95	49.5
5	5.01	0.01	0.49	49.049
5	5.001	0.001	0.049	49.0049
5	5.0001	0.0001	0.0049	49.00049
5	…	…	…	…

由上表可以看出当 t_1 趋近 $t_0 = 5\text{s}$ 时, 平均速度趋近于 49m/s, 因此可以近似地认为小球在 $t_0 = 5s$ 时的瞬间速度为 49m/s.

设计意图: 通过求解小球在 $t_0 = 5s$ 附近区间的平均速度, 近似代替 $t_0 = 5s$ 时的瞬时速度, 不断缩短时间间隔, 提高近似代替精确度. 在这个过程中, 让学生经历无限趋近的过程, 体会"逼近"的极限思想, 从而突破由平均速度过

渡到瞬时速度的难点.

问题 1 如果从 $t_0 = 5s$ 的左侧无限逼近,结果一致吗? 请同学们利用计算机或计算器完成如下表格,并给出结论.

t_0/ s	t_1/ s	时间的改变量 (Δt)/ s	路程的改变量 (Δs)/ m	平均速度 $\left(\dfrac{\Delta s}{\Delta t}\right)$/ m/s
4.9	5			
4.99	5			
4.999	5			
4.9999	5			

教师顺势引导学生思考,从 $t_0 = 5s$ 的右侧和左侧逼近时,虽然计算过程数值略有不同,但瞬时速度一致.

设计意图: 让学生亲自动手实践,计算填写表格,学生在这一过程中再一次体会无限"逼近"的极限思想,明确无论从左侧还是右侧逼近,瞬时速度一致.

【实例 2】

如图,一根质量分布不均匀的合金棒,长为 10m, x (单位:m) 表示 OX 这段棒的长, y (单位:kg) 表示 OX 这段棒的质量,它们满足 $y = f(x) = 2\sqrt{x}$. 估计该合金棒在 2m 处的线密度.

教师引导学生从平均线密度入手,思考计算合金棒在 $x = 2$ m 附近的平均线密度,然后不断缩小区间,近似估计 $x = 2$ m 处的线密度.

x_0/ m	x_1/ s	长度改变量 (Δx)/ m	质量改变量 (Δy)/ kg	平均线密度 $\left(\dfrac{\Delta y}{\Delta x}\right)$/kg/m
2	2.1	0.1	0.070	0.70
2	2.01	0.01	0.0071	0.71
2	2.001	0.001	0.00071	0.71
2	2.0001	0.0001	0.000071	0.71
2	…	…	…	…

通过计算,可以看出当 x_0 趋近于 $x_0 = 2$ m 时,平均线密度趋近于 0.71kg/m,从而可以认为合金棒在 $x_0 = 2$m 处的线密度为 0.71kg/m.

设计意图: 通过线密度的典型实例,让学生经历计算、估值、体会"逼近"思想,巩固应用这种极限思想,为接下来的抽象概括积累实践经验.

【抽象概括】

问题 2 分析解决上面两个实例时,共同思路是什么?

预设: 前面两个实例,我们都是利用平均变化率"逼近",得到瞬时变化率的估值.

问题 3 如何用数学符号语言表述这种过程,函数的瞬时变化率如何定义?

对于一般的函数 $y = f(x)$,在自变量 x 从 x_0 变到 x_1 的过程中,若设 $\Delta x = x_1 - x_0$,$\Delta y = f(x_1) - f(x_0)$,则函数的平均变化率是

$$\frac{\Delta y}{\Delta x} = \frac{f(x_1) - f(x_0)}{x_1 - x_0} = \frac{f(x_0 + \Delta x) - f(x_0)}{\Delta x}$$

当 Δx 趋近于 0 时,函数的平均变化率就趋近于函数在 x_0 点的瞬时变化率.

瞬时变化率刻画的是函数在某一点处的变化快慢.

设计意图: 通过由特殊到一般的归纳过程,抽象出函数瞬时变化率的概念,培养学生的数学抽象、逻辑推理等素养.

阶段四：小结归纳，布置作业

【课堂小结】

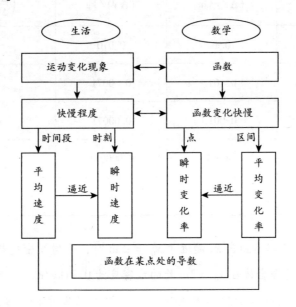

【布置作业】

（1）必做：完成习题 2 – 1A 组题．

（2）选做：了解艾宾浩斯记忆遗忘曲线，由数据表你能得到什么信息？由曲线图你能感受到什么？如何从数学角度刻画记忆量在学习后的初期"迅速减少"？

基于核心素养的"三角函数"单元教学设计

甘肃嘉峪关市第二中学　牛鹏羽

（本单元教学设计荣获省级二等奖）

"在数学领域中，可能没有其他分支学科能像三角学一样始终占据着中心位置."

——赫伯特

一、单元目标分析

（1）了解任意角的概念和弧度制，能进行弧度与角度的互化，体会引入弧度制的必要性.

（2）借助单位圆理解任意角三角函数（正弦、余弦、正切）的定义，培养学生数学抽象、直观想象的数学核心素养.

（3）借助单位圆能画出三角函数的图像，了解三角函数的周期性、奇偶性、最大（小）值，培养学生直观想象的数学核心素养.

（4）借助单位圆的对称性，利用定义推导出诱导公式，培养学生数学运算、直观想象的数学核心素养.

（5）借助图像理解正弦函数、余弦函数在 $[0, 2\pi]$ 上、正切函数在 $\left(-\dfrac{\pi}{2}, \dfrac{\pi}{2}\right)$ 上的性质，培养学生直观想象的数学核心素养.

（6）结合具体实例，了解 $y = A\sin(\omega x + \varphi)$ 的实际意义，培养学生数学建模的数学核心素养.

（7）借助图像理解参数 ω，φ，A 的意义，了解参数的变化对函数图像的影响，培养学生直观想象的数学核心素养.

（8）理解同角三角函数的基本关系式 $\sin^2 x + \cos^2 x = 1$ ，$\dfrac{\sin x}{\cos x} = \tan x$ ，培养学生逻辑推理的数学核心素养.

（9）经历推导两角差的余弦公式的过程，知道两角差的余弦公式的意义，培养学生数学运算的数学核心素养.

（10）能从两角差的余弦公式推导出两角和与差的正弦、余弦、正切公式，二倍角的正弦、余弦、正切公式，了解它们的内在联系，培养学生数学运算的数学核心素养.

（11）运用两角和的正弦、余弦、正切公式进行简单的恒等变换（包括推导出积化和差、和差化积、半角公式，这三组公式不要求记忆），培养学生数学运算的数学核心素养.

（12）会用三角函数解决简单的实际问题，体会利用三角函数构建刻画事物周期变化的数学模型，培养学生数学建模的数学核心素养.

二、教学内容分析

（一）数学视角分析

回顾三角学的发展史，我们可以发现它的起源、发展与天文学密不可分，它是一种对天文观察结果进行推算的方法. 1450 年以前，三角学主要是球面三角，是航海、立法推算以及天文观测等人类实践活动的需要，同时也是宇宙的奥秘对人类的巨大吸引力所至，这种"量天的学问"确实太诱人了. 后来，由于间接测量、测绘工作的需要而出现了平面三角.

三角学从天文学中独立出来的标志是德国数学家雷格蒙塔努斯（J. Regiomontanus，1436—1476）于 1464 年出版的《论各种三角形》一书. 这部著作首次对三角学做出了完整、独立的阐述，其中采用印度人的正弦，即圆弧的半弦，明确使用了正弦函数，讨论了一般三角形的正弦定理，提出了求三角形边长的代数解法，给出了球面三角的正弦定理和关于边的余弦定理，为三角学在平面与球面几何中的应用奠定了牢固基础. 后来，哥白尼的学生雷提库斯（G. J. Rhaeticus，1514—1576）将传统的圆中的弧与弦的关系改进为角的三角函数关系，把三角函数定义为直角三角形的边长之比，从而使平面三角学从球面三角学中独立出来，并采用了六个函数（正弦、余弦、正切、余切、正割、余割）．法国数学家韦达（F. Vieta，1540—1603）总结了前人的三角学研究成果，将解平面直角三角形和斜三角形的公式汇集在一起，还补充了自己发现的新公式，如正切公式、和差化积公式等，并将解斜三角形的问题转化为解直角三角形的问题等，这些都是对三角学的进一步系统化．总之，16 世纪三角学从天文学中分离出来，成为数学的一个独立分支．不过，值得注意的是，这时所讨论的"三角函数"仅限于锐角三角函数，而且研究锐角三角函数的目的在于解三角形和三角计算．

任意角的三角函数的研究，与圆周运动的研究有直接关系．17 世纪，M. 克莱因"数学从运动的研究中引出了一个基本概念．在那以后的 200 年里，这个概念在几乎所有的工作中占中心位置，这就是函数——或变量间的关系——的概念""正弦、余弦函数是一对起源于圆周运动，密切配合的周期函数，它们是解析几何学和周期函数的分析学中最为基本和重要的函数，而正弦、余弦函数的基本性质乃是圆的几何性质（主要是其对称性）的直接反映"

周期现象是自然界中一类基本的、普遍的现象，如生活中常用的"年""月""日"，实际上是自然界中存在的周期性天文现象，而三角函数则是用来刻画周期现象变化规律的最重要、最基本的数学模型．实际上，三角函数的产生、发展与解决周期现象变化规律问题的需求有着直接的关系．三角函数包括正弦函数、余弦函数、正切函数等，它们本身都是最基本、最重要的周期函数，用它们来描述一些具有周期现象的问题可以说是恰到好处．

从数学发展的历史进程可以得知，早在 16 世纪以前，人们对三角函数的研究就已经有了较为完备的理论体系．它主要研究平面、球面三角形的性质，研究长度、角度、面积及其关系．随着微积分和解析几何的创立，变量数学逐步占据了数学的核心地位，三角函数的模型作用也得到了凸显．初中学习的三角函数是直角三角形中边的比值，是静态的，而高中阶段将其看成是特殊的函数进行研究，是动态的．两个阶段所研究的角度不同．

随着数学的发展，三角函数成了分析学的一部分，进而形成了独立的数学分支．在实变函数研究的基础上，又得到了另一门数学分支，即调和分析．值得一提的是，调和分析是逼近论与小波分析的重要基础．在 20 世纪末，调和分析和小波分析在实际应用中发挥了巨大的作用，尤其在数据、图像压缩技术中起到了重要作用．与三角函数有关的傅里叶变换，更是在物理学、数论、组合数学、信号处理、概率、统计、密码学、声学、光学等领域都有着广泛的应用．

（二）课标视角分析（见表1）

表1

比较项目 新旧课标	内容描述
2017 年版 课程标准	（1）角与弧度． 了解任意角的概念和弧度制，能进行弧度与角度的互化，体会引入弧度制的必要性． （2）三角函数的概念和性质． ① 借助单位圆理解任意角三角函数（正弦、余弦、正切）的定义，能画出这些三角函数的图像，了解三角函数的周期性、奇偶性、最大（小）值．借助单位圆的对称性，利用定义推导出诱导公式． ② 借助图像理解正弦函数、余弦函数在 $[0, 2\pi]$ 上、正切函数在 $\left(-\dfrac{\pi}{2}, \dfrac{\pi}{2}\right)$ 上的性质． ③ 结合具体实例，了解 $y = A\sin(\omega x + \varphi)$ 的实际意义，能借助图像理解参数 ω，φ，A 的意义，了解参数的变化对函数图像的影响． 理解同角三角函数的基本关系式 $\sin^2 x + \cos^2 x = 1$，$\dfrac{\sin x}{\cos x} = \tan x$． （4）三角恒等变换． ① 经历推导两角差的余弦公式的过程，知道两角差的余弦公式的意义． ② 能从两角差的余弦公式推导出两角和与差的正弦、余弦、正切公式，二倍角的正弦、余弦、正切公式，了解它们的内在联系． ③ 能运用上述公式进行简单的恒等变换（包括推导出积化和差、和差化积、半角公式，这三组公式不要求记忆）． （5）三角函数的应用． 会用三角函数解决简单的实际问题，体会利用三角函数构建刻画事物周期变化的数学模型

比较项目 新旧课标	内容描述
2003 版 课程标准	（1）任意角、弧度. 了解任意角的概念和弧度制，能进行弧度与度的互化. （2）三角函数. ① 借助单位圆理解任意角三角函数（正弦、余弦、正切）的定义. ② 借助单位圆中的三角函数线推导出诱导公式，能画出 $y = \sin x$，$y = \cos x$，$y = \tan x$ 的图像，了解三角函数的周期性. ③ 借助图像理解正弦函数、余弦函数在 $[0, 2\pi]$ 上，正切函数在 $\left(-\dfrac{\pi}{2}, \dfrac{\pi}{2}\right)$ 上的性质（如单调性、最大值和最小值、图像与 x 轴的交点等）. ④ 理解同角三角函数的基本关系：$\sin^2 x + \cos^2 x = 1$，$\dfrac{\sin x}{\cos x} = \tan x$. ⑤ 结合具体实例，了解 $y = A\sin(\omega x + \varphi)$ 的实际意义，能借助计算器或计算机画出 $y = A\sin(\omega x + \varphi)$ 的图像，观察参数 ω，φ，A 对函数图像的影响. ⑥ 会用三角函数解决一些简单的实际问题，体会三角函数是描述周期变化现象的重要函数模型

经过比较，发现新课标与旧课标在处理三角函数这一部分内容时有以下五点不同.

1. 新课标更注重三角函数的整体布局和安排

新课标对三角函数这一部分的调整还是比较大的，旧课标中放在了必修四的第一章"三角函数"和必修四的第三章"三角恒等变换"，主要是考虑到两角差的余弦公式要用平面向量的数量积来推导. 而新课标则将两章内容合为一章，放在必修课程的主题二——"函数"中，形成了一个三角函数的整体，有利于学生系统地学习和理解基本初等函数.

2. 新课标更强调直观想象

新课标多次强调直观想象在三角函数学习过程中的作用. 比如，强调借助单位圆直观地认识任意角、任意角的三角函数，理解三角函数的周期性、诱导公式；强调借助三角函数的图像理解三角函数在一个周期上的单调性、最大值和最小值等性质，有利于教师在课堂教学中培养学生直观想象的数学核心素养.

3. 新课标更重视数学建模

新课标将三角函数作为刻画现实世界的数学模型. 学习数学模型最好的办法就是经历数学建模的过程. 新课标首先提供了丰富的实际背景，通过对实际背景的分析、概括、抽象建立三角函数；其次，利用三角函数模型及其性质去解决更加广泛的实际问题，有利于培养学生数学建模的数学核心素养.

4. 新课标更提倡信息技术的运用

新课标鼓励学生使用计算器和计算机来探索和解决问题. 比如，借助计算机画出 $y = A\sin(\omega x + \varphi)$ 的图像，动态地分析各个参数对函数图像变化的影响. 又比如，利用计算器可以做一些三角的近似计算，以满足实际的需要，而这种提高效率的做法和意识都是新时代所需要和提倡的.

5. 新课标尤其突出了三角函数的周期性

新课标多次提到周期性，显示了周期性的重要性：一是在函数的概念和性质部分并入了三角函数来了解函数的周期性，二是在正弦函数、余弦函数、正切函数的性质里又分别探究了它们各自的周期和最小正周期.

三、学习者分析

1. 学生已有的知识基础

（1）学生在初中阶段学习了锐角三角函数、有关锐角三角函数的计算、勾股定理以及锐角三角函数在解决与直角三角形有关的问题中的应用.

（2）学生在初中阶段学习了正比例函数、反比例函数、一次函数、二次函数的图像和性质.

（3）学生在高中阶段必修课程主题二"函数"中已经学习了函数的概念和性质.

（4）学生在高中阶段必修课程主题二"函数"中已经学习了幂函数、指数函数、对数函数的图像与性质.

2. 学生已有的数学活动经验

（1）在初中学习过锐角三角函数，有一定的处理三角函数的活动经验.

（2）在初中学习过正比例函数、反比例函数、一次函数、二次函数的定义、图像与性质，有一定的处理函数的活动经验．

（3）在高中学习了函数的概念，具备用集合与对应的观点来探究两个变量之间的函数关系的活动经验．

（4）在高中学习了函数的性质，具有利用函数的图像讨论相关性质的活动经验．

（5）在高中学习了幂函数、指数函数、对数函数，有从实际问题通过数学建模得到函数的活动经验．

四、重难点分析

在三角函数的学习过程中，要善于借助单位圆理解弧度制的引入必要性、任意角三角函数的定义、三角函数的图像，要善于利用三角函数的图像直观地研究函数的性质，要重视从实际问题抽象出三角函数，要经历用三角函数模型解决实际问题，能通过三角变换感受数学运算的魅力、追求简洁的思维．为了落实和培养学生的数学抽象、直观想象、逻辑推理、数学建模、数学运算等数学核心素养，为了探求三角函数的本质，特制定重点、难点如下．

重点：

（1）了解任意角的概念和弧度制，能进行弧度与度的互化．

（2）理解任意角三角函数的定义．

（3）推导同角三角函数的基本关系以及诱导公式．

（4）理解正弦函数、余弦函数、正切函数的图像与性质．

（5）推导两角和与差的正弦、余弦、正切公式．

（6）推导二倍角的正弦、余弦、正切公式．

难点：

（1）借助单位圆体会引入弧度制的必要性．

（2）借助单位圆理解任意角三角函数的定义．

（3）借助三角函数的图像研究其性质．

（4）推导两角差的余弦公式，理解两角差的余弦公式的意义．

（5）利用三角函数模型解决一些简单的实际问题．

五、教学活动设计（见表2）

表2

教师活动	学生活动	预期目标	设计意图
提问：假如你的手表慢了5分钟，应当如何校准？假如快了10分钟应当如何校准？校准后，分针转了多少度？	通过实际操作，直观感知，上升到理论思考，认识到角和旋转方向、旋转量有关	通过实际动手操作，感受不同于初中学习的静态的角——旋转意义下的角	体会数学的发展往往来自生活的实际需要，培养学生数学抽象的数学核心素养
回顾：初中学过的角是如何定义的？范围是什么？	回忆初中学习过的角的概念，是从一点出发的两条射线所形成的图形．角的范围是 0°～360°	当旧知识和新体会相遇时，必然会产生冲突，为此想办法提出解决矛盾的可行性方案	对比静态意义下的角和动态意义下的旋转角，认识旋转角的优势所在
思考：生活中有不在 0°～360°范围内的角吗？请举例说明	从实际生活中寻找例子，如体操动作中的角、齿轮旋转中的角	结合熟悉的实例，切实感受角的概念推广的必要性和实际意义	为任意角的概念的提出做好铺垫，搭好平台
规定旋转意义下的正角、负角、零角，将角推广到任意角	重新建构角的知识系统，从动态的角度理解角的概念	角的概念推广了，做好与角有关的概念会随之变化的心理准备	新概念的出现，将带领学生真正进入高中有关三角函数的学习
为了方便，以后经常在直角坐标系内讨论角．你认为这样做有什么好处呢？	将角的三要素中的顶点和始边确定之后，每一个角就都有唯一的终边与之对应了	将角和角的终边对应起来，为后续用集合与对应的观点建立三角函数早做准备	象限角、象限界角、终边相同的角等概念的出现就水到渠成了
思考：角的概念推广以后就会出现很大的角，如果还用度作单位就显得很不方便，你能解决这个问题吗？	类比度量长度的单位制、度量重量的单位制，提出建立一种新的度量角的单位制的设想	角的概念推广之后，第一个要解决的就是重新度量的问题．意识到必须建立新的单位制方能与之匹配	先从直观上（度量很大的角）感受和理解引入弧度制的紧迫感和必要性

教师活动	学生活动	预期目标	设计意图
给出弧度制的定义，填写弧长、旋转方向、旋转弧度数、旋转度数的实验表格，探究度与弧度之间的关系	分组进行数学实验，填写实验表格，得到弧长、圆心角、半径之间的关系式，得到度与弧度的互化关系	定义了新的单位制之后，首要的就是要实现度与弧度的互化问题，其次是将相关的结论用弧度重新表述一遍	角的概念推广后，在弧度制下，角的集合与实数集 **R** 之间建立起了一一对应的关系，这样，离三角函数的建立又近了一步
初中已经学过以锐角为自变量，以比值为函数值的锐角三角函数，你能用直角坐标系中角的终边上的点的坐标来表示锐角三角函数吗？	利用相似三角形的知识，用锐角终边上点的坐标或坐标的比值来重新表述锐角三角函数	能够温故而知新，脱离直角三角形给出锐角三角函数的定义，向集合与对应观点下的三角函数的建立迈进了重要的一步	从边的比值到终边上点的坐标或坐标的比值，实现从初中静态角度的定义到高中动态变量的关系的跨越
锐角 α 的三角函数值与其终边上点 P 的位置有关系吗？你能选取一个特殊的点简化定义式吗？	由相似三角形的对应边成比例可知，与终边上点 P 的位置无关．从求简的角度出发，选择 $|OP|=1$ 的点 P	简化问题，首先考虑从代数式子的结构形式着手，容易看出分母为1便可简化结果，从而引出单位圆	通过层层铺垫，让学生自己提出单位圆，初步认识单位圆的重要作用
既然角已经扩充了，那么如何定义任意角的三角函数呢？	经过类比，用单位圆与角的终边的交点的坐标或坐标的比值来定义任意角的三角函数	彻底解决了任意角三角函数的定义问题，在知识结构上达到了系统、完善	用集合与对应的观点认识三角函数，将三角函数纳入到基本初等函数的大家族中来
借助单位圆，你能得到三角函数的哪些性质呢？	思考、讨论得到三角函数的定义域、值域以及在各个象限内的符号规律	借助单位圆，理解三角函数的简单性质，体会数形结合的魅力	积累用图形研究性质的活动经验，加深对单位圆的理解

教师活动	学生活动	预期目标	设计意图
你能从单位圆出发，探究同角三角函数之间的关系吗？	借助直角三角形和单位圆，尝试得到平方关系和商数关系	将几何关系代数化，以数释形	强化数形结合的思想方法
利用单位圆，探究终边相同的角、终边关于坐标轴对称的角的三角函数之间有什么联系？能否证明？	分组合作，利用单位圆中三角函数的定义探究诱导公式，并利用定义证明	充分利用单位圆的性质，得到三角函数的诱导公式	借助单位圆理解诱导公式，培养学生几何直观的数学核心素养
准备好器材，演示简谐振动实验	体验、观察简谐振动的图像特点	引入正弦曲线、余弦曲线	通过实验得到正、余弦函数图像的直观印象
如何在直角坐标系中画出正弦曲线？	根据周期性，先利用三角函数线画正弦函数在一个周期内的图像	借助正弦线，利用平移描点、连线的技巧画出正弦函数在一个周期内的图像	将函数图像化、直观化，便于研究其他性质
如何快速做出正弦函数在一个周期内的图像？	提炼、寻找起决定性作用的五个点	得到画正弦函数图像的"五点法"	学会一种画正弦函数图像的简便、快速的方法
你能通过正弦曲线得到余弦曲线吗？余弦函数也有"五点法"作图吗？	从余弦线和诱导公式两个角度出发得到余弦曲线	能够发现正弦曲线与余弦曲线之间的关系：它们形状相同，位置不同	会画余弦函数的图像，掌握相应的"五点法"作图方法
根据正弦函数的图像，你能得到它的哪些性质？	研究周期性、奇偶性、单调性、最值、对称性等性质	进一步熟悉利用函数图像研究函数性质的思路和方法	强化数形结合的意识，培养学生直观想象的数学核心素养

教师活动	学生活动	预期目标	设计意图
根据余弦函数的图像,你能得到它的哪些性质?	类比正弦函数性质的研究,容易得到余弦函数的性质	进一步熟悉利用函数图像研究函数性质的思路和方法	继续强化数形结合的意识,培养学生直观想象的数学核心素养
如何得到正切函数的图像和性质?	由于正切函数图像不好直接画,尝试先研究性质,再画简图	体验由形到数和由数到形的异曲同工之妙	提高分析问题、解决问题的逻辑推理能力
给出测量电视塔高度的实际问题	先将实际问题转化为数学问题,再用方程思想分析数学问题	在情境素材中让学生感受实际问题对研究和差角公式的需要	以实际问题为引子,从中提出问题,引入研究课题
如何用任意角 α , β 的正弦、余弦值来表示 $\cos(\alpha - \beta)$ 呢?	凭直觉思维得 $\cos(\alpha - \beta) = \cos\alpha - \cos\beta$, 讨论发现不恒等,再改用单位圆探究结果	学生通过思考讨论不一定能得到正确结果,老师给予适时点拨和指导	理性思维弥补感性思维的不足,明确"恒等"的意义,为推导其他公式做好准备
以两角差的余弦公式为基础,推导两角和的余弦公式,和差角的正弦、正切公式	借助前面学过的诱导公式,推导出其他的和差角公式	对和差角的正弦、余弦、正切公式之间的联系、结构形式有一个整体的认识	通过公式的推导,体会三角恒等变换的特点,培养学生逻辑推理的数学核心素养
根据和差角的正弦、余弦、正切公式,你还能得到哪些恒等关系?	进一步推导出二倍角公式,和差化积、积化和差、半角公式	体会换元、类比、方程的思想方法在恒等变换中的运用	训练学生的数学思维能力,培养逻辑推理的数学核心素养
观察交流电电流随时间变化的图像,它与正弦曲线有何关系?	观察、思考并回答,从直观上感受两个图像之间的相似性	发现相似性,从而激发研究它们之间关系的欲望	创设情境,建立函数 $y = \sin x$ 与 $y = A\sin(\omega + x\varphi)$ 的图像的联系

续 表

教师活动	学生活动	预期目标	设计意图
你认为怎样讨论参数 A，ω，φ 对 $y = A\sin(\omega x + \varphi)$ 的图像的影响？	先分别研究三个参数对图像的影响作用，然后再整合	让学生在坐标纸上动手作图，教师用计算机作图，一动一静，相得益彰	从直观上理解参数对图像的影响作用，培养学生直观想象的数学核心素养
给出几个典型的实际问题，请运用学过的三角函数知识解决	将实际问题转化为数学问题，利用三角函数模型尝试解决问题	体会三角问题在实际问题中的实用性，体会三角函数模型在解决实际问题中的重要性	通过解决实际问题，经历数学建模的过程，培养学生数学建模的数学核心素养

六、教学设计案例

"任意角的三角函数（第1课时）"教学设计

教材分析

三角函数是重要的基本初等函数，它是描述周期现象的重要数学模型．任意角的三角函数是学习诱导公式、三角函数的图像与性质的前提．它不仅是本节的核心概念，也是三角函数内容的核心概念．由于角的概念的推广，锐角三角函数的概念也必然要扩充，任意角的三角函数的概念的出现是角的概念推广的必然结果．

学情分析

在初中，学生学习过锐角三角函数，其研究范围是锐角；其研究方法是几何的，没有坐标系的参与；其研究目的是为解直角三角形服务的．因此，本课的内容对于学生来说，有比较厚实的基础，新课的引入会比较容易和顺畅．学生要面对的新的学习问题是：角的概念推广了，原先学生所熟悉的锐角三角函数的定义是否也可以推广到任意角呢？通过这个问题，让学生体会到新知识的发生是可能的、自然的．

教学目标

（1）借助单位圆理解任意角三角函数（正弦、余弦、正切）的定义，体会类比的方法，培养学生逻辑推理的数学核心素养．

（2）从任意角三角函数的定义出发认识其定义域以及函数值的符号规律，体会单位圆的作用，培养学生直观想象的数学核心素养．

（3）根据定义理解诱导公式一，体会三角函数的周期性．

（4）能初步应用定义分析和解决与三角函数值有关的一些简单问题．

（5）渗透数学文化与数学史，让学生学习数学家刻苦研究的精神．

（6）通过解决新问题，增强学生学习数学的自信心，激发学生学习数学的兴趣．

教学重点

任意角三角函数（正弦、余弦、正切）的定义．

教学难点

用单位圆上点的坐标刻画任意角的三角函数．

学生熟悉的函数是实数到实数的对应，而这里给出的函数首先是实数（弧度数）到点的坐标的对应，然后是实数（弧度数）到实数（横坐标或纵坐标，或纵坐标与横坐标的比值）的对应，这就会给学生的理解造成一定的困难．

授课类型

新授课

课时安排

1 课时（40 分钟）

教学过程

活动一：情境引入

以"风景常在人心，小城自有故事"开场，介绍戈壁明珠——嘉峪关，并适时引用唐代诗人王维的两句诗：大漠孤烟直，长河落日圆．从圆入手让学生动手画图：在纸上任画一个圆，圆心记为点 O，以圆心 O 为坐标原点建立平面直角坐标系 xoy，再任作一个角，使的顶点与原点 O 重合，始边与 x 轴非负半轴重合，记终边与圆 O 的交点为 P．教师带领学生一起分析：给定一个角，无论这个角多大或是多小，它的终边唯一确定吗？再提出角和终边与圆的交点 P 之间又有怎样的对应关系呢？这个问题数学家欧拉在《无穷分析引论》中做过研究，今天我们就来学习这本书中跟这个问题相关的一节内容：任意角的三角函数.

设计意图： 引用唐代诗人王维的两句诗渗透中国传统文化，由直与圆渗透一种哲学理念，由长河落日圆中的圆到数学中的圆，有意识地培养学生数学抽象的数学核心素养. 介绍数学家欧拉及他的著作，渗透数学史与数学文化. 一开始就点出本节课要研究的问题，让学生心中有数，目标明确，并且是数学家欧拉曾经研究过的问题，激发学生学习本节课的热情与欲望.

活动二：温故知新

问题 1 在直角三角形 ABC 中，锐角 A 的正弦、余弦、正切是如何定义的？

请一位同学来回答，然后指出这就是初中学过的以锐角为自变量、以边的比值为函数值的函数.

如果把锐角放到平面直角坐标系中来研究，它的正弦、余弦、正切又是怎样的呢？让锐角 A 的顶点与坐标原点重合，让它的始边与 x 轴的非负半轴重合，记锐角 A 为锐角 α.

问题 2 如果在锐角 α 的终边上任取一个不同于原点 O 的点 $P(x, y)$，你能用点 P 的坐标 (x, y) 表示锐角 α 的正弦、余弦、正切吗？请一位同学来回答.

设计意图： 从建构主义理论来看，学生原有认知结构是新授课的基础，本节课已有的知识储备是直角三角形中锐角三角函数的定义. 教师在这里有意识地培养学生数学建模的数学核心素养，用直角三角形模型在坐标系中解决终边上点的坐标刻画锐角三角函数的问题.

活动三：探究新知

问题 3 在锐角 α 的终边上再任取一个不同于原点 O 和点 $P(x, y)$ 的点 $P_1(x_1, y_1)$，用点 $P_1(x_1, y_1)$ 的坐标表示锐角 α 的正弦、余弦、正切，它们的值会发生改变吗？为什么？

让学生分组讨论，讨论完后请同学代表分享讨论的结果.

设计意图： 将锐角三角函数在直角三角形中迁移到直角坐标系中后，趁热打铁，通过合作探究得到结论：锐角 α 的正弦、余弦、正切值不会随着点 P 在终边上位置的改变而改变. 在这个环节，学生用三角形相似推理得到比值的不变性，有利于培养学生逻辑推理的数学核心素养. 既然锐角 α 的正弦、余弦、正切值与点在终边上的位置没有关系，顺势提出下面问题：

问题 4 能不能给点 P 找一个特殊位置，使得锐角 α 的正弦、余弦、正切的比值在形式上更加简洁呢？

学生略做思考后，请一位同学来回答．得到 $|OP| = 1$ 的结果后，提出：

问题 5 给定一个锐角，在其终边上如何方便地找到使 $|OP| = 1$ 的那个点 P 呢？

学生独立回答或老师引导学生回答出以坐标原点为圆心，以单位长度 1 为半径画圆（指出这个圆叫作单位圆），则圆与角的终边的交点就是要找的那个特殊的点 P．

这时候学生有了一定的成就感，紧接着提出：

问题 6 你能用这个特殊点的坐标再一次表示锐角 α 的正弦、余弦、正切吗？

请一位同学回答并巩固成果，得到了用单位圆与锐角 α 的终边交点的坐标表示的锐角 α 的三角函数，形式非常简洁，对应关系明确．

设计意图：通过寻找特殊位置的点 P 从而简化锐角 α 的三角函数的表示形式，有意识地培养学生的求简意识和数学运算的数学核心素养．

活动四：概念形成

到目前为止，我们一直讨论的是锐角三角函数，可是通过前面的学习知道，角已经推广到了任意角，一个自然的想法是能否用同样的方式定义任意角的三角函数呢？答案是肯定的．

带领学生一起验证这样的定义是满足函数的定义的．因为不论角的终边落在哪个象限，只要角 α 给定，那么角 α 的终边就是唯一确定的，终边与单位圆的交点以及交点的坐标也是唯一确定的，角 α 的正弦、余弦、正切值也是唯一确定的，这非常符合高中集合与对应观点下的函数定义．

设计意图：当角被推广后，任意角三角函数的出现就成了必然，渗透从特殊到一般的处理问题的方法和思路．至此，教学又一次强调了函数定义的关键词：任意一个、唯一确定．这里只研究了象限角，下面把轴线角的情况放到后面定义域的讨论中去，和学生一起给出任意角的三角函数（正弦、余弦、正切）的定义.

我们从角 α 的正切函数的分式形式入手，提出：

问题 7 正切函数中自变量角 α 应该满足什么要求？

得到了任意角 α 的正弦、余弦、正切的自变量的取值集合即定义域后，我们可以发现当 $\alpha = \dfrac{\pi}{2} + k\pi (k \in \mathbf{Z})$ 时，角 α 的终边落在 y 轴上，交点 P 的横坐标 x 等于 0，所以 $\tan\alpha = \dfrac{y}{x}$ 没有意义. 除此之外，对于确定的角 α，三个比值都是唯一确定的，所以，正弦、余弦、正切都是以角为自变量，以单位圆上点的坐标或坐标的比值为函数值的函数，我们把它们统称为三角函数. 由于角和实数是一一对应的，所以，三角函数也可以看成是以实数为自变量的函数.

设计意图：数学概念一般是人为定义的、规定的，但还是要让学生觉得这样定义是合情合理的、水到渠成的. 作为新的函数，首先应该明确它的定义域，定义域优先的原则永远不变.

活动五：定义应用

问题 8 利用任意角三角函数的定义来研究三种函数值在各象限的符号规律. 学生通过分组、合作探究完成.

设计意图：一方面让学生熟悉、巩固任意角三角函数的定义，另一方面强调值域也是函数的一个要素.

当角 α 的终边落在 x 轴非负半轴上时，终边与单位圆的交点坐标为 $(1, 0)$，所以正弦、余弦、正切值分别为 $0，1，0$，其他几种情形留给学生课后完成.

设计意图：课后是课堂的延续，给学生留下课后独立完成的任务，是对新知识的最好复习.

问题 9 用任意角三角函数的定义解决例 1.

通过计算发现公式一，即终边相同的角的同一三角函数值相等. 对如何用任意角的三角函数的定义解决问题的方法步骤进行总结.

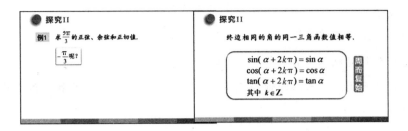

设计意图：让学生进一步体会任意角三角函数的定义，并形成用定义解题的数学能力，增强学生学习数学的成就感，有意识地培养学生数学运算的数学核心素养．

问题10 当条件发生改变时，要求学生仍然用定义去解决例2．

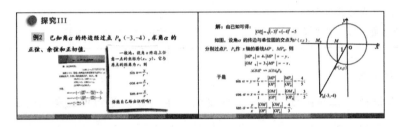

设计意图：例2有点难度，而且解法较多，要求用定义求解，是为了加强学生对定义的理解和应用，进一步熟悉例1中总结的方法步骤．继续有意识地培养学生核心素养中的数学运算能力，渗透化归转化的数学思想．

对例2进行点评和纠正，规范学生的解题过程，并引导学生发现新的结论．

对得到的结论利用信息技术进行正确性验证，严格的证明留待学生课后完成，并对新结论和本节课的定义进行对比，得出二者在本质上是相同的，但单位圆中的定义形式更简洁，对应关系更明确，而且反映本质．

设计意图：虽然有了新的结论，但还是要强调利用单位圆上点的坐标所定义的任意角三角函数的优势，突出本节课乃至本章的重点．

活动六：课堂小结

让学生尝试总结本节课所学到的数学知识，教师点出所涉及的数学思想方法，如数形结合、化归转化、特殊到一般等．

设计意图：学生通过梳理本节课所学的数学知识，形成自己的知识系统，进而内化成自己的知识．教师点出思想方法，让学生在以后的学习中不断领会．

活动七：布置作业

（1）完成课本练习题．

（2）合作完成课本右上角结论的证明．

（3）认真阅读课本的阅读与思考"三角学与天文学"，了解三角在天文学中的作用．

设计意图：课后作业是课堂的一个有效延续，能够及时巩固本节课所学的知识．阅读与本节课有关的历史，有意识地渗透数学文化和数学史，也能够激发学生学习数学的兴趣．

板书设计

任意角的三角函数 任意角三角函数的定义	多媒体 展示区	例题

案例反思

本节课是"三角函数"一章最重要的一节内容，是初中锐角三角函数与高中任意角三角函数的分水岭，是集合与对应观点下的三角函数的建立，是将三角函数看作实数集到实数集的对应的起始，是三角函数图像与性质的基础．鉴于本节课的重要性，在设计时突出了以下几点．

1. 巧设情境，引入课题

在引入本节课的课题时，创设了两个情境．一是唐代大诗人王维的两句诗："大漠孤烟直，长河落日圆"培养了学生的数学抽象的核心素养，融进了直与圆的哲学思想，为单位圆的出场埋下了伏笔；二是介绍了数学家欧拉以及他研究的三角问题，渗透数学史和数学文化，体现了数学的文化功能和育人功能．

2. 层层推进，步步为营

为了突破三角函数的定义这个难点，设计用严密的逻辑问题串分解了难点．从初中学过的直角三角形中的锐角三角函数到直角坐标系中的锐角三角函数，从锐角终边上点的坐标的比值，到单位圆与终边交点的坐标或坐标的比值，一步步建立起了任意角的三角函数的定义，符合集合与对应的观点，于是将其纳入了基本初等函数的系统，为函数的大家庭增添了新的成员．学生在此过程中，认识到了单位圆的重要作用，经历了数学知识再发生、再发展的过程，积累了建立函数定义的活动经验，也培养了学生数学抽象、直观想象、逻辑推理的数学核心素养.

3. 立足定义，再获硕果

将任意角的三角函数的定义这个重点和难点拿下之后，设计利用定义，借助单位圆，顺利地得到了三角函数的定义域，得出了三角函数值在各个象限的符号规律，也从代数的角度给出了三角函数的周期性质，使学生看到了定义的威力，认识到了数学的本质所在.

4. 概念理解，循序渐进

几乎每一个数学概念都是比较抽象的，但同时又都是非常重要的. 所以在对学生的要求上，不能强求，一方面要立足于学生的具体学情，另一方面也要客观地看待数学内容. 三角函数的单位圆的定义要在后续的学习过程中逐步熟练，循序渐进，螺旋上升，切不可也不可能一步到位.

课题研究

下 篇

《基于合作的高中数学教学的探索与研究》结题报告

执笔：何军海（课题负责人）

（甘肃省 2012 年教育科学"十二五"规划课题【2012】GSG184

通过鉴定，并被评为优秀课题）

2010 年秋季学期，甘肃省全面推行高中新课程．我们这个团队——嘉峪关市第一中学 2013 届高中数学学科组，与全省各学校新一届高一教师一道，站在了这次新课改的风口浪尖．踏上第一朵浪花，我们便感到了前所未有的挑战，教材内容、教材结构、教学思想、学生评价等一系列变化甚至变革接踵而至，真有些应接不暇．在接受了国培、省培、市培、校本培训等一系列培训之后，我们便匆匆上岗了．当时我们就提出了以"积极开展合作教学，打造精品教学团队，带动数学学科建设"为主题的规划，并且围绕规划做了很多行之有效的工作，也取得了一些令人振奋的成绩．到了 2011 年 8 月，课题负责人何军海老师参加首届甘肃省陇原名师面试答辩，聆听我省一些教育专家的指导时，更加感觉到学科建设对于一个学校乃至一个地区的学科教学可持续发展至关重要．基于对这一问题的深入思考，结合我校数学教学的实际，团队便确立了"基于合作的高中数学学科建设的探索与研究"的课题，旨在结合我们正在进行的高中数学新课程的教学实践，积累一些关于新课程背景下合作教学的经验，探索一条适合普通高中数学学科建设之路，为创建我校乃至我市品牌学科组打下良好的基础，同时也为课题负责人何军海老师筹建名师工作室做一些操作层面的奠基和准备工作．2012 年 5 月，该课题以《基于合作的高中数学教学的探索与

研究》的定位，被甘肃省教育科学规划办公室立项为甘肃省 2012 年教育科学
"十二五"规划课题，课题编号【2012】GSG184.

根据课题研究实施方案，经过两年合作教学的探索与研究，我们认为课题
研究积累了一定的实践经验，同时也产生了一定的研究成果，每个阶段的研究
工作都扎实有效，基本完成了各项预期任务. 恰逢省规划办组织 2014 年甘肃省
教育科学规划课题集中鉴定之际，课题组将按计划进行结题，现做此结题报告，
以接受专家的指导与斧正.

一、课题研究进程概述

（一）课题的申报与立项

"我们既要做一个有思考力的个体，又要成为一个有合力的团队."在 2010
年秋季学期开学后的一次高一数学新课程教学研讨会上，何军海老师说了这样
一句话. 面对我省首次实施高中新课程，教师个人的单打独斗已经很难适应新
的要求，教师之间的合作越来越成为教学过程中的必须. 在第一学期《必修 1》
和《必修 2》的教学实践中，我们在合作教学上做了一些尝试，同时对新课程
背景下基于合作的高中数学教学的探索研究有了一个初步的设想. 2011 年 3 月，
数学教学进入《必修 3》，算法语言、程序框图、条件及循环语句等以前高中数
学教材从未出现的知识"扑面而来"，尽管之前有过培训，但对于一部分教龄
长的老师，出现了"思路很清晰，表达不流畅"的尴尬局面，于是，我们在集
体备课的基础上，由几位青年教师直接上课，而老教师则走进课堂做起了"学
生"，收到了相当好的教学效果. 老教师和学生一样听课，并没有降低在学生中
的威信，相反，这种谦逊好学的精神感染了学生，也激励了青年教师. 4 月初，
在总结这一章教学的教研活动上，大家一致认为，可以将这种想法和做法形成
一个关于合作教学的教育科研课题，通过课题的探索和研究，在凝聚我们教学
团队合力的同时，进一步总结经验，整体提高教学成绩，实现我校高中数学新
课程教学的开门红. 在做了充分的准备之后，由何军海老师负责，以《高中数
学新课程教学中"合作教学"的探索与研究》为题，申报甘肃省教育科学"十
二五"规划 2011 年度课题，遗憾的是，当年没有通过甘肃省教育科学规划办公
室的立项评审. 课题立项失败后，课题组成员并没有气馁，而是认真反思课题

申报书中的种种不足，如前期的研究成果几乎空白、界定不是特别清晰、操作层面过于狭窄等．但选题的方向应该没错，因为高中新课程毕竟在我省是第一次；选题的来源也应该没错，因为它来自我们自己的教学行为．课题组认为，我们应该对课题充满信心，尽管还未立项，但不能停下探索与研究的脚步，只有执着地坚持，才能发现问题；而只有改正不足，才能继续前行．于是我们合作教学的实践继续进行，也相继取得了一些成果，这为我们申报甘肃省教育科学"十二五"规划 2012 年度课题形成了一定的积淀，同时我们对课题论证中的许多不足之处做了认真的修改与完善，功夫不负有心人，终于在 2012 年 5 月，课题被省教育科学规划办立项．至此，课题研究将伴随着我们第一轮高中数学新课改教学的实践，激励我们策马扬鞭，矢志笃行．

（二）研究的计划与实施

课题的研究目标是在甘肃省开始实施高中新课程改革的大背景下，积极探索合作教学、优势互补、共同提高的教学思路，以课堂教学的有效性为着力点，打造一支优秀的适应新课程的高中数学教学团队，促进我校学科教学水平和教研水平的整体提高，为高中数学学科建设探索一条有效途径．课题研究的主要内容有以下几点：一是基于合作的高效集体备课研究，二是基于合作的跨班级课堂教学模式的尝试研究，三是基于合作的"双反型"教研活动研究，四是基于合作的专业科研能力提高研究．

课题立项后，我们在前期实践的基础上，结合课题申报书中所阐述的研究思路、研究方法、技术路线和实施步骤，制订了课题研究计划和实施方案，并且在两年的探索实践周期内，严格按照方案进行课题研究．同时课题负责人通过阶段性任务的安排与汇报等一系列提醒督促的措施，让课题组的每一个成员时刻明白这一课题该走几步、哪一步该怎样走、这一步要走多长时间、要得到什么样的结果、获取什么样的材料等．

例如，课题计划中"合作教学的实践总结和理论探索阶段"的要求，根据我们从《高中数学必修 3》中"基本算法语言"、《必修 4》中"三角函数模型的简单应用"、《必修 5》中"简单的线性规划"等内容入手尝试的学科合作教学的反馈与反思，每位成员撰写相应的研究成果论文或教学案例，从整理出的相应成果来看，还是有一定的质量的．

再如计划中"在总结前期合作教学成功经验的基础上，以备战 2012 年 6 月进行的甘肃省第一次高中数学学业水平考试为契机，进一步落实备考阶段的集体备课的高效性，总结一套适合我校特点的高中数学学业水平考试复习法案，同时整理一册《高中数学学业水平考试考点训练专题》".实践证明，课题组超预期完成了任务.

还如计划中"通过课题研究，从局部有效课堂走向全面的高效课堂着力提升学科教学团队的专业素质"，课题组成员的快速成长以及他们在教学竞赛和高考成绩方面的突出表现就是最有效的成果.

（三）研究的过程与活动

课题研究过程中采用"行动研究法""个案研究法"和"课堂实验法"相结合的方法，适当降低起点，预期提高落点.

课题研究的技术路线是以教学过程中的教学媒体为自变量，以教师团队的专业成长为因变量，以合作教学的实施为控制变量，不仅关注实际过程的体验，更重要的是完成了相应的理论生成.

课题立项后确定的研究周期为两年（2012 年 4 月—2014 年 4 月），而实际研究时间应当从 2011 年 3 月算起.在历时三年的研究过程中，课题组结合教学实践，开展了很多有关的活动.我们深深地感受到：课题研究是一项阶段性要求很强的工作，过程管理至关重要，而过程运行需要以活动为节点，归纳起来，课题组主要是围绕以下活动来推动研究过程的.

1. 阶段反思性活动

在课题论证时，我们首次提出基于合作的"双反型"学科教研模式的研究，即教学反馈和教学反思相结合.因此，在课题研究的每一个阶段，反思性活动的开展是经常性的，至少每月进行一次有针对性的专题反思活动.例如，高一第二学期，在进行《必修 3》中"古典概型"的教学时，在给不给学生增加一些有关计数原理和排列组合知识的问题上，老师们产生了很大的分歧，课题组及时组织了题为"怎样教给高一学生在古典概型的背景下数数？"的专题反思教研，首先让老师们把自己的想法、做法以及学生在这种做法之下的可接受度展示出来，然后通过集体备课，拿出两套教学设计方案，再由两名教师分别执教，课题组其他老师进课堂做观察员，将学生的认知状况和教学效果反馈回来,然后课题组再进行集体反思,根据不同班级层次确定方案.最后达成共识:除奥赛班可以适当提前介绍排列组合知识外,其他班级还是要强化常规的列举法训练,不宜太早进入"排列组合"状态.像这样的阶段性反思活动,在课题组三年的教学实践和课题研究中,比比皆是,而且每次都有新发现.

2. 成果汇报性活动

课题研究是一项阶段性很强的工作,而阶段性成果的汇报与交流则是推动研究进程的有效活动.本课题研究的主体就是教师之间的合作教学,汇报与交流尤为重要.在课题研究的两年周期内,我们共举办了5次成果汇报活动,在关注既定成果按期完成的同时,充分重视"通知"性活动背景下的成果创新.例如,2012年秋季举行的第十六届全国多媒体教育软件大赛,课题组接到通知后,非常重视,课题负责人要求课题组的年轻教师必须参加比赛,最终我们共报送作品6件.12月评奖结果揭晓,2个课件获得甘肃赛区二等奖,其余4个都获得三等奖.由于没有一等奖产生,因此课题组对这一结果并不满意,2013年1月,课题组针对课件参评情况策划了一项专题"成果汇报"活动,每位成员展示自己的课件,自我剖析课件中的不足,然后其他成员互评,同时还请了一些专家进行点评,达成共识后将课件进行修改.虽然不再得奖,但整体提高了课题组课件的创作水平,这才是合作互补,共同提高的真谛.一位请来的老师这样告诉课题负责人:你们这哪是成果汇报活动?分明是一次挑刺活动.

3. 研究观摩性活动

我们的课题研究的是基于合作的高中数学教学,合作教学涉及教学过程的每一个角落:有课堂教学中的合作,有作业批改中的合作,有考试评价中的合作,也有研究性学习中的合作.比如,课堂上如何尝试教师之间的合作,这样的合作有没有可取之处?仅靠课题组内部的"自娱自乐"是不够的.因此,课题组必须组织观摩活动.将合作教学的实践呈现出来,让更多的同行给予评价.为此,课题组与嘉峪关市一中数学学科组联合,每学期至少举行一次"合作教学"研究观摩活动.学校数学组共25名教师,这个团队中优秀教师很多.在观摩活动中,他们的每一次鼓励、每一个建议、甚至每一个批评,对课题研究都是一个不小的推动.例如,有一次合作教学观摩课,是由何军海老师和甄荣老师在奥赛班完成的,教学过程中有一个用Excel作函数图像的片段,虽然何老师是奥赛班的数学教师，但对 Excel 作函数图像显然是生疏的，而甄荣老师作为刚毕业的大学生，在这方面有明显的优势．师徒经过精心备课，默契配合，上了一堂非常好的观摩课，不仅观摩的老师交口称赞，学生们也非常叫好．一次观摩课，让奥赛班的学生与年轻的甄老师成为好朋友．当然，我们也应当指出，作为课题研究的合作教学，其所倡导的教师教学活动中的"合作"是潜在的，也就是我们在课题中所定位的"基于合作"，绝不能动辄就在课堂上进行"合作教学"的作秀式观摩，否则就事与愿违了！

4. 团队合作性活动

我们所提倡的合作教学研究，其出发点和落脚点都是关注教学团队合作背景下的学科建设，因此团队合作性活动也就成为过程中必不可少的活动了．例如，2011 年 9 月，课题组成员卢会玉老师要去参加甘肃省首届高中数学"同课异构"课堂教学竞赛，这是我省实施高中新课程实验后的第一次课堂教学竞赛，其目的是对全省新课程改革之后的高中数学课堂教学进行一次检阅．接到通知后，课题组确立了"打造精品，展示自我"的目标，将课题研究活动的重心转移到集体备战教学竞赛上．因此，从教学目标的确定到教学素材的收集，从教学计划的修改到多媒体课件的制作，从教案的形成到课堂的实践，都经历了课题研究团队合作性活动的砥砺，每一次的活动，大家都能看到一些闪光点，或找到一些不足之处，也都能提出一些有用的建议．经过多次的修改与完善，这个课例逐步成熟，加之卢会玉老师在兰州参赛时的出色表现，最终，她以全省第一名的成绩获得了一等奖，在受到省专家评委高度评价的同时，也得到了来自全省现场观摩的老师们的大加赞扬．由于当时教学紧张，课题组只有甄荣老师陪同参赛，未带摄像设备．就在惋惜之际，一位不知名的老师录下了整个教学的全过程，事后寄给我们，表示这堂课深深地打动了他．而我们也恰好得到了一个课堂实录，成为课题研究的成果，真诚地谢谢这位老师！

二、课题研究成果概述

（一）理论提升性成果——系列论文

"系列论文"是课题研究计划中所列的重要的研究成果，在课题研究过程中，每一位成员都特别重视探索与实践下的理论提升，积极撰写论文．两年内课题组共公开发表相关论文 9 篇，在甘肃省教科所组织的全省教育教学论文评选活动中获奖 4 篇．这些论文从不同侧面提炼了基于合作的高中数学教学中的做法和经验，初步形成了课题研究的一些理论性成果，我们将在今后的教学中进一步完善：

（1）课题负责人何军海老师撰写的论文《关于在高中新课程实验教学中实施"合作教学"的思考》在《新课程学习》杂志 2012 年第 12 期发表，文章中已注明为甘肃省教育科学"十二五"规划课题成果，课题编号【2012】GSG184，本文在 2011 年 11 月甘肃省教科所组织的全省教育教学论文评选活动中获二等奖．

（2）课题负责人何军海老师撰写的论文《横看成岭侧成峰——评卢会玉老师的一节"指数函数及其性质"竞赛课》在《甘肃教育》2012 年第 9 期发表，同时山西省教育科学研究院《教育理论与实践通讯》以摘自《甘肃教育》2012年第 9 期的形式收录此文．

（3）课题组成员卢会玉老师撰写的论文《浅谈合作学习与独立思考的关系》在《学周刊》2014 年第 2 期发表．

（4）课题组成员卢会玉老师撰写的论文《浅谈在新课程背景下数学教师的相互合作和资源共享》在 2011 年 11 月甘肃省教科所组织的全省教育教学论文评选活动中获三等奖．

（5）课题组成员李金宝老师撰写的论文《如何求终边在射线上、直线上区域角的集合》在《新课程》2012 年第 4 期发表．

（6）课题组成员甄荣老师撰写的论文《新课程背景下高中数学教师的合作教学》在《考试周刊》2013 年第 40 期发表．

（7）课题组成员甄荣老师撰写的论文《浅谈高中数学教师的合作教学》在2011 年 11 月甘肃省教科所组织的全省教育教学论文评选活动中获一等奖．

（8）课题组成员冯玉娟老师撰写的论文《源于通径，归于通径》在《数学通讯》2013 年第 4 期发表．

（9）课题组成员冯玉娟老师撰写的论文《对线段的定比分点的新探讨》在2011 年 11 月甘肃省教科所组织的全省教育教学论文评选活动中获一等奖．

（10）课题组成员李金宝老师撰写的论文《递推式数列通项求法》在《数

理化解题研究》2012 年第 7 期发表.

（11）课题组成员李金宝老师撰写的论文《例谈待定系数法求数列通项》在《数理化解题研究》2013 年第 3 期发表.

（12）课题组成员李金宝老师撰写的论文《吃透考题，应对高考》在《理科考试研究》2013 年第 12 期发表.

（二）实践探索性成果——教学案例

教学实践是课题研究的主体部分，能够反映课题研究活动中实践探索性成果的主要成果就是"教学案例"，包括教学课件. 在研究周期内，有 5 个教学课件在第十六届全国多媒体教育软件大赛中获甘肃赛区奖项；3 个教学案例在甘肃省 2012 年"数字校园杯"信息技术与课程整合优秀论文与教学案例设计比赛中获教学设计奖；2 个教学案例公开发表，同时课题组成员还结合课题研究实践，整理出了 8 个有一定水平的合作教学案例，丰富了此项成果：

（1）课题组成员卢会玉老师的教学课件"人教 A 版必修一·指数函数及其性质"在第十六届全国多媒体教育软件大赛中获甘肃赛区三等奖.

（2）课题组成员甄荣老师的教学课件"人教 A 版必修三·几何概型"在第十六届全国多媒体教育软件大赛中获甘肃赛区二等奖.

（3）课题组成员刘小兵老师的教学课件"人教 A 版必修三·概率的性质"在第十六届全国多媒体教育软件大赛中获甘肃赛区三等奖.

（4）课题组成员冯玉娟老师的教学课件"人教 A 版必修四·函数的周期性"在第十六届全国多媒体教育软件大赛中获甘肃赛区三等奖.

（5）课题组成员卢会玉老师和甄荣老师合作的"指数函数及其性质"在甘肃省 2012 年"数字校园杯"信息技术与课程整合优秀论文与教学案例设计比赛中获教学设计一等奖，该课例发表于《嘉峪关教育》2012 年第 1 期.

（6）课题组成员甄荣老师完成了合作教学案例"人教 A 版必修三·计算机技术支持下的算法初步".

（7）课题组成员冯玉娟老师完成了合作教学案例"人教 A 版必修五·简单的线性规划".

（8）课题组成员刘小兵老师完成了合作教学案例"人教 A 版必修二·直线与圆的位置关系"和"人教 A 版选修 2 - 2·导数的几何意义".

（9）课题组成员积极参加 INTEL 未来教育核心课程培训，共同合作完成 2012 年表彰及应用成果.

（10）课题组成员合作指导学生开展研究性学习，撰写了相应的研究性学习成果报告.

（11）课题组成员合作编写了学校选修课教材《数学史话》，并在学校教学中使用.

（三）合作应用性成果——竞赛课例

课题组在合作教学探索与研究的周期内，甘肃省首届高中数学"同课异构"课堂教学竞赛恰好在 2011 年 9 月举行，这是我省实施高中新课程实验后的第一次课堂教学竞赛，其目的既是对全省新课程改革之后的高中数学课堂教学进行一次检阅，也是我省参加"第六届全国高中青年数学教师优质课观摩与展示"教师的选拔活动，应该说机遇与挑战并存，是对我们的课题进行检验的一次绝好的机会. 可以说基于合作的教学研究在这次竞赛活动中成果凸显：卢会玉老师执教的"人教 A 版必修一·指数函数及其性质"，以全省第一名的成绩获得了一等奖，在受到省专家评委高度评价的同时，获得了甘肃省参加"第六届全国高中青年数学教师优质课观摩与展示"的资格. 2011 年 11 月，在黄山举行的"第六届全国高中青年数学教师优质课观摩与展示"活动中，卢会玉老师所执教的课例"向量法的应用"荣获一等奖. 现场的专家是这样评价的："甘肃省嘉峪关市第一中学青年教师卢会玉的现场录像课"平面几何中的向量方法（第一课时）"，被推荐参加第六届全国高中青年数学教师优秀课观摩与评比活动，这对于一名基层学校的青年数学教师来说，无疑是一件幸事. 我们应当相信一句话：机会总留给有准备的人. 无论是体会卢会玉老师的整个课例设计，还是欣赏其课堂教学实录，都会很快地让我们融入一种自然和谐，但又跌宕起伏的课堂教学的美景之中，新意浓烈但又不乏传统积淀；欲擒故纵但又张弛有度. 虽然甘肃省第一次实施高中新课程，但置身于卢老师的课堂教学中，我们会感受到高中课程改革的春风扑面而来，也许这便是特色所在."另外，课题组成员甄荣老师在嘉峪关市第一中学 2012 年青年教师基本功考核中，获得第一名的好成绩，都应是课题组合作研究的成果体现.

（四）课题生成性成果——学考专题

课题申报书中计划：以备战 2012 年 6 月进行的甘肃省第一次高中数学学业水平考试为契机，进一步落实备考阶段集体备课的高效性，从学科建设的高度出发，总结一套适合我校特点的高中数学学业水平考试复习法案，同时整理一册《高中数学学业水平考试考点训练专题》，经过完善后争取在全校推广．回头看在这一阶段所走过的研究之路，我们是真正实现了集体备课的高效性，合作教学的优势得以充分发挥，取得了非常丰硕的成果：嘉峪关市高中数学学业水平考试的四项指标（A 等率、B 等率、优良率、平均分），我们均为第一，如图 1 所示．

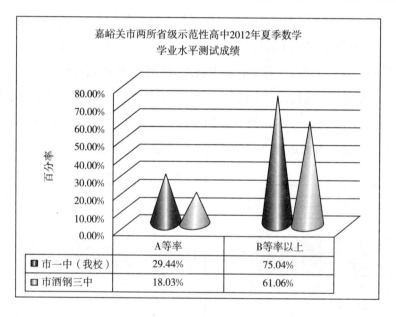

图1

同时我们计划的《高中数学学业水平考试考点训练专题》也整理完成，并在全校推广使用，2013 年高中数学学业水平考试，我校又取得了四项指标均为第一的好成绩．马上又要到 2014 年高中数学学业水平考试的时间了，我们期待着这一届学生使用成功．之后，课题组计划在 2014 年 9 月之前，对《高中数学学业水平考试考点训练专题》进行修改，以更好地适应今后的高中数学学业水平考试要求．

（五）研究推动性成果——教师成长

伴随着 2013 年 6 月的脚步，甘肃省实行高中新课程改革后的第一次高考如约而至，课题组的老师与他们朝夕相处的学生一道，将接受高考的检验，嘉峪关市一中整体高考数学成绩将是衡量我们合作教学研究成果的重要数据，也是见证课题组团队建设和青年教师成长的有效指标．功夫不负有心人，高考成绩揭晓，我校数学高考成绩优异，文理科均为全市第一名；由课题组全体成员构成的2013届数学学科组，被评为嘉峪关市一中优秀学科组，卢会玉老师被评为优秀学科组组长；何军海、李金宝、甄荣、刘小兵均被评为2013年度嘉峪关市一中优秀教师；2013年11月，卢会玉老师被评为人教A版高中数学课程实验"优秀实验教师"；2012年5月，何军海老师被甘肃省教育科学研究院聘为"学科教学研究专家"；2013年7月，何军海老师获得甘肃省教育科研先进个人荣誉称号；2014年3月，卢会玉老师被嘉峪关市教育局授予"巾帼建功"先进个人光荣称号．2013年12月，甘肃省教育厅成立了甘肃省高中新课程教学实验研究基地，嘉峪关市一中成为以西北师大吕世虎教授领衔的数学基地学校，何军海老师成为基地成员，这与课题组团队的努力是分不开的．我们可以自豪地说，基于合作的高中数学教学的探索与研究，有力地推动了教学团队的建设和青年教师的成长．

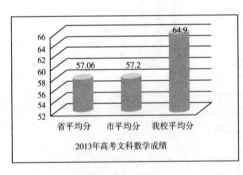

2013年高考文科数学成绩

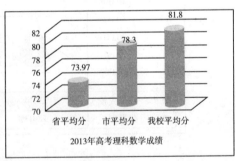

2013年高考理科数学成绩

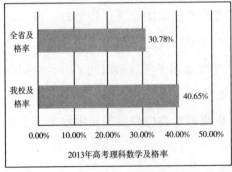

2013年高考理科数学及格率

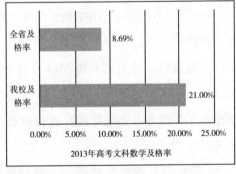

2013年高考文科数学及格率

图2 课题研究带给我们的启示

　　课题研究伴随着甘肃省全面实施高中新课程改革实验的脚步和嘉峪关市一中 2013 届学生的数学教学，走过了近三年的实践与探索之路．结题在即，回望走过的每一步，给人的感动不仅来自课题组的每一位教师的投入，同时也来自学生们的密切配合，真可谓教学相长，尤其是这一届学生的数学学业水平考试（相当于会考）和高考数学成绩，创造了我校历史上的最好水平，这就充分见证了课题研究的成果．同时，在课题研究的进程中，全省乃至全国优秀课的产生、系列论文的发表与获奖、优秀教学案例（课件）的完成等阶段性成果，极大地丰富了课题的内涵．一路走来，在留下许多美好回忆的同时带给我们不少的启示，现写下几点与各位同仁分享：

1. 合作教学不能只停留在集体备课层面

　　我们所提出的"基于合作的高中数学教学的探索与研究"，主要是研究在教学过程中的教师之间的合作教学．长期以来，集体备课作为教师合作研究的一种有效方式，在教学团队中得以广泛地应用，也收到了良好的效果．因此，绝大部分学校将集体备课纳入教学管理的基本动作，同时也作为学科组（备课组）考核的必备条款，这本无可厚非．然而，如果教师的合作教学只停留在集体备课（抑或只是统一教案）的层面上，那么，合作教学将会因为形式的单调和内容的单一而减弱其实效性，甚至可能扼杀教师课堂教学的个性．课题中阐述的"合作教学"，内容比较丰富，内涵也比较充实，既涵盖了教学团队在课前的集体研磨，也提倡教学过程中的优势互补，还倡导教育科研中的团结协作，只有这样，合作教学才能推动教学团队整体素质的提高，从而促进学校的学科建设．

2. 合作教学是促进青年教师成长的有效途径

　　青年教师成长是一个学校可持续发展的源动力，而学科教学团队则是青年教师成长的一个平台．在这个平台上，他们需要的不仅仅是虚心的学习，更需要接受不同挑战的历练，而我们所提出的合作教学的实践研究，恰如适合这种历练的一片沃土，能更好地促进青年教师的成长．课题组除了何军海和李金宝老师外，其余都是 80 后，卢会玉老师在课题研究的进程中，不仅新课程背景下的"同课异构"教学竞赛在全省独占鳌头，而且 2012 年 9 月接任的高三奥赛班的数学高考成绩也非常优异，已成为我市高中数学教师中的名师；甄荣、刘小兵两位年轻人，走上讲台的第一轮教学就进入合作教学研究团队，他们的睿智和聪明带给课题团队诸多活力，同时课题研究实践团队也帮助他们快速成长，如今，他们已经成为我校各年级争相聘任的"香饽饽"数学教师．因此，我们有理由说，合作教学是促进青年教师成长的有效途径．

3. 合理把握课题研究实验教学和常规课堂教学之间的拟合度

基于合作的高中数学教学的探索与研究，是一项教学实验探究性课题，而教学实验的主阵地是课堂教学．因此，以合作实验为背景的课堂教学也就成为课题研究周期内课堂教学的一部分．那么，如何将课题研究实验课在常规课堂教学中进行合理渗透，或者说如何合理把握课题研究实验教学和常规课堂教学之间的拟合度，将是课题研究进程中一直需要关注的问题．课题组认为，新课程背景下高中数学教学课时相对紧张，而且课堂教学提倡学生自主化学习是教学改革的主旋律，课堂的主角应当向学生倾斜．换句话说，教师与学生之间的有效合作也许是最重要的，我们课题所探索的教师之间的合作教学自然不能喧宾夺主．因此在进行基于合作的课题研究实验教学时，我们选择"点"的渗透，而没有进行"面"的推广．比如在我们使用的人教 A 版高中数学教材必修和选修共 8 册书中，每册至多选择 2 节课作为课题研究实验课进行合作教学，通过合作教学后的反馈分析，提炼出课题研究所需要的素材，同时发现合作教学中存在的问题，带着问题来确立下一个合作教学的实验课题及实验班级．我们并没有因为实验研究而影响了常规的课堂教学，很好地把握了两者之间的关系，这也为将来进行课题研究提供了一些必要的启示．

三、课题研究过程中存在的不足

经过课题组成员的共同努力，课题《基于合作的高中数学教学的探索与研究》按计划如期结题，基本上完成了预期目标和任务，在论文、课件、案例、课赛、高考等诸方面都取得了可喜的成绩，尤其是通过合作教学研究，在整体推动青年教师成长的进程中，可以说是硕果累累．在课题组关于结题的研讨会上，大家在总结成功经验的同时，反思课题研究将近三年来所走过的路，也看到了一些不足，甚至在有些环节还留下了败笔．大家一致认为，将存在的不足和失败的教训总结出来，应当也是课题研究的财富，至少在今后的课题研究中，可以引以为戒.

（一）合作教学的课例研究欠缺理论高度

在课题研究的周期内，我们所确立的合作教学的课例，在课堂教学实践中，都进行了探索与研究．从教学案例的集体形成，到主讲教师与合作教师的确定，再到教学实验的具体实施，每一个环节都按照计划进行，而且也取得了良好的教学效果，积累了一定的实践经验．然而结题在即，当我们以教育科研的视角，重新审视这些教学案例，尽管有些案例还在省级比赛中获奖，但总体感觉好多地方仍然停留在操作层面，没有上升到一定的理论高度，同时也缺乏一定的思想深度．有时我们也在反思，毕竟我们所从事的初等教育，尤其是在高考魔棒下的高中数学教学，学生得到分数才是硬道理，这种背景下尽管是新课程改革实验，也没有办法触及理论深度，因此，我们认为，课题研究实践经验性总结还是丰富的，但思想理论性提升还相当欠缺．

（二）课题研究的活动过程欠缺痕迹意识

情景再现：课题负责人何军海老师通知，今天下午第一节课，按计划在高一（1）班（何老师代课的奥赛班）进行合作教学研究实验课，课题为"算法与程序语言"，甄荣老师为主讲教师，刘小兵，冯玉娟为合作教师，何军海，李金宝，卢会玉为观摩教师．接到通知，下午三点准时上课，无论是主讲教师、合作教师、还是观摩教师，大家都非常投入……不知不觉下课了，大家积极研讨之后，才发现连一张照片都没有留下，更不用说是录像了！这样的情景出现过好几次，当然有时候是条件所限，但总的来说，在课题研究进程中，资料收集不够及时，痕迹意识淡薄，造成了结题中缺乏生动直观的素材．结题时也有的老师建议"补照"几张活动照片，或者补作几节课堂"实录"，以增加课题成果的观赏性．课题组经过讨论，一致认为，如果这样作秀，无疑与课题研究的初衷相背离，总让我们有如蝇在喉的感觉，就将这份缺憾留下吧．

（三）研究成果的提炼规整欠缺统筹思想

我们所构想的《基于合作的高中数学教学的探索与研究实验报告》总体分为三个层次：开题报告、中期报告和结题报告．应当说还是非常完整的，特别是结题报告中对课题研究成果的归纳，一定程度上还是体现了课题组的总结能力：

（1）理论提升性成果——系列论文.

（2）实践探索性成果——教学案例.

（3）合作应用性成果——竞赛课例.

（4）课题生成性成果——学考专题.

（5）研究推动性成果——教师成长.

然而，从整个课题研究成果的提炼和规整看，课题仍缺乏较为系统的统筹思想，所谓居高临下，容易看到不足：如课题组成员发表与获奖的论文、完成的教学案例等，结题报告中还是选择了传统的列举性的展示，没有找到更为有效的方法进行归类统筹，以使得成果展示更加科学，更加清晰，这也是我们今后课题研究中应当注意的.

又是一年春来早，四月的嘉峪关虽然还有些寒意，但柳树枝上已是绿芽吐蕊了.我们的课题经过了两年多的研究历程，将伴随着这春天的绿意结题了，尽管还存在着许多不足，但我们相信，专家们会用发展的眼光来看待这个课题，因为春天到了，只要种子发芽，成果就会有所希望，课题组全体成员将期待课题通过鉴定的时刻！同时，我们也清醒地认识到，教育科研课题研究将永远与我们的教育教学相伴.作为一名高中数学教师，在我省全面实施高中新课程改革的大潮中，既要做一名优秀的教育实践者，又要力争成为一名出色的教育研究者，这不仅是新形势下教师队伍建设的基本要求，也是教师自身成长的刚性需要.我们《基于合作的高中数学教学的探索与研究》课题研究团队，就是想给每一位参与者以这样的自信和自觉，无论是课题研究中获得的成功体验，还是不足所带来的困惑，都会成为课题组每一位成员的财富.相信在今后课题研究的道路上，他们会更加成熟，会走得更加稳健，特别是年轻教师，因为成长才是硬道理.

《数学探究、数学建模活动与课堂教学
关系的案例研究》结题报告

执笔：卢会玉（课题负责人）

（甘肃省教育科学"十二五"规划 2015 年度"陇原名师"专项课题
GSGB［2015］MSZX138 通过鉴定，并被评为优秀课题）

从 2010 年甘肃省全面实行新课程改革到今天，我们没有了最初的迷茫和无助，如今的我们有了更多的自信．在一边学习一边反思教学的过程中，我们深切地体会到渗透在每节课中的数学探究的魅力，也体会到数学建模对学生的深远影响．而在 2015 年 9 月份，嘉峪关市第一中学数学组有幸参与了为 2017 年全面推行新一轮的新课程而做的《普通高中数学课程标准》的修订与调研活动，我们注意到新一轮的课程标准更加重视数学探究和数学建模的作用以及深远的意义．新课程中设立了"数学探究""数学建模"的学习活动，让学生体验数学发现和创造的历程，促进了学生逐步形成应用数学的意识，让学生获得新知识的同时，提高了学生的思维能力，培养了学生自觉运用数学知识解决实际问题的能力，最终使学生养成了良好的数学素养，为他们将来成为具有创新精神和实践能力的人才打好基础．基于对这一问题的深入思考，并结合我校数学教学的实际，笔者确立了"数学探究、数学建模活动与课堂教学关系的案例研究"的课题，旨在结合我们正在进行的高中数学新课程以及即将到来的新一轮课程改革的教学实践，探索一条关于新课程背景下"数学探究、数学建模"的教学之路．2016 年 4月，我们申报的课题《数学探究、数学建模活动与课堂教学关系的案例研究》，被甘肃省教育科学规划办公室立项为甘肃省教育科学"十二五"规划 2015 年度

"陇原名师"专项课题，课题编号 GSGB【2015】MSZX138.

根据课题研究实施方案，经过两年合作教学的探索与研究，我们认为课题研究积累了一定的实践经验，同时也产生了一定的研究成果，每个阶段的研究工作扎实有效，基本完成了各项预期任务. 恰逢省规划办组织课题集中鉴定之际，课题组将按计划进行结题，现做此结题报告，以接受专家的指导与斧正.

一、课题研究进程概述

（一）课题的申报与立项

课题负责人卢会玉老师在上大学时，参加过数学建模比赛，又紧张刺激又充实美好的几天时光给她留下了不可磨灭的印象. 她说最大的感受就是团队成员间的分工合作从不和谐到和谐的特别体验，以及拿到题目后从分析问题到解决问题这个过程中的成就感和喜悦感. 所以，她非常重视平时教学中的数学探究和建模的渗透. 但是中学数学教学在很长一段时间里对于数学与实际、数学与其他学科的联系未给予充分的重视，导致许多学生觉得"数学除了高考别无他用". 大部分同学学习了 12 年的数学，没有形成起码的数学思维，更不用说用创造性的思维去发现问题和解决问题了.

而开展数学探究和数学建模教学，可以促进课堂教学的转变，由讲授式教学到启发诱导、学生参与的双边共同活动的转变；也可以促进学生学习方式的转变，使学生由被动接受学习向自主探究学习转变，由单独学习到多向学习转变. 开展数学探究和数学建模教学还能有效地培养学生的合作协调能力，这种能力是今后工作所必须的. 鉴于此，从 2015 年 8 月，我们几位老师一起开始初步研究数学探究和数学建模到底应该如何融入到课堂教学当中，甚至还发表了相关的文章. 2015 年 9 月份，嘉峪关市第一中学数学组有幸参与了为 2017 年全面推行新一轮的新课程而做的《普通高中数学课程标准》的修订与调研活动，我们注意到新一轮的课程标准更加重视数学探究和数学建模的作用以及深远的意义. 这更加让我们坚定，课题《数学探究、数学建模活动与课堂教学关系的案例研究》有一定的研究价值，因为课题的目标就是积极探索"数学探究与数学建模活动与高中数学课堂教学关系"，以数学探究和数学建模的问题为着力点，重视思考过程，强调不同人可以用不同的方式解决问题，从而激发学生学习数学的兴趣，让学生增加自信，自觉地学数学、爱数学、用数学．从《普通高中数学课程标准》的修订与调研活动后，我们的教学实践不断进行，也相继取得了一些成果，这为我们申报甘肃省教育科学"十二五"规划 2015 年度"陇原名师"专项课题产生了一定的积淀．同时，我们对课题论证中的许多不足之处进行了认真的修改与完善，功夫不负有心人，终于在 2016 年 4 月，课题被省教育科学规划办立项．至此，课题研究将伴随着高中数学新课改教学的实践，我们知道来路，也清楚方向．

（二）研究的计划与实施

本课题研究的主要内容有以下几点：一是新课程背景下所涉及的数学探究和数学建模的具体归纳和划分，探求数学探究问题和数学建模问题的设计与开发；二是不同学校、不同生源、不同班级课堂教学中探究与教学的关系研究；三是数学建模与教学关系教研；四是数学探究与数学建模的研究对于教师专业科研能力提高的研究．

课题研究思路是紧密结合我们所进行的高中数学新课程的教学，充分利用课本中的探究问题和数学应用问题，积极推进数学探究与数学建模选修课的设立．通过数学建模选修课，让学生用数学的眼光去看待身边的世界，从实际生活中发现问题、研究问题，在解决问题的过程中培养学生的创新意识和创新能力，同时，为数学探究与建模教学的实践与研究探索一条可行之路．

课题立项后，我们结合课题申报书中所阐述的研究思路、研究方法、技术路线和实施步骤，制订了课题研究计划和实施方案．比如课题计划中"数学探究和数学建模与课堂教学关系的总结与理论探索阶段"的要求，就以"几种不同增长的函数模型"和"三角函数的图像与性质"等内容入手，尝试进行数学探究和数学建模的教学反馈与反思，每位成员撰写相应的研究成果论文或教学案例，从整理出的相应成果来看，还是有一定质量的．再如计划中"在总结前期教学成功经验的基础上，以团队成员冯玉娟老师备战参加甘肃省"龙杯"·第五届中小学幼儿园教师教学技能大赛《2.2.2 对数函数及其性质》为契机，进一步落实团队合作的高效性，最终冯玉娟老师荣获省级第四名，虽然有遗憾，但可以说课题组圆满完成了预期任务．还如计划中"通过课题研究，从局部有效课堂走向全面的高效课堂着力提升学科教学团队的专业素质"，课题组成员的快速成长以及他们在教学竞赛方面的突出表现就是最为有效的成果.

（三）研究的过程与活动

课题研究过程采用"对比实验法""问卷调查法""行动研究法""个案研究法"和"教育经验总结法"相结合的方法，对"数学探究与数学建模活动与高中数学课堂教学的关系"进行深入的研究. 课题研究的技术路线是以教学过程中的教材提供的案例和背景材料为出发点，引导学生在学习数学知识、技能、方法、思想的过程中发现和提出自己的问题，独立或与他人合作利用查询资料、收集信息等方法加以研究. 教师成为学生进行数学探究的组织者、指导者、合作者，不仅要关注实际过程的体验，更重要的是要完成相应的理论生成.

课题立项后确定的研究周期为两年（2016 年 4 月—2018 年 4 月），而实际研究时间应当从 2015 年 8 月算起，在历时两年半的研究过程中，课题组结合教学实践，开展了很多有关的活动. 我们深深地感到：课题研究是一项阶段性要求很强的工作，过程管理至关重要，而过程运行需要以活动为节点，归纳起来，课题组主要是围绕以下活动来推动研究过程的.

1. 调查研究活动

在课题立项之前，我们已经进行了一次非常全面的问卷调查，包括学生对高中数学的认识、学习方面的掌握、数学中哪一类问题最难等多个方面，特别是从高中生对数学建模、数学探究的了解程度，新课程中加入数学建模、数学探究对高中生数学应用能力有何影响，学生对新教材数学应用与建模的看法怎样等各个方面具体做了调研，旨在了解学生对"数学建模和数学探究"的认识有多少，情况如下（见表1）：

表1 学生对数学的态度

调查项目	高一	高二
数学抽象、不喜欢数学	20.3%	11.2%
除考试外，数学没有什么用	27.1%	12.7%
数学可解决日常生活或其他学科的问题	23.7%	44%
数学对多数人没有用，只对少数人有用	24.8%	22.4%
喜欢数学，认为它很美、很重要	4.2%	9.7%

由表1可见，高一学生、高二学生分别有20.3%、11.2%的学生认为数学抽象、不喜欢数学．由此可知，随着新课改的实施，学生对数学的消极态度有所改观．同时也可以看到有22.4%的高二学生和24.8%的高一学生认为数学虽重要，但对多数人没有用．可见，学生的数学应用意识比较低，对应用方面比较迷茫．但是随着新课程的理念的渗透，情况有所好转．

表2　数学习题中最难的一类题

题型	高一	高二
计算题	12.5%	8.4%
应用题	35.2%	59%
其他	54.5%	32.6%

由表2可见，学生对数学应用题这种结合实际的题存在一定的恐惧心理，除了认为计算题、应用题较难外，也有学生认为数学习题中最难的一类题是立体几何、证明题等，可见，学生认为难的题是那些比较抽象的题．

问卷调查之初，为了保证调查的客观有效，我们专门进行的是匿名问卷调查，以期能让他们消除顾虑而且，课题组还召开了问卷调查准备工作会议，经过会议讨论，我们将课题组成员分为三组：卢会玉负责调查高一学生，冯玉娟负责高二学生，牛鹏宇负责嘉峪关市第二中学的问卷．这次活动得到了学生们的积极配合，取得了不错的效果．随后我们召开了问卷调查结果分析会议．这次会议给我们的课题研究带来了现实依据，让我们进一步明确了课题研究的方向．

2. 阶段反思性活动

"教什么"和"怎样教"这两方面的问题是我们必须反思的．而且在课题论证时，我们提出了"双反型"学科教研模式的研究，即教学反馈和教学反思相结合．阶段性反思对于正确把握课题研究方向至关重要．本课题开题时我们就提出，"要重视课题研究的阶段性反思，要注意把握教师和学生的反馈"这两个方面．在这个过程中，我们深刻体会到阶段性反思是为了更好地提高课题的研究进度，并让课题沿着正确的方向推进，可以说反思活动贯穿于我们研究的整个过程．

在课题研究的过程中，阶段性反思活动主要从两个方面展开：一是课题组成员对自己工作的反思，二是整个研究团队对于研究过程、研究内容、研究效果等方面进行集体反思．在课题研究的每一个阶段，反思性活动的开展是经常性的，每月至少还进行一次有针对性的专题反思活动．例如在进行"几类不同增长的函数模型"的教学时，用什么样的例子给学生讲这几种模型，用什么样的方式能够更容易让学生接受，老师们产生了很大的分歧，课题组及时组织了题为"什么样的实际例子更容易让学生接受？"专题反思教研，首先让老师们把自己的想法、做法以及学生在这种做法之下的可接受度展示出来，然后通过集体备课，拿出两套教学设计方案进行"同课异构"后，课题组再进行集体反思，根据不同班级层次确定方案．最后达成共识：书本上经典例题之所以称之为经典，就是因为它的重要意义，其中蕴含了国家意志和不可替代的代表性知识．但是我们也要紧跟时代的步伐，与时俱进，那些既能说明问题，又能接地气的例子也要用，适时适当，才能达到最好的效果．像这样的阶段性反思活动，在课题组两年多的教学实践和课题研究中比比皆是，而且每次都有新发现、新收获．另一方面这样的阶段性反思活动进一步加强了课题组成员之间的交流，激发了大家的研究热情，增强整个团队的研究信心．

3. 成果汇报性活动

课题研究是一项阶段性很强的工作，而阶段性成果的汇报与交流则是推动研究进程的有效活动．本课题研究的是数学探究、数学建模活动与课堂教学的关系，那么一开始选择简短的问题与实例师生共同探究并建立模型，把渗透数学探究与数学建模的意识作为首要任务；典型案例建模阶段则改变传统教学方式，由学生独立完成典型的数学探究与数学建模问题，让学生初步掌握数学探究与数学建模的常用方法；综合建模阶段师生应组成"共同体"，在老师的点拨指导下，以小组为单位开展探究与建模活动．在课题研究的两年半的周期内，我们共举办了4次成果汇报活动，在关注既定成果按期完成的同时，充分重视成果创新．

4. 研究观摩性活动

一次观摩就是一次交流，应该说任何一次公开活动我们都没有错过，同时我们自己也按照计划一学期开展一次观摩活动．例如在同课异构活动中，课例

"几类不同增长的函数模型"就如何进行情境引入就曾有过热烈的讨论，有的老师用材料：澳大利亚兔子数"爆炸"——在教科书第三章的章头图中，有一大群喝水、嬉戏的兔子，但是这群兔子曾使澳大利亚伤透了脑筋. 1859 年，有人从欧洲带进澳洲几只兔子，由于澳洲有茂盛的牧草，而且没有兔子的天敌，兔子数量不断增加，不到 100 年，兔子们就占领了整个澳大利亚，数量达到 75 亿只. 可爱的兔子变得可恶起来，75 亿只兔子吃掉了相当于 75 亿只羊所吃的牧草，草原的载畜率大大降低（而牛羊是澳大利亚的主要牲口），这使澳大利亚头痛不已. 他们采用各种方法消灭这些兔子，直至二十世纪五十年代，科学家才采用载液瘤病毒杀死了百分之九十的野兔，澳大利亚人才算松了一口气."

而有的老师又用：假设你有一笔资金用于投资，现有三种投资方案供你选择，这三种方案的回报如下：方案一，每天回报 40 元；方案二，第一天回报 10 元，以后每天比前一天多回报 10 元；方案三：第一天回报 0.4 元，以后每天的回报比前一天翻一番. 请问，你会选择哪种投资方案？

最后，课题组针对这一问题专门策划了一项专题"成果汇报"活动，由两位老师和一个老师＋学生的组合，分别上三节"同课异构"课，可以收集一些社会生活中普遍使用的递增的一次函数、指数函数、对数函数的实例，对它们的增长速度进行比较，了解函数模型的广泛应用. 课后三节课的老师都进行了自我剖析，然后其他成员互评，同时还请了一些专家进行点评. 该活动最大的亮点是教师＋学生的那节课，相比较传统课堂发生了重大的改变. 教师由知识的传授者甚至课堂的主宰者变为教学过程的组织者、指导者、问题的提出者. 学生由知识的灌输对象和外部刺激的被动接受者转变为信息加工的主体、解答和处理问题的"主人". 课题组成员在这次观摩活动中受教良多，也让大家感受到了课题研究的重要价值.

5. 综合实践性活动

本课题研究的是数学探究、数学建模活动与课堂教学关系，培养学生收集信息和加工信息的能力、动手操作的能力、与人合作的能力、创新能力等，从而丰富学生的学习方式，提高学生的综合素质，促进学生的健康发展. 鉴于此，每个假期，我们都利用研究性学习的机会，让学生成为问题的主人. 比如以下36 种选题：

（1）银行存款利息和利税的调查.

（2）购房贷款决策问题.

（3）有关房子粉刷的预算.

（4）关于数学知识在物理上的应用探索.

（5）投资人寿保险和投资银行的分析比较.

（6）编程中的优化算法问题.

（7）余弦定理在日常生活中的应用.

（8）证券投资中的数学.

（9）环境规划与数学.

（10）如何计算一份试卷的难度与区分度.

（11）中国体育彩票中的数学问题.

（12）"开放型题"及其思维对策.

（13）中国电脑福利彩票中的数学问题.

（14）城镇/农村饮食构成及优化设计.

（15）如何安置军事侦察卫星.

（16）如何存款最合算.

（17）哪家超市最便宜.

（18）数学中的黄金分割.

（19）通讯网络收费调查统计.

（20）数学中的最优化问题.

（21）水库的来水量如何计算.

（22）计算器对运算能力影响.

（23）统计铜陵市月降水量.

（24）出租车车费的合理定价.

（25）购房贷款决策问题.

（26）设计未来的中学数学课堂.

（27）电视机荧屏曲线的拟合函数的分析.

（28）用计算机软件编制数学游戏.

（29）制作一个数学的练习与检查反馈软件.

（30）制作较为复杂的数据统计表格与分析软件.

（31）搭建一个中学生数学网站.

（32）多媒体辅助教学在数学教学中的作用调查.

（33）零件供应站（最省问题）.

（34）拍照取景角最大问题.

（35）当地耕地面积的变化情况，预测今后的耕地面积.

（36）衣服的价格、质地、品牌三个方面，左右消费者的观念有多少？

6. 团队合作性活动

一个课题组就是一个团队，团队合作性活动必不可少. 例如，2016 年 10 月，课题组成员冯玉娟老师因为在 2016 年嘉峪关市普通高中新课改优质课竞赛中获得了嘉峪关市第一名的好成绩，所以被推荐参加 2016 年 11 月举行的甘肃省"龙杯"·第五届中小学幼儿园教师教学技能大赛. 这是对全省新课程改革之后的高中数学课堂教学进行的一次检阅，被推荐的都是各地区最优秀的一线教师. 经过团队的合作探讨，课例《对数函数》逐步成熟，加之冯玉娟老师在兰州参赛时的出色表现，获得了第四名. 其中最大的亮点就是在引入课题时用到的实际问题，让在场的学生和老师都感到非常亲切，这也是课题组这两年多来成果的最好的展示！

二、课题研究成果概述

（一）理论提升性成果——系列论文

"系列论文"是课题研究计划中所列的重要的研究成果. 在课题研究过程中，每一位成员都特别重视探索与实践下的理论提升，积极撰写论文，两年内共公开发表相关论文 13 篇，在甘肃省教科所组织的全省教育教学论文评选活动中获奖 10 篇，这些论文从不同侧面研究了数学探究与数学建模活动与教学的关系，初步形成了课题研究的一些理论性成果，我们将在今后的教学中进一步完善：

（1）课题负责人卢会玉老师的论文《数学探究、数学建模活动与课堂教学的关系研究》在《理科考试研究》2017 年 3 月发表，并在 2016 年 11 月甘肃省教科所组织的论文比赛中获一等奖. 文章的论题就是数学探究、数学建模活动与课堂教学的关系研究,本身就是对课题的深度的解读.

(2)卢会玉老师2017年12月《基于学科核心素养的中学数学教—学—评一致性研究》发表在《理科考试研究》上.2017年10月甘肃省教科所组织的论文比赛中论文《基于学科核心素养的高中数学教—学—评一致性研究》荣获一等奖.高中数学的核心素养有数学抽象、逻辑推理、数学建模、直观想象、数学运算、数据分析.文章主要从数学建模出发研究高中数学的教—学—评一致性.

(3)卢会玉老师在2017年11月《理科考试研究》上发表《遥似天边月,实则案前灯——2017年高考题赏析》.文章从学生们最关心的高考题入手,赏析了考查数学建模的相关题目.

(4)卢会玉老师2017年7月在《中学数学教学参考》上发表《直线与平面平行的判定》教学设计.生活中处处可见直线和平面,那么,这些和我们息息相关的实际问题,如何顺利地让学生接受新知识,从而畅游在数学的世界里.

(5)卢会玉老师的论文《由学生发问引起的一场头脑风暴》于2017年7月发表在《理科考试研究》上.课堂上学生的发问,学生之间合作探究问题时遇到的无法解决的问题,都能让一节数学课引起一场头脑风暴.

(6)卢会玉老师2017年11月《直线的参数方程(教学设计)》在论文比赛中荣获省级一等奖,颁奖单位甘肃省教科所.教学设计充分体现了问题串在数学探究中的作用.

(7)卢会玉老师2017年8月单元教学设计《不等式选讲》荣获省级一等奖,颁奖单位甘肃省教科所.教学设计充分体现了问题串在数学探究中的作用.

(8)卢会玉老师2017年6指导的谢娟老师在2017年甘肃省"创新杯"中小学数学单元教学设计优质课大赛中荣获一等奖,颁奖单位甘肃省教科所.谢娟老师的单元教学设计"三角函数"荣获第一名,可以说,她从数学探究和数学应用的角度诠释三角函数为她的单元教学设计增色不少.

(9)卢会玉老师的论文《山重水复疑无路,柳暗花明又一村——平面法向量的两种速算方法》于2017年1月发表在《理科考试研究》上.两种速算法是在平时讲课过程和学生探究过程中偶然产生的灵感，然后经过认真仔细地推敲产生的结论．

（10）冯玉娟老师的论文《在数学教学中初步建构数学模型的尝试》2018年发表在《中学数学参考》上．数学建模是对现实问题进行数学抽象，用数学语言表达问题、用数学知识与方法构建模型解决问题的过程，主要包括在实际情境中从数学的视角发现问题、提出问题，分析问题、构建模型、求解结论、验证结果并改进模型，最终解决实际问题．数学模型构建了数学与外部世界的桥梁，是数学应用的重要形式．在数学建模核心素养的形成过程中，学生积累了用数学解决实际问题的经验；能够在实际情境中发现和提出问题；能够针对问题建立数学模型；能够运用数学知识求解模型，并尝试基于现实背景下验证模型和完善模型；能够提升应用能力，增强创新意识．

（11）冯玉娟老师的论文《通过解后反思探究一道高考题的本质》在2015年12月甘肃省教科所组织的全省教育教学论文评选活动中获一等奖．高考题都是源于教材的，通过反复探究找出源头才是最好的学习方法．

（12）冯玉娟老师的论文《浅谈"数学核心素养的渗透教学"》在2017年10月甘肃省教育科学研究院、甘肃省教育学会、高中教育专业委员会联合举办的论文评选活动中荣获二等奖．核心素养的渗透教学，应该贯穿在教学的每个环节，而数学探究就是实现的捷径．

（13）冯玉娟老师的论文《几类不同增长的函数模型（二）》在2017年11月甘肃省教科所组织的全省教育教学论文评选活动中获一等奖．通过调查，我们已经知道学生认为应用问题是比较难的，但是通过这节课的学习让学生认识到了函数模型并不可怕．

（14）冯玉娟老师的教学设计"正弦函数、余弦函数的性质（一）"在2016年11月甘肃省教科所组织的全省教育教学论文评选活动中获一等奖．文章从物理中的单摆引入课题，分析问题，建立模型，发现性质．

（15）冯玉娟老师的论文《一道高考选择题的解后反思》2017年发表在《语数外学习》上．教学反思就是教师层面的数学探究，将探究进行到底才能探究出适合学生的教学方法，从而为学生提供更好的学习方法．

（16）冯玉娟老师的论文《一元二次方程根的分布问题的新解法》2018年

发表在《考试周刊》上．新解法，就是教师的教学反思，就是教师层面的数学探究，将探究进行到底才能探究出适合学生的教学方法，从而为学生提供更好的学习方法．

（17）谢梅老师的课例"二分法求方程的近似解"在 2016 年 11 月荣获全国"一师一优课，一课一名师"活动省级二等奖．本课例让学生通过数学探究发现二分法求方程的近似解，环环相扣，非常精彩．

（18）谢梅老师的单元教学设计"垂直"于 2017 年 8 月荣获省级二等奖．本设计让学生对垂直的理解贯穿始终，彰显学生的主体地位．

（19）谢梅老师的论文《数形结合在解题中的应用》发表在《考试周刊》的 2016 年 86 期．数学中的很多问题，都可以利用数形结合帮助分析解决．

（20）刘小兵老师的论文《一类极值点偏移问题的本质探索》发表在《考试周刊》2016 年第 62 期．数学本质的探究，就是学生对这类问题的深入的理解．

（21）刘小兵老师的论文《浅谈 GGB 软件的数据记录功能——以平均速度为例》发表在《考试周刊》2016 年第 71 期．物理中的平均速度，是理科学生最熟悉的案例．

（22）刘小兵老师的单元教学设计"导数"在 2017 年 8 月荣获省级一等奖．导数能解决很多实际问题，如物理中的加速度等．

（二）课题生成性成果——数学探究与数学建模选修课教材

教学实践是课题研究的主体部分，能够反映课题研究活动中实践探索性成果的主要成果就是《数学探究与数学建模选修课教材》．在研究周期内，全体课题成员积极探索研究，整理出一套适合高中生的选修教材《数学探究与数学建模选修课教材》．作为校本教材先从课题组成员所带的班级开始实施，利用每周一节的数学自习课，和同学们一起畅游在数学探究与数学建模的世界里，应该说取得了很好的教学效果．2016 年毕业的学生共有 4 人分别参加了他们学校的数学建模团队，这 4 名同学分别是：高三一班顾芗、吴金戈，高三二班公职聪、张子豪．我们期待这门选修课能得到更多学生的喜爱，能大范围地在全校推广使用．

（三）实践探索性成果——教学案例

课题研究活动中实践探索性成果的主要成果就是教学案例，其中包含课堂教学竞赛．课题组在教学探索与研究的周期内，有近 10 节课获市级或省级一、二等奖，这也是我们最为满意和骄傲的地方．比如甘肃省"龙杯"·第五届中小学幼儿园教师教学技能大赛在 2017 年 10 月举行，这是我省实施高中新课程实验后的又一次课堂教学竞赛，其目的是对全省新课程改革之后的高中数学课堂教学进行一次检阅．应该说机遇与挑战并存，我们一致认为这是对我们课题组的一次绝好的检验机会．课题组集思广益，从每个问题学生该不该探究，应该给学生多长时间探究，应该用什么样的实例引入课题会有更好的课堂效果方面进行了多次修正．冯玉娟老师也不负众望，荣获了全省第四名，让我们也对研究充满了信心，同时丰富了此项成果：

（1）课题负责人卢会玉老师的课例"随机事件的概率"2016 年 11 月在"一师一优课、一课一名师"活动中荣获省级优课，颁奖单位甘肃省教育厅．

（2）卢会玉老师指导的冯玉娟老师的课例"直线与平面平行的判定"在"2016 年嘉峪关市普通高中新课改优质课竞赛"活动中获一等奖（第一名）．

（3）卢会玉老师参与第一人的课题《基于合作的高中数学教学的探索与研究》于 2016 年 12 月荣获第十二届基础教育科研优秀成果奖一等奖，颁奖单位嘉峪关市教育局．

（4）卢会玉老师的微课"球的表面积"于 2016 年 12 月荣获微课大赛三等奖，颁奖单位嘉峪关市教育局电教馆．

（5）卢会玉老师的课例"随机事件的概率"于 2017 年 1 月在"一师一优课、一课一名师"活动中荣获部级优课．

（6）卢会玉老师 2017 年 6 月指导的谢娟老师的课例"正切函数"在 2017 年甘肃省"创新杯"中小学数学单元教学设计优质课大赛中荣获一等奖．

（7）卢会玉老师 2017 年 3 月参编《学业水平测试》考试大纲．

（8）卢会玉老师的课例"导数的应用"专题于 2017 年 9 月在西部数学学科高考复习教学研究讨论会中承担观摩课教学任务．

（9）卢会玉老师的"专题复习——导数应用"于 2017 年 11 月 10 日在甘肃省教科所组织的"解题教学思维培训"活动中荣获优质示范课．

（10）卢会玉老师2018年2月参编《学业水平测试》考试大纲.

（11）冯玉娟老师2017年10月18日的课例"2.2.2 对数函数及其性质"在甘肃省教科所组织的"龙杯"·第五届中小学幼儿园教师教学技能大赛中获二等奖.

（12）冯玉娟老师的课例"直线与平面平行的判定"在2017年"一师一优课，一课一名师"活动中荣获省级一等奖.

（13）冯玉娟老师在2016年嘉峪关市普通高中新课改优质课竞赛中荣获一等奖（第一名）.

（14）谢梅老师的课例"二分法求方程的近似解"在2016年11月全国"一师一优课一课一名师"活动中荣获省级二等奖.

（四）研究推动性成果——教师成长

课题主持人卢会玉老师2017年9月在由甘肃省数学教育研究会主办的西部数学学科高考复习教学研究讨论会中承担观摩课教学任务；2017年11月在由甘肃省教科所主办、何军海名师工作室承办的"数学思维培训活动"中承担的示范课"专题复习——导数应用"荣获优质示范课；卢会玉老师被学校评为2016年度优秀教师，2017年优秀学科组组长；被嘉峪关市教育局聘为市兼职教研员，聘期三年，从2017年11月至2020年11月；2017年4月被评为第十一届中小学电脑制作优秀指导教师；指导的作品《共筑青山碧水蓝天》于2017年7月荣获全国三等奖；指导的作品《共筑青山碧水蓝天》于2017年10月荣获"第十八届全国中小学电脑制作活动"省级一等奖；指导的作品《守望》于2017年10月荣获"第十八届全国中小学电脑制作活动"省级二等奖.课题成员冯玉娟老师、刘小兵老师被学校评为优秀教师，谢梅老师2018年2月被评为嘉峪关市"青年教学能手"，牛鹏宇老师被评为嘉峪关市第二中学优秀教师.

（五）阶段性成果——各阶段研究报告

（1）《开题报告》作者：卢会玉，成果形式：报告，完成时间为2016年4月.

（2）《问卷调查报告》作者：冯玉娟，成果形式：报告，完成时间为2016年6月.

（3）《校本教材的实施研究报告》作者：卢会玉、谢梅，成果形式：报告，完成时间为 2016 年 10 月.

（4）《中期报告》作者：卢会玉，成果形式：报告，完成时间为 2017 年 9 月.

（5）《高中数学探究、数学建模教学实施研究报告》作者：刘小兵、张杰，成果形式：报告，完成时间为 2018 年 1 月.

（6）《总报告》作者：卢会玉，成果形式：报告，完成时间为 2018 年4 月.

（六）实践性成果——研究性学习案例

详见开题报告.

课题研究带给我们的启示

课题研究伴随着甘肃省全面实施高中新课程改革实验的脚步走过了近三年的实践与探索之路，结题在即，回望走过的每步，给人的感动不仅来自课题组的每一位老师的投入，也来自学生们的密切配合，可谓教学相长. 同时，在课题研究的进程中，全省乃至全国优秀课的产生、系列论文的发表与获奖、优秀教学案例（课赛）、校本教材的完成等阶段性成果，极大地丰富了课题的内涵. 一路走来，课题研究在留下许多美好回忆的同时也带给我们很多的启示，写下几点与各位同仁分享.

1. 中学数学建模教学的紧迫性、必要性和重要性

数学建模的发展影响着社会人才的发展，影响着更强的能力去适应社会，西方等发达国家很早就开始了相关教学工作. 增加数学和其他科学、以及日常生活的联系是世界数学教育发展的总趋势. 所谓数学建模就是把所要研究的实验问题，通过数学抽象构造出相应的数学模型，再通过数学模型的研究，使原问题获得解决的过程. 数学建模不仅在与数学联系紧密的学科（物理、化学、生物）中应用广泛，在其他学科的应用也日益增强. 比如在管理学科中，利用数据进行统计分析为决策者提供参考，通过数学模型对相关绩效进行综合评价；在美学中最优设计方案；在网络交通中制定最短路路径；等等，都需要建立数学模型解决问题. 传统的中学数学教学过于注重理论和计算，忽视了对实际问题的深入研究和应用，内容枯燥，打击了学生学习数学的积极性. 据搜狐教育最新调查研究表明超过半数人认为中学数学较难或难. 新世纪数学课程改革中明确提出加强应用性、创新性，重视联系学生生活实际和社会实践的要求．在中学的教学课堂中引入建模的思想，不仅可以很好地提高学生的创造力，还可以改变目前的教学理念，使学生脱离题海战术，将这种思维贯穿在整个学习过程中，让学生真正感受到学习的乐趣，在素质教育的背景下得到提升，同时还能够增强学生探索和创新精神．所以，在目前的情形下，在中学课堂中落实数学建模思想是提高素质教育的重要措施．

2. 有利于培养学生主体性意识

传统教学法一般表现为以教师为主体的满堂灌输式的教学，强化数学探究和数学建模的教学，可极大地改变教学组织形式，学生是学习中的主要对象，而教师则是授业解惑之人，是教学过程中的引导者．学生学习的过程就是一个不断地发现问题、解决问题的过程，每一个学生都要积极地参与到学习中来，对问题要进行报告、讨论和总结，所以对学生能够进行极大地调动．在新时代的大背景下，学习是多方面的，不能只来源于老师，要鼓励学生在其他有益方面多加学习，构建全面的学习观．只有这样，学生的主动学习和接受知识的意识才会得到提升．

3. 有利于培养学生创新意识

从问题的提出到问题的解决，探究和建模没有现成的答案和模式，学生要自己组成讨论小组对遇到的问题提出疑惑、自主判断和分析，创造性地解决问题．探究过程需要学生多思考问题，独立完成一些简单的问题，小组深入探讨问题．同时通过全新的数学理念去进行数学探究和数学建模，也给那些生搬硬套、思维逻辑、只会理论表象的学生做出了一个表率，学生可以通过自主性和想象空间去进行数学探究和数学建模，培养学生的分析问题和解决问题的能力，让学生更具有创新能力．

4. 有利于培养学生的合作意识

在现实社会中，很多实际问题不是单个人所能解决的，需要多人合作完成．数学建模和数学探究的实施往往通过组建多人团队来完成．团队为实现共同的目标，他们既要明确分工，各尽所能，又要密切配合，集思广益，只有发挥团队作用，共同努力，集体攻关，才能得出正确的答案．因此，数学探究和数学建模的教学有利于培养学生相互学习、积极合作、集体攻关的合作意识．

5. 如何提高数学探究和数学建模在中学数学教学中的效果

随着社会的发展，教育体制也在不断地改革，数学探究和数学建模在中学的教学课堂越来越受到重视，并且在很多地区数学建模课堂成绩显著．在课堂上不断地开展数学探究和建模为主题的活动，不仅可以通过建模来具体解决问题和提高学生的学习思维方式，还能够加强同学之间的交流．这就是数学探究和数学建模融入中学课堂的主要目的，具体如何能够取得显著效果，可以从以下几个方面进行分析：

（1）在数学教材中的重要部分引入数学建模．

在中学阶段处理很多数学问题都可能用到数学建模的方法，而此时的学生也正是需要理论联系实际的阶段，如果在解决问题时只考虑所学的理论问题，而不明白真正的原理，势必会让学生更加迷惑，使问题得不到解决．现在的中学数学教学课本主要还是以实际问题为主，然后根据实际问题引入数学知识，根据知识建立相关的数学模型，此方法对于解决数学问题很有针对性．

（2）改编数学问题，转枯燥化为生活化、趣味化．

中学阶段数学的学习是枯燥乏味的，现在大部分中学数学教学课本的知识和例题取自现实生活，而生活中的很多问题都可以通过相应的数学建模来实现．但是在课本中经过处理的应用问题对于学生来讲是枯燥乏味的，问题的解决不能完全让学生明白，如果根据具体的实际问题，将课本的编制基础进行改革，使其更加接近于实际，那么就能够增强学生的学习兴趣和学习的积极性，为学生学习数学建模奠定基础．

（3）合理延伸教材内容，为数学建模奠定基础．

目前在进行数学建模教学时，教师所选用的教材有一个显著的特点，其应用性都比较强，即使难度各不相同，但是给建模建立了一个很好的条件．通过建模的教学，不仅可以让学生学习到理论知识，还可以让学生在学习知识的同时更好地去理解，加深印象，使学生的理论知识更加巩固，因此可以形成一套很好的解题办法有助于提高学生的建模能力．教师只要将数学建模的思想始终贯穿在学习数学的教学中，就可以通过长期的积累，提高学生的建模能力．也就是在不断的学习过程中，老师要不断地引导学生用建模的思想去思考、观察各种事物，从复杂的数学问题中，找出具体熟悉的数学模型，进而使问题得到解决，逐渐培养学生在遇到问题时习惯性地用建模的思维去思考.

综上所述，中学数学教学要注重学生的学习效果，当把数学探究、数学建模的思想和数学理论有机地结合在一起时，不仅可以提高学生的思考能力，还可以提高学生的建模意识，在遇到问题时自觉地去用建模的方法去观察、分析和解决，使得素质教育能够更好地落实.

6. 合理把握课题研究实验教学和常规课堂教学之间的拟合度

数学探究、数学建模与课堂教学关系的探索与研究，教师与学生之间的有效合作是最重要的. 因此在进行课题研究实验教学时，在我们所使用的人教 A 版高中数学教材必修以及选修的 8 册书中，每册至多选择 2 节课作为课题研究实验课，进行非常彻底的数学探究和数学建模教学，甚至将课堂完全交给学生，教师从中发现存在的问题，带着问题确立下一个研究目标.

三、课题研究过程中存在的不足

课题《数学探究、数学建模活动与课堂教学关系的案例研究》按计划如期结题，在论文、课件、案例、课赛、校本教材等诸方面都取得了可喜的成绩. 在课题研究的过程中，我们所确立的有关数学探究与数学建模的课例，都进行了探索与研究，取得了良好的教学效果，也形成了丰富的课题研究实践经验，但是在思想理论性提升方面有所欠缺. 那些学生们激烈讨论的场景，那些学生和老师共同探究的温馨场面，有些被我们记录了下来，有些却由于疏忽没有记录，以后要注重材料的整理与留存.

2018 年 4 月于嘉峪关市

《基于合作的高中数学单元教学设计的
实践研究》结题报告

执笔：甄荣（课题负责人）

（2016 年被甘肃省规划领导小组立项为"陇原名师"专项课题，

课题编号【GSGB［2015］MSZX139】通过鉴定）

2015 年，课题组成员所教的高三年级顺利毕业，我们在盘点收获的同时，回头反思教学，发现了很多问题．比如初高中课程存在衔接不够，数学、物理、信息技术等学科内容部分交叉重复，数学必修、选修内容割裂，系统性不强，课节教学局限，缺乏整体性，不利于学生发现数学知识的本质，阻碍了学生的发展．而此时教育部重点课题"中小学数学课程核心内容及其教学的研究"第四次研讨会指出要重视单元教学设计．从那时起，我们便开始思考：到底什么是单元教学设计？为什么要实行单元教学设计？怎样进行单元教学设计？如何将单元整体的思想与课堂教学有机结合？经过讨论研究，陇原名师何军海高中数学工作室将高中数学单元教学设计的讨论与实践确定为工作室的一项重要研究内容，展开研究．

同年，工作室部分成员参加了西北师范大学高中数学实验基地高中数学单元设计研讨会．课题负责人甄荣老师与《普通高中数学课程标准》研制组副组长王尚志教授和西北师大吕世虎教授关于高中数学单元教学设计进行了深入讨论，在研讨会上甄荣老师还展示了自己的"概率"单元教学设计，得到了专家和一线老师的一致好评，我们团队倍受鼓舞．结合我校数学教学实际，便确立了课题《基于合作的高中数学单元教学设计的实践研究》，于 2016 年被甘肃省规划领导小组立项为"陇原名师"专项课题，课题编号【GSGB［2015］MSZX139】.

根据课题研究实施方案，经过长达三年多的高中数学新课程单元教学设计的教学实践与研究，我们认为课题研究积累了一定的实践经验，总结出了一套适合普通高中数学单元教学的教学模式，为我校乃至我市进一步推进高效精品课堂，提升数学教学质量做出了一定的贡献，同时也产生了一定的研究成果.每个阶段的研究工作扎实有效，基本完成了各项预期任务.恰逢省教科院组织2019年甘肃省教育科学规划课题集中鉴定，课题组将按计划进行结题，现做此结题报告，以接受专家的指导与斧正.

一、课题研究的进程

（一）课题的申报与立项

当前，多数高中数学教师在进行教学设计时，往往呈现"零散"的特点，备课的时间和内容都是零散的.教师往往把注意力集中在某节课的教学设计上，专心钻研设计课堂教学过程的每一个细节，而没有从课程标准、教学要求、教材以及学生发展的层面进行整体、系统的思考与研究.虽然本节课教学内容在教材中的地位和作用是在考虑之内的，但往往是"承上启下""着实重要"等词汇的堆砌.这样的教学设计容易出现"只见树木而不见森林"的情况，难以从整体上宏观地把握教材，不能充分考虑前、后、左、右的衔接与发展，人为割裂了数学课程体系，导致教学内容之间常常出现错位、空位的现象.从学生层面讲，此教学设计影响了学生对数学知识宏观、整体的理解和掌握，阻碍了学生的持续发展；从教师层面讲，使得青年教师从教不久便将高等数学内容遗忘殆尽，更无法在教学中将初中数学、高中数学与大学数学有意识地衔接起来，这也阻碍了青年教师的快速成长.

美国学者加里·鲍里奇认为，"系统的力量在于整体大于部分之和.通过计划好的许多课时的共同作用，知识、技能和理解得以逐渐发展，产生出越来越复杂的结果".系统，或者说，教学单元的各部分之间的关系是看不见的，但又是最重要的.它强调必须从整体上把握教学单元，其教学设计关注的正是教学单元与其内部的关系.

结合我校数学教学的实际，"基于合作的高中数学单元教学设计的实践研究"被确定为陇原名师何军海高中数学工作室操作层面的重要研究，青年教师甄荣被确定为课题负责人．自 2015 年开始进行前期基础研究，在实践后，课题组成员认为其研究意义重大深远，于是申报了省级专项课题《基于合作的高中数学单元教学设计的实践研究》．该课题于 2016 年 4 月获批立项，课题编号【GSGB［2015］MSZX139】．

（二）课题研究的计划与执行情况

本课题的研究目标是在又一轮新课程实施时，我们自觉地运用"先见'森林'，后见'树木'，而后'枝叶'"的高中数学单元教学设计理念实施教学，从整体上把握教材，走教师间合作教学、优势互补、共同提高的教学之路，构建教学与教研"两手都硬"的高中数学教学团队．

课题立项后，我们在前期实践的基础上，结合课题申报书中所阐述的研究思路、研究方法、技术路线和实施步骤，制订了课题研究计划和实施方案，并且在近四年的探索实践周期内，严格按照方案进行课题研究．在"四结合"（教学与研究相结合、微观与宏观相结合、边学与边干相结合、扬长与补短相结合）的指引下，课题负责人安排成员进行了一系列的学习、实践和阶段性汇报活动．通过汇报与交流，让课题组成员明白课题研究已经进入到什么阶段，接下来该如何做．课题研究进行的同时，学生的学习方式改变了，教师的理念也转变了，教学得到持续有效发展．

按照计划，我们高质量地完成了单元教学系列论文，完成了适应新课程的初高中衔接教学的研究．完成了围绕单元教学展开的专题调研．与此同时，我们还精心编写了基于新课标的单元教学设计案例，案例覆盖高中阶段的各个主题．

（三）课题研究的方法

1. 调查研究法

调查对象由教师和学生两部分组成，分别抽样了我校不同层次班级的所有数学教师和部分学生，教师的有效样本为 20 份，学生的有效样本为 296 份．

课题组经过多轮讨论和多方征求意见，多次修改和完善调查问卷选项．调查对象填写的"基于整体把握高中数学课程理念的单元教学现状调查"分教师问卷和学生问卷两类．教师问卷涉及对数学单元教学的认识、所处的环境对实施单元教学的影响、课堂教学实践是否能体现数学课程的整体性、实施单元教学的程序、实施单元教学的困难等问题；而学生问卷相比教师问卷更侧重当前的教学模式和实施单元教学对学生学习的影响、数学课的收获、学习内容的来源、喜欢的教学方法等问题．

2. 文献研究法

课题组成员按照负责人的统一安排，大量阅读《普通高中数学课程标准》、《高中数学教学设计》等著作来扎实理论基础，通过中国知网搜集和分析与单元教学相关的文献资料，在文献中得到了许多前人在这一领域的研究成果，借鉴其成功的经验，分析其不足，从而推动进一步的研究．

3. 案例分析法

搜集国内外的单元教学设计方案及教学案例、从整体把握的角度进行分析，探讨这些单元教学案例的优缺点，并以此为载体，研究核心素养视域下单元教学设计的一般方法和流程．通过搜集、分析我校数学单元教学设计的案例了解实施单元教学的现状．

依托陇原名师何军海工作室活动推选"样本"案例，开展相关研究．在前期研究中，课题组其实已经积累了很多高中数学单元教学设计的案例以及单元背景下的课堂教学实录，这些都是研究的基础和论述的依据．通过对单元教学案例的分析研究，获得了一些直接经验，相对于文献研究法，显得更加真实、客观，更重要的是，让我们从中发现了实施单元教学的若干问题，为我们后期的研究指明了方向，使研究更具针对性．

4. 比较分析法

为了更好地从整体出发整合教学素材，课题组成员对比分析了当前高中使用的人教A版、人教B版、北师大版以及苏教版四个不同版本的教材各模块的内容．从宏观和微观两个层面去构建分析框架，并从三个方面进行分析，即在四个不同版本的教材中，各内容呈现的特征、内容结构的特征以及内容的期望，提炼出不同教材的优点，应用到教学设计中．为了更好地实施新课程，改变课堂教学，课题组成员还对2003年实验版课标及2017版课标进行了认真比对分析，在课题研究的同时，还进行了课标对比解读交流活动，大家收获很大，真正做到了教研并重的学习发展模式.

5. 实践研究

课题组成员紧密结合所担任的高中数学教学实际,根据各阶段的工作重点,将课题分解为不同的子课题,渗透到日常的数学教学工作中去;充分利用课题组成员年龄、学历、文化、经验、所带班级等差异性特点,积极开展基于合作的核心素养视域下的单元教学实践;通过"具体实践—发现问题—分析成因—改进研究—监控效果—总结提升"的循环研究,积累了很多一线经验,使课题研究的成果更加丰满,课题研究的价值得以体现,教师自身也得到了成长与发展.

(四)课题研究的过程与活动

课题组成员从 2015 年至今,在认真学习、调研现状、反思分析的基础上,以何军海名师工作室活动为依托,踏踏实实地经历了近四年的学习、研究与实践,基本上完成了预期的研究目标.

1. 调研现状,明确方向

课题立项后,课题组成员立即编制了针对高中数学单元教学设计的教师问卷、学生问卷、教师访谈提纲和学生访谈提纲.教师问卷和访谈侧重于了解教师的基本信息和与本课题相关的基本理念,教师对高中数学单元教学设计的认同,实施单元教学设计的困惑以及被调查者所处的教学环境、自身情况对在单元教学设计中运用整体性理念的影响等.学生问卷则侧重于了解学生所处的学习环境和数学课堂教学的实际等方面.学生访谈内容包括被调查学生数学课的收获、学习内容的来源、有意义的课堂教学环节、喜欢的教学方法、课堂氛围及存在的问题等,为研究的整体推进做充足的准备.

调查发现,教师对单元教学设计中强化整体把握高中数学课程的理念认可度较高,教学内容的选择较多体现整体性、系统性,但在教学设计中教学目标的定位、教学环节的制定、教学方法的选择和教学流程的设计等方面体现数学课程的整体性的教师不多,只有半数左右.大多数教师认为在单元教学设计中整体把握高中数学课程理念有利于提高课堂教学效率,促进学生理解和掌握高中数学知识的本质.但突出的问题是,教师不知高中数学单元教学设计从何做起,应该怎么做,怎样才能把这种整体理念落到实处,应该注意些什么,开展单元教学设计对教师和学生的发展价值如何.

前期的调研为课题组接下来的研究工作指明了方向,也让我们课题组成员看到了课题的价值与意义,更坚定了我们进一步深入研究的信念.

2. 学习培训,夯实理论

课题负责人甄荣老师申请为工作室购置了一些较新的与核心素养和单元教学相关的学术理论专著,定期组织开展有实效的学习和研讨活动.课题组成员坚持写读书笔记,定期交流收获.课题组形成了带着问题自己学、根据需要选择学、专家名师引领学、同行交流互助学等多样的学习活动,赢得了学校其他学科组老师们的大力赞赏.学习活动让课题组老师的理论水平提升了;坚持写读书笔记让老师们的写作能力提高了;更重要的是,数学教师自主学习的意识增强了.值得一提的是,老师们带着自己的学习实践经验走出了学校,并在甘肃省多个市县进行了单元教学交流.

3. 深刻反思,回归实践

经历了第一阶段的调研分析和第二阶段的学习充电以及初期的基于单元教学设计的课堂教学的实践后,我们深刻反思了实施单元教学设计及课堂教学的得失.其中的不足之处主要有创新教育意识淡薄,整理重组教学内容的能力缺乏,过分追求形式,导致单元教学华而不实,生搬硬套一些理论和模式,不关注学生的实际情况和认知水平,使得实践效果不佳,学生发展未得到大的提升.

2016 年 9 月,课题组老师接任高一、高二新生的数学教学工作,重新整合了资源,教师合作设计教学,整体把握教学内容,从最初的知识单元发展到现在的知识单元、思想方法单元、能力素养单元多种单元形式并存.从衔接内容到必修内容再到选修内容,打破了以往的课本编排顺序,以学生的实际水平为出发点,以学生素养的提升为落脚点.课题组积极尝试,大胆创新,单元教学的意识明显增强,单元教学设计及课堂教学模式得到推广.学业水平测试、高考成绩均有了大幅提高,更重要的是学生有意识地挖掘关联知识的本质,在数学竞赛和数学创新大赛中均有出色表现.

通过"具体实践—发现问题—分析成因—改进研究—监控效果—总结提升"的循环实践研究,课题组老师积累了很多的经验,发表了很多关注课堂教学生成的论文,编写了一系列基于核心素养的单元教学设计案例.如何站得更高，看得更远已经成为了教学设计的重要关注点．课题组负责人也有幸受邀承担了甘肃省"创新杯"高中数学单元教学设计的评委工作．

4. 提炼修改，完善成果

2018 年 6 月，课题组成员作为高三数学教师将自己课题实施以来的第二届孩子们成功地送进了大学校门，我们也收获了沉甸甸的果实——孩子们骄人的数学成绩以及我们课题研究路上的一串串清晰的脚印．课题进入了最后的结题阶段，在课题负责人的统一安排下，最终整理完成了《基于合作的高中数学单元教学设计相关论文集》《基于核心素养的高中数学单元教学设计案例集》《基于合作的高中数学单元教学设计实践研究报告》．

二、课题研究成果概述

（一）理论提升性成果

"系列论文"是课题研究计划中所列的重要的研究成果．在课题研究过程中，每一位成员都特别重视探索与实践下的理论提升，积极撰写论文．这些论文从不同侧面提炼了基于合作的高中数学单元教学设计和实践的一些观点和经验，初步形成了课题研究的一些理论性成果：

（1）课题负责人甄荣的论文《只有站得高，才能看的远——对"高中导数及其应用"课程的认识与思考》发表于《课程教育研究》2018 年第 13 期．

（2）课题负责人甄荣的论文《从收敛走向发散——浅谈高中数学单元教学设计》发表于《新课程》2017 年第 18 期．

（3）课题负责人甄荣的论文《浅谈核心素养导向下"曲边梯形面积"的教学》发表于《天津教育》2018 年第 5 期．

（4）课题负责人甄荣的论文《高中数学单元教学设计的实施策略》发表于《嘉峪关教育》2017 年第 4 期．

（5）课题组成员何军海的论文《基于"基本活动经验"的高中数学解题教学实践研究》发表于《理科考试研究》2018 年第 11 期．

（6）课题组成员何军海的论文《过雨看松色，随山到水源——一节数学阅读课的课堂实录及反思》发表于《理科考试研究》2019 年第 1 期．

（7）课题组成员闫丽丽的论文《例谈三角模型的应用》发表于《数学学习

与研究》2016 年第 23 期.

（8）课题组成员闫丽丽的论文《高中数学教学中渗透数学史的一些体会》发表于《中学教研》2016 年第 12 期.

（9）课题组成员闫丽丽的论文《高中数学教学中如何培养学生的创新思维能力》发表于《中华少年》2016 年第 11 期.

（10）课题组成员冯玉娟的论文《在数学教学中初步构建数学模型的尝试》发表于《中学数学教学参考》2018 年 1～2 期.

（11）课题组成员冯玉娟的论文《一道高考题的解后反思》发表于《语数外学习》2018 年第 17 期.

（12）课题组成员冯玉娟的论文《通高考径自来》发表于《课程教育研究》2018 年第 4 期.

（13）课题组成员冯玉娟的论文《一元二次方程根分布问题的新解法》发表于《考试周刊》2018 年第 18 期.

（14）课题组成员冯玉娟的论文《一类三角高考选择题的"秒杀"方法》发表于《考试周刊》2018 年第 24 期.

（15）课题组成员冯玉娟的论文《思维导图"秒杀"高考数学选择题的案例研究》发表于《中学课程辅导》2018 年第 2 期.

（16）课题负责人甄荣的论文《核心素养视角下数学教学设计的思考》在甘肃省教育科学研究院组织的 2017 年甘肃省普通高中教学技能大赛论文评比中获一等奖.

（17）课题负责人甄荣的论文《从收敛走向发散——浅谈高中数学单元教学设计》在甘肃省数学教育研究会 2017 年学术年会中获二等奖，并做大会交流.

（18）课题组成员冯玉娟的论文《浅谈"数学核心素养的渗透教学"》在甘肃省教育科学研究院组织的 2017 年甘肃省普通高中教学技能大赛论文评比中获二等奖.

（19）课题组成员冯玉娟的论文《几类不同增长的函数模型》在甘肃省教育科学研究院组织的 2017 年甘肃省普通高中教学技能大赛论文评比中获一等奖.

（20）课题组共同完成的《基于合作的高中数学教学的探索与研究》项目获得嘉峪关市第三届职工优秀技术创新成果二等奖（授奖单位：嘉峪关市总工会，嘉峪关市科学技术局，嘉峪关市人力资源和社会保障局）；

（21）课题组共同完成的《基于合作的高中数学单元教学设计的实践与研究》在甘肃省教育科学研究院 2016 年基础教育课程改革和中小学校特色课程体系典型案例评比中获二等奖；

（22）课题组共同完成的《基于合作的高中数学教学的探索与研究》获 2018 年甘肃省基础教育教学成果二等奖.

（二）实践探索性成果

1. 单元教学设计

高中数学单元教学设计与教学实践是课题研究的主体部分，能够反映课题研究活动中实践探索性成果的主要就是《高中数学单元教学设计案例集》. 在研究过程中，课题组认真研究，开发了一系列优秀的单元教学设计，具有一定的影响力，可以供同行教学参考，也可用于后续年级的教学工作，是重要的教学资源. 我们课题组的工作也赢得了省教科所的关注，课题组受邀参与了陇原名师学科研修资源高中数学单元教学设计的编写工作，承担了近十万字的编写任务，涉及六大单元. 课题组获奖的单元教学设计有：

课题组负责人甄荣作为主持者开发编写的单元设计"概率"荣获甘肃省第一届"创新杯"高中数学新课程单元教学设计文本比赛一等奖；

课题组成员冯玉娟作为主持者开发编写的单元设计"平面向量"荣获甘肃省第一届"创新杯"高中数学新课程单元教学设计文本比赛一等奖；

课题组成员刘小兵作为主持者开发编写的单元设计"导数"荣获甘肃省第一届"创新杯"高中数学新课程单元教学设计文本比赛一等奖；

课题组成员闫丽丽作为主持者开发编写的单元设计"函数的应用"荣获甘肃省第一届"创新杯"高中数学新课程单元教学设计文本比赛三等奖；

课题组负责人甄荣作为主持者开发编写的单元设计"导数及其应用"荣获甘肃省第二届"创新杯"中小学数学单元教学设计文本比赛（高中组）一等奖；

课题组成员夏鸿雁作为主持者开发编写的单元设计"极坐标与参数方程"

荣获甘肃省第二届"创新杯"中小学数学单元教学设计文本比赛（高中组）二等奖；

课题组成员冯玉娟作为主持者开发编写的单元设计"平面向量"荣获甘肃省第二届"创新杯"中小学数学单元教学设计文本比赛（高中组）二等奖.

2. 单元设计背景下的课堂教学

经过近四年的研究，教师的理论水平有了一定的提升，而且基于合作的单元教学的意识明显提升. 整体把握，关注本质，已经成为他们课堂教学设计与实施的重要关注点，因而课堂教学较以往有了明显的改善，学生的主体作用得到了进一步的发挥，老师自主探究的能力和创新意识有了明显的提升，形成了一大批优秀课例，得到了国家、省、市相关部门的高度认可：

2016 年 11 月，课题负责人甄荣的课例"指数与指数幂的运算"在全国"一师一优课，一课一名师"活动中，被省教育厅评为省级"优课"一等奖，次年 1 月被评为部级"优课".

2016 年 11 月，课题负责人甄荣在全国第八届高中青年数学教师优质课展示中，荣获优课二等奖.

2016 年 11 月，课题组成员冯玉娟老师在 2016 年嘉峪关市普通高中新课改优质课竞赛活动中荣获数学学科组一等奖.

2016 年 12 月，课题组成员夏鸿雁的"三视图"在嘉峪关市第二届微课大赛中，被评为中学组一等奖.

2017 年 6 月，由课题负责人甄荣指导，课题组成员夏鸿雁老师执教的"极坐标与参数方程"荣获 2017 年甘肃省第二届"创新杯"中小学数学单元教学设计优质课大赛（高中组）一等奖.

2017 年 10 月，课题组成员冯玉娟的课例"直线与平面平行的判定"在全国"一师一优课，一课一名师"活动中，被省教育厅评为省级"优课"一等奖；

2017 年 10 月，课题组成员冯玉娟荣获甘肃省'龙杯'·第五届中小学教师技能大赛高中数学二等奖.

2018 年 10 月，在 2018 年嘉峪关市职工职业技能素质提升活动教师教学技能大赛中，课题负责人甄荣荣获高中学段数学学科一等奖，授课题目为"函数的单调性".

2018 年 12 月，西北师范大学教师培训学院聘请甄荣为"国培计划（2018）——宁夏乡村教师访名校项目参训学员做示范课'单元视角下的函数的单调性'".

2019 年 3 月 30 日，在由甘肃省教育科学研究院、甘肃省高中新课程数学教学研究改革与实验基地主办的数学核心素养主题教学设计活动中，甄荣所承担的"数学核心素养主题教学示范课"荣获优质课一等奖；

2019 年 4 月，在嘉峪关市一中与岷县二中结对帮扶活动中，课题负责人甄荣为岷县高中教育联盟共同体学校做了"数形结合思想在高考中的应用"优质示范课.

上述单元教学设计文本材料和课例视频经过整理都已成为了陇原名师何军海高中数学工作室及通渭二级工作室的研修素材，在学习交流中得到了广泛的好评.

（三）教师发展性成果

自课题实施以来，课题组成员认真钻研，努力学习，学习意识提升了，理论水平提高了，对数学知识链条的梳理和数学本质的探索越来越重视了，教师学习辅助教学软件的热情也高涨了，教师间就数学的交流明显增多了，教研组的学术氛围越来越浓."经验型"的教师正在向"学术型"教师转变.单元教学设计使得高中数学教学的规律与方法得到了有意义的探索，有效地弥补了课时的不足，改变了学生的学习方式，教学理念发生了大扭转，现在课堂的"数学味道"更正宗了.我们可以自豪地说，基于合作的高中数学单元教学设计的实践研究，有力地推动了教学团队的建设和青年教师的快速成长.我们数学组被学校评为"优秀学科组"，我们的工作室也荣升为甘肃省劳模创新工作室，在课题研究的同时，也见证了我们成长的点点滴滴.

课题负责人甄荣老师因教学成绩突出，先后被嘉峪关市一中授予"教学工作党员先锋岗""最美教师""教学能手""优秀共产党员"等荣誉称号.2017年 12 月，甄荣在嘉峪关市第一中学全校教师专业知识技能竞赛和教学技能大赛中均获一等奖.同年，在全国高中数学联合竞赛中，甄荣因辅导学生成绩突出，被授予"优秀教练员"称号.2016 年 3 月，甄荣被评为嘉峪关市"青年教学能手".2017年7月,甘肃省数学教育研究会聘任甄荣为甘肃省数学教育研究会理事.2018年12月甘肃省总工会、甘肃省人力资源和社会保障厅、甘肃省工业和信息化厅、甘肃省科学技厅、甘肃省人民政府国有资产监督管理委员会等单位授予甄荣同志"甘肃省技术标兵"荣誉称号.

课题组成员冯玉娟、夏鸿雁老师多次被学校评为"优秀教师""青年教学能手".两位教师也先后被嘉峪关市教育局评为"青年教学能手".

(四)学生发展性成果

课题实施以来,我们密切关注学生的表现与成长,毕竟学生的发展才是硬道理,课题实施有没有价值,很重要的一个评价指标就是学生的发展.

1. 学生自主学习的意识得到增强

与课节教学设计不同,单元教学打破了传统教学时间、空间的限制与束缚,学生有了更多自主研究的机会,课堂中经常会出现多种观点,学生通过辩论予以解决.翻转课堂不再是一纸空话,学生自己提出了很多有价值的问题,发现了很多有趣的数学结论,数学家的故事也成了他们热聊的内容,在他们看来数学越来越"好玩"了.而我们的课堂也因此变得平等了,学生的主体地位得到凸显.

2. 学生挖掘数学本质的意识明显增强

教师的设计有了自己的整合,素材更加丰富.学生自主研究所得也越来越多;在老师的引导下,他们学会了建立知识链条,知识网络,努力挖掘数学知识的本质,自我梳理的能力提高了;从不整理数学笔记到一张张个性的思维导图,从"记结论+刷题"到主动探究,学生的学习模式发生了很大改变,感受到了数学的美特别是陈霄等同学在全国数学联赛中表现突出.

3. 学生应用数学的意识不断增强

学生在数学建模和探究活动中,大胆运用所学知识解决实际问题.他们应用数学知识、思想及方法解决了很多物理和化学问题."鸡蛋灌饼的定价问题""建筑物高度测量""同种商品不同规格的价格问题"等探究活动真正发展了学生发现问题、提出问题、分析问题、解决问题的能力,孩子们应用数学的意识增强了.课题负责人所教班级中的一名学生,在学了测楼高课程之后,组织他的伙伴们分析误差,发现在测量过程中除了皮尺未拉紧之外,关键的问题是测角仪导致的误差．他认真反思改进，制作了正切测角仪，并且还用数学知识证明了利用他所发明制作的测量工具直接测量正切值比直接测角更精确．

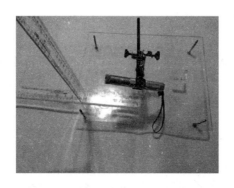

图 1

这个特殊的测角仪，是学生测楼高后的一件成果，在甘肃省第 32 届青少年科技创新活动中获得数学组一等奖．这既是意外又在情理之中，也许这就是单元教学改变学生学习方式的最佳写照．

4. 学生的高考成绩较以往各届学生有了明显提高

我们的课题研究其实从 2015 年就开始了，2016 年正式立项．伴随着 2018 年 6 月的脚步，课题组的老师与参与课题实验的朝夕相处的 2018 届学生一道，将接受高考的检验．嘉峪关市一中整体高考数学成绩将是衡量我们单元教学设计研究成果的重要数据．功夫不负有心人，高考成绩揭晓，我校数学高考成绩优异，整体平均分较往届提升明显，有两位同学以 146 分位居全市第一．

通过这样的教学，我们发现，学生看待事物的角度有了明显的改变，探寻事物本源，掌握事物本质的能力越来越强．学生发现问题、解决问题的能力也不断提高，给我们一个明显的感觉就是他们"长本事"了，这是我们课题组最大的收获，也是最大的欣慰．

三、课题研究的基本观点和主要结论

（一）高中数学单元教学设计的含义

与目前大量教师所做的课节教学设计不同，我们所研究的高中数学单元教学设计要求教师在设计中要先见"森林"后见"树木"而后才是"枝叶"．单元教学设计特别强调从整体上把握教材. 单元教学设计的本质就是在一个宏观的视野之下，站在一个新的视角，对教学方面的问题进行动态系统思考的基础上，进行的一种设计.

高中数学单元教学设计是在整体思维的指导下，从提升学生数学核心素养的角度出发，通过团队合作，对相关教材内容进行统筹重组和优化，并将优化后的教学内容视为一个相对独立的教学单元，以突出数学内容的主线和知识间的关联性，在此基础上对教学单元整体进行循环改进的动态教学设计. 这里优化后相对独立的数学整体教学内容就是数学单元.

所谓教学单元，是指跨领域、跨学科、跨学段、跨章节等综合考量的某一知识体系，是具有一定关联的知识在数学系统下的子知识体系，对数学整体学科起支撑性作用. 这里所说的"单元"可以是课本上具体的一章，也可以是一个主题单元. 比如"函数的单调性"就可以作为一个知识单元，涉及初中的函数图像的特征描述、高中必修中单调性的定义及判定，还有选修中的导数应用等. 数学知识本身有这样几个核心单元：函数单元、几何与代数单元、统计与概率单元、数学建模与探究单元，还可以是能力单元（如"计算能力"就可作为一个能力单元），以思想方法为线索的方法类单元（如待定系数法、配方法、消元法、构造法等）、以素养为主线的素养类单元（如数学抽象、逻辑推理、数学建模、数学运算、直观想象、数据分析等）. 当然跨学科的大单元也在我们的考虑之内. 需要注意的是，这里所说的单元教学设计绝不是一章或一个领域教案的总和和堆积.

事实上，早在19世纪末欧美国家"新教育运动"倡导者们就已经认为学生的学习内容与学习活动应该是一个整体，教材的人为分割使得学生学到的知识碎片化，难以建构完整的思维体系，也不利于发展学生的能力和培养学生的合作精神. 而应把学习内容分割成较大的单元，这样才比较符合学生的心理，容易被学生掌握，有利于发展学生的能力. 在我国20世纪20年代，梁启超、叶圣陶等都曾对单元教学的思想做过论述. 例如，梁启超提出"分组比较教学法"，认为教学"不能篇篇文章讲，须一组一组地讲""两星期教一组，或三星期教一组，要通盘打算"，这时已初步具有单元教学的理念了.

（二）高中数学单元教学设计的特征（图2）

图2

1. 整体性

整体性表现为知识内容的整体性、教学安排的整体性以及对学生认知把握的整体性．高中数学单元教学设计将零碎的数学知识与思想方法等进行模块式整合，有助于学生从整体上把握教学内容，确保知识结构的完整性，进一步明确了单元内容在课程标准以及整个阶段中的定位与要求．单元教学设计在单元整体思想的统领下，从整体目标出发，统揽全局．由于数学单元内容往往会涉及不同的年级甚至不同的学段，而不同阶段学生的认知水平存在较大差异．因此，高中数学单元教学设计需要整体把握学生的认知规律和心理特征．

2. 层序性

单元教学设计的核心思想是"整体把握"，就如同建高楼一样，我们先要整体规划，描绘蓝图，然后再分解成若干部分，再逐一实现．高中数学单元教学设计在关注整体的同时，更关注整体与局部、部分与部分之间的联系．高中数学单元从单元目标出发，将教学活动的每一步、每一个环节都放到教学活动的大系统中考量．单元设计囊括内容较多，且设计也相对复杂，因此需要将其教学过程划分为不同的阶段，每一个阶段又要划分为不同的课时，还要考虑各课时之间的衔接与铺垫．

3. 团队性

单元教学因其内容庞杂、工作复杂、过程漫长，对于单个教师的时间与精力来说，具有相当大的挑战性．因此，单元教学设计往往需要以教学团队为单位，并适时地邀请专家学者参与其中，通过团队之间的交流与合作来完成．这就改变了以往课时教学设计由于教师个体独立完成，彼此之间缺乏交流所造成的教学设计较为片面的现象．教师合作对比分析不同版本的教材及教学素材，对教材内容进行统筹重组，梳理内容主线，确定主题教学目标与具体阶段教学计划．

做好高中数学单元教学设计，仅凭一两位老师的能力和智慧是远远不够的．比如我们课题组成员有初中数学教师，有经验丰富的陇原名师，有致力课改的青年教师，还有刚刚毕业的研究生．他们的教育背景、知识结构、教学风格和科研水平都各不相同．团队成员只有精诚合作，扬长补短，才能更好地完成单元教学设计，呈现出更多有价值的素材．我们的团队还特别邀请了兰州十中的张生林老师加入，一方面是考虑到初高中的衔接教学，因为单元教学设计要站在学生终生发展、可持续发展的层面来设计；另一方面是考虑到不同地区的资源共享，也便于我们推广成果．

4. 创造性

章建跃在《数学学习与智慧发展》中指出，在数学教学中，教师对数学知识的认知不同于学生的认知．其区别大致如下图：

图3

因此，我们教师要站在哲学观点下自上而下进行数学教学设计，而学生的学习则应自下而上，教师要关注学生思维发展的特征，尊重学生现有的能力水平，并以此为依据进行数学课堂教学设计，采用相对应的教学策略，激发学生认知上的不平衡，把数学知识的建构活动不断引向深入，引导学生用数学的方法和视角分析问题、解决问题，切实提高其思考力．

写在课本上的知识是人类经过长期实践加工总结提炼出来的高度概括抽象的理论，学生对所学知识往往只停留在知道层面．教师要站在更高的层面，整体把握，对所教内容要有深刻的理解，熟知其数学地位，熟悉教材知识体系之间的内在联系；同时，要熟悉学生的认知特点，懂得学生的认知发展规律，并能灵活驾驭素材，对教学内容做一番精心的设计与加工，把教学内容有机地划分为若干个探究阶段，不断适应教学需要．所以，一个成功的教学设计，一定是处处都能体现出教师的创造性劳动．

5. 发展性

我们探索的单元设计分别从数学的视角、课程标准的视角、教材比较的视角、教学方法的视角、教学目标的视角、学生学习特征的视角、教材重难点的视角等七个方面进行分析和探讨；然后对本单元教学内容进行课时分解，描述每节课之间的关联及其与单元总目标之间的关系．单元教学结束后，教师要从整体的角度，反思自己在教学设计过程中的得与失，提出改进建议，进一步修改单元的设计，形成良性循环．这正如加涅在《教学设计原理》中所描述的："教学设计是一个系统化规划教学系统的过程．"

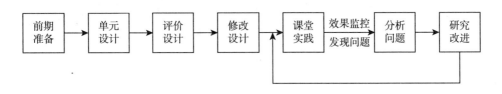

图4

动态发展性是高中数学单元教学设计的重要特征．正如华东师范大学钟启全教授所说，单元教学设计不可能一蹴而就，也不可能一劳永逸，数学单元教学设计是一个不断改进和完善的动态发展过程，如图4所示．其动态发展性主要表现在两个阶段：在教学设计的实施过程中，单元教学设计克服了以往课节教学设计留给老师调整教学方案的空间相对较小所带来的僵化性和机械性，进而可以留有充足的时间与空间去调整教学节奏，教师会针对前期教学中出现的问题或者涌现出的新想法，对原有的教学方法加以调整和完善；在教学设计实施之后，单元教学设计的完成并不是反思后弃之不用，而是通过教研团队的改进，既可用于自己下一轮的教学，也可为下一届老师的教学服务，提供参考，使教学设计一直处于改进完善之中.

（三）从课节教学走向单元教学的必要性

目前，很多教师在教学设计时，往往把注意力集中在具体某课时的教学设计上，专心钻研设计课堂教学过程的每一个细节，这样的教学设计很有意义，但是，容易出现"只见树木而不见森林"的情况，难以从整体上宏观地把握教材.事实上，这样的做法还会导致学生所学知识支离破碎，不利于学生形成一个完整的知识链条和结构体系，而且教师过多地关注知识与技能，忽略了情感态度和价值观的培养，不利于学生学科素养的发展.还使得青年教师从教不久便将高等数学内容遗忘殆尽，更无法在教学中将初中数学、高中数学与大学数学有意识地衔接起来，严重阻碍了青年教师的快速成长.同时，课节教学设计相对于单元教学设计，易使教师拘泥于具体内容，"就课论课"，缺乏对教学整体的把握.单元教学设计倡导将教学内容置于单元整体内容中去把控，更多地关注教学内容的本质、蕴涵的思想以及学生素养的培养，对于改变教师过分关注具体知识点的倾向、拓展其教学视野以及提高教学效率等有重要作用.相对应地，对改变学生的学习方式也有非凡的意义与价值.

（四）实施单元教学设计的突出问题及对策

1. 对单元教学设计重要性认识不足

在我们课题研究的过程中，针对教师对"高中数学单元教学"的价值认同进行了问卷调查（下发22份问卷，有效20份）.问及"高中数学单元教学设计有利于学生形成完整的知识链条和结构体系"时，7名教师选择了"完全认同"，5名教师选择了"比较认同"，5名教师选择了"一般"，1名教师选择了"比较不认同"，还有2名教师选择了"完全不认同".问及"高中数学单元教学设计有利于发展学生的核心素养"时，5名教师选择了"完全认同"，6名教师选择了"比较认同"，5名教师选择了"一般"，2名教师选择了"比较不认同"，还有2名教师选择了"完全不认同".由此可见，大部分教师对单元教学设计的重要性认识还不够，主观上认为只要设计好课节教学就行了，至于单元教学设计则可有可无.

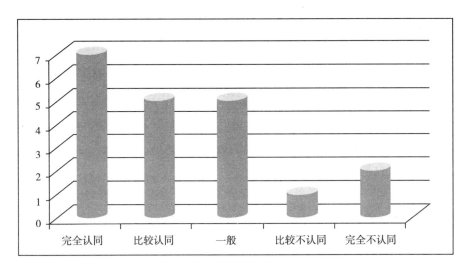

高中数学单元教学设计有利于学生形成完整的知识链条和结构体系

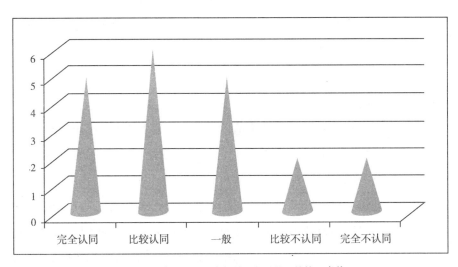

高中数学单元教学设计有利于发展学生的核心素养

图5

　　数学教师是否认同单元教学设计对数学教师自身发展所带来的价值，就这个问题我们访谈了我校的7位数学教师．其中6位认为数学单元教学设计能够从整体上去把握教学，且能促使他们去研究课标、教材设计的意图和熟悉高中数学的体系和框架，对其专业成长有所帮助．

2. 对单元教学设计的含义理解存在偏差

课题负责人担任甘肃省第二届"创新杯"高中数学单元教学设计文本比赛的评委工作时，认真阅读并评价了近 200 份作品，发现最突出的问题便是对单元教学设计的含义理解存在严重问题．部分教师的单元教学设计竟然就是某一章课时教案的堆积，并没有站在整体把握的高度上，宏观设计某单元教学，分析各教学要素的意识淡薄，单元目标缺乏整体性．不少教师只追求形式上的环节与步骤，不太注重各个环节之间的衔接．

3. 教师进行单元教学设计的时间不够

我们对认同"高中数学单元教学设计有利于发展学生的核心素养"这一观点的 6 位老师跟踪访谈时，他们表示：阻碍他们更好地完成单元教学设计的最严重的因素是缺少时间．他们提到：学校教学进度安排快，大量时间被作业批阅、课外辅导以及其他非教学活动所占据，对教学设计放在单元整条知识主线中考虑的较少．这说明老师们尽管在意识上多数认为单元教学设计是对教学有积极作用的，但在平时的备课过程中却较少采用单元教学设计．这也从另一个侧面反映出学科组或者教研团队缺少整体观．

针对上述问题，课题组提出如下对策．

1. 提高对高中数学单元教学设计价值的认识

针对部分教师对单元教学设计价值的不认同，将其看作浪费时间、加重教学负担的现象，我们鼓励这些数学教师尝试进行以下三个方面的工作：首先，通过自身对文献的阅读，更深刻地了解单元教学设计的理念；其次，积极参加单元教学设计的相关培训以及课例展示活动；最后，多参与一些在做数学单元教学设计方面有经验的教师团队的备课过程．在此基础上，我们通过观摩他们的课堂教学以及与这些教师交流，了解单元教学设计对其数学课堂以及教师自身的专业发展所带来的作用，同时，让他们亲自进行单元教学设计的尝试，可以从小的单元做起，慢慢扩充到大单元，让他们在实践中体会单元教学设计带给数学课堂的改变．

2. 加强单元教学设计理论的学习

数学教师应当加强对于数学单元教学设计理论的学习．通过学习，可以提升自身的专业素养，更好地了解单元教学设计所倡导的基本理念、教材编写的意图、课程标准编写的最新进展．另外，理论学习还可以让老师们更好理清各环节、各要素间的相互关系，明确要素分析的具体内容，理解教学目标以及单元教学目标的内涵．

3. 积极组建教科研团队

高中数学单元教学设计仅凭一两位教师的能力和智慧是不够的，需要团队的力量，有针对性地通盘考虑和研究．团队要将教学与研究相结合，把研究的内容与课堂教学紧密联系，在理论和实践的结合点上进行探索；要把宏观和微观相结合，着重从整体上把握、微观上细化；要把扬长与避短相结合，根据各个老师的教育背景、知识结构和教学风格、科研水平分工合作．相对来说，依靠团队的力量，分解单个教师的工作量，营造一个良好的教研氛围，会在一定程度上增强教师们的积极性．因此，学校可以以本校教研组或其他教学联合组织、机构为基本单位，也可以邀请外校的老师参与其中，构建起一个氛围良好、态度积极的教学团队．这样还可以加强教师间的互相监督，确保每个环节都能够保质保量地完成．

4. 为教师搭建交流平台

多开展单元教学设计的相关培训，搭建起一线教师与专家、名师学习、交流的平台，借助平台的力量为教师提供相应的帮助．我们课题组还特别邀请了首都师范大学王尚志教授和西北师范大学吕世虎教授为我校数学教师提供专业指导，教师们表示收获很大．当然我们课题组成员也将自己的成果在兰州、陇西、岷县、通渭等地与当地高中数学教师分享交流，收到了一致好评，使区域间的教研成为了现实．这样的交流也促使教师更好地提升自我，对单元教学设计的流程及单元教学的模式总结也有很大的帮助．

（五）实施单元教学的具体步骤

课题组教师认真梳理课题研究的成果，将高中数学单元教学设计的流程概括如下（图6）：一般包括三大环节（前期准备、开发设计、评价反思），具体分为教学要素分析、教学目标确定、教学流程设计，也包括教学流程的实施以及评价、反思与改进等．

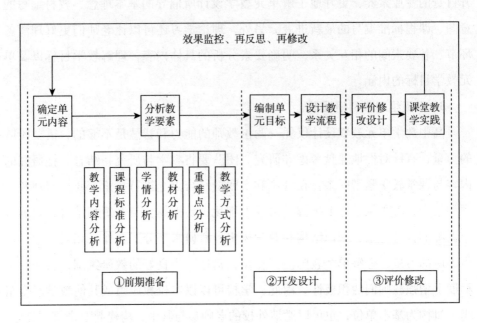

图 6

1. 确定主题教学内容

在确定"数学主题"内容时，教师要根据教学内容、学生学习情况，选择确定主题内容（图7）.

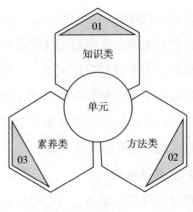

图 7

例1 函数知识类单元（图8）

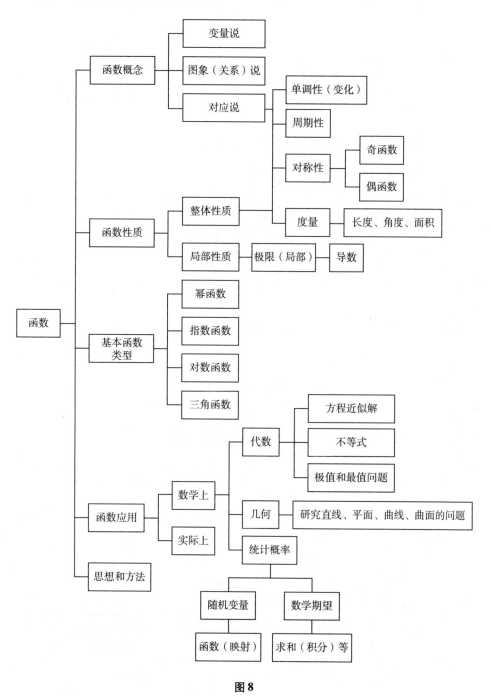

图8

例2 数学建模与探究单元（图9）

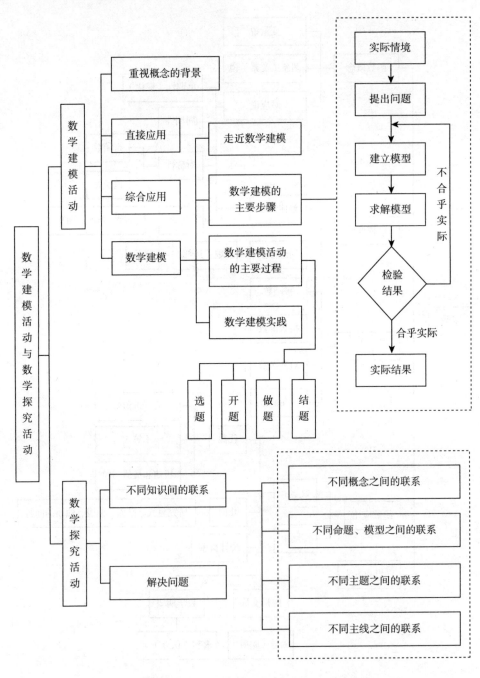

图9

例3 几何直观素养类单元（图10）

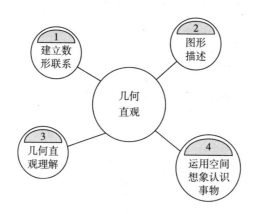

图10

2. 分析教学要素

要素分析是确定主题教学目标的依据，是主题教学设计的重点环节. 教学设计的要素分析应从以下六个方面来进行：数学分析、课标分析、教材分析、重点分析、难点分析、教学方式分析（见表1）.

表1

要素	内容
数学分析	（1）本单元内容的数学本质、数学文化以及所渗透的数学思想等. （2）本单元内容在本学段数学课程中的地位. （3）本单元内容在中小学数学教学中的地位和作用. （4）本单元内容在数学整体中的地位. （5）本单元内容与本学段、前后学段以及大学其他知识点间的联系
课标分析	（1）课标中对单元内容的要求. （2）课标中对单元内不同内容要求的关联.
学情分析	（1）学生学习新知识的预备状态. （2）学生对即将要学习内容的了解程度. （3）学生学习新知识的情感态度. （4）学生的学习方法、习惯以及风格
教材分析	比较新旧教材以及不同版本教材的异同以及概念引入、情境创设、例题习题的编排方式等

续 表

要素	内容
重难点分析	(1) 单元整体教学重难点. (2) 具体课时重难点.
教学方式分析	从单元整体角度出发,选择恰当的教学方式(体现学生的主体性).

3. 编制主题教学目标

单元目标一定要凸显其整体性与统领性.单元教学目标并非课时目标的简单累加,因此在设置上需要瞻前顾后,考虑课时前后的关系以避免课时教学的孤立性和盲目性,突出其对于重点知识和能力的要求,并落实到学生数学素养的达成上.单元目标还要呈现出一定的层序性.

4. 设计主题教学流程

单元教学流程是在要素分析以及单元教学目标确定的基础上,针对单元教学内容选择教学策略而进一步形成的主题教学方案,是从宏观走向微观的过程,如图 11 所示.

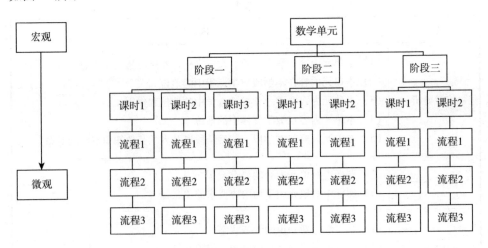

图 11

5. 评价、反思、修改

评价、反思、修改是高中数学单元教学设计的重要环节.数学教师应当在实施教学之前依据教学目标编制评价标准,并在主题教学实施之后,依据课程标准去评价学生的学习成果,做到目标、教学、评价三者的统一.

（六）实施单元教学的价值与意义

第一，实施单元教学有助于师生整体把握教材体系，更好地理解数学．首先，单元教学设计有助于师生准确理解和把握数学知识体系，加深对数学的认识和理解．比如通过对数学知识背后的背景、思想、方法的挖掘，可以使师生更好地理解课程内容，感受不同知识内容之间的实质联系，并加以融会贯通．其次，有助于师生从整体上理解数学、理解教材．比如有助于师生提炼数学思想方法，把"游离"状态的零散知识点有机地串联在一起，抽象出具有普适性的思想方法．

第二，实施单元教学有助于提升教师的数学素养．首先，高中数学单元教学设计促使教师对各种版本的教材进行对比、取舍和整合，促使教师厘清知识主线，把握知识间的联系，在全面分析学情的基础上设计出适合学生的教学方式，提高教师分析问题的能力．其次，有助于教师提炼数学思想方法，提升教师的教学实践能力，还有助于培养教师的反思意识和团队协作能力．

第三，实施单元教学有助于改变学生的学习方法，发展核心素养．首先，单元设计打破了个别知识之间的壁垒，使学生不仅能掌握知识，还能清楚知识之间的沟通联系，形成完整的知识体系．其次，有利于学生学习方式的转变，凸显学生的主体性，改变了以往教师在教学中只注重教而忽视学生学的现状，再次，单元教学设计不再只注重知识的传递，在具体教学中为学生提供了充足的探索、交流的时间，同时给予教师更多的选择，使学生自主实践、自主探究、合作交流等学习方式能够更好地落实．最后，切实提高了学生从数学角度发现和提出问题的能力以及分析和解决问题的能力，使学生学会用数学的眼光观察世界，用数学的思维分析世界，用数学的语言描述世界．

四、课题成果的推广与应用

课题《基于合作的高中数学单元教学设计的实践研究》作为陇原名师何军海高中数学工作室的重要研究项目，课题组成员在负责人的带领下，扎实有序地开展了教育研究与实践，在课题组所在学校乃至全市、全省都有一定的影响力．

2016 年课题刚刚立项，课题组成员就赴甘肃省通渭县陇原名师何军海二级工作室进行交流研讨，我们将之前的成果和课题研究的思路与二级工作室老师交流，得到了他们的认可，同时也吸纳了几位年轻教师参与到我们的研究工作中．同年 9 月，课题组成员将研究的阶段性成果整理，参加嘉峪关市第三届职工优秀技术创新成果展，在全市各单位介绍我们的成果．嘉峪关市总工会、市科学技术局、市人力资源和社会保障局三部门联合授予《基于合作的高中数学教学的探索与研究》课题市第三届职工优秀技术创新成果二等奖．10 月《基于合作的高中数学单元教学设计的实践与研究》在基础教育课程改革和中小学校特色课程体系典型案例评比中获二等奖．2016 年 12 月，课题组负责人完成的"用正多边形拼地板"和"曲边梯形的面积"两篇单元教学设计课列入编西北师范大学温建红教授的著作《数学合作学习案例研究》（师范生教材）．

2017 年 7 月，课题负责人甄荣老师在甘肃省数学教育研究会 2017 年学术年会中展示了课题研究的部分成果，得到了高校老师的认可，并且得到了西北师范大学吕世虎教授的指导与支持，为课题组进行了相关的理论培训，指导成员开展研究．

2018 年 12 月，西北师范大学教师培训学院聘请甄荣为"国培计划（2018）——宁夏乡村教师访名校项目参训学员做示范课'单元视角下的函数的单调性'"，甄荣老师介绍了课题组的研究成果，着重介绍了开展单元教学设计对促进青年教师成长的重要价值．与会学校的领导表示，要在所在学校尽快开展高中数学单元教学设计的实践，并期待与我们进行更深层次的交流．

在课题研究的过程中，课题负责人甄荣老师还受邀担任"全国中小学教师继续教育网"的培训教师并在线上分享了"基于主题教学整体设计的实施案例——导数及其应用"．

2019 年 3 月，由甘肃省教育科学研究院、甘肃省高中新课程数学教学研究改革与实验基地主办的"数学核心素养主题教学设计"活动在陇西二中举行，课组负责人甄荣老师受邀承担的"数学核心素养单元教学示范课"，引起了很大的反响，单元教学的优势被更多一线教师所认可，高中数学单元教学设计这颗种子也在多地生根开花．同年 4 月，在嘉峪关市一中与岷县二中结对帮扶活动中，课题组再次成功推广了《基于合作的高中数学单元教学设计的实践研究》的成果，负责人甄荣老师还进行了单元理念下的课堂教学展示，让岷县二中教师眼前一亮，他们感受到了全新理念下的"新课堂"．6 月 19 日，岷县二中的老师们来到嘉峪关市第一中学与课题组教师进行了更深入的交流学习，课题组教师对这项研究发挥的辐射带动作用，倍感欣慰．

如今，这项研究从课题组走向学科组到学校，再从学校走向全市，最后由嘉峪关走向通渭、陇西、岷县等地，又从线下走向线上．课题组老师的学习与研究，促进了更多数学教师对单元教学设计的认同，这正是课题组开展课题研究的初衷与期待，也是课题研究的价值所在．

五、课题研究中存在的不足

经过课题组成员的共同努力，课题《基于合作的高中数学单元教学设计的实践研究》按计划结题，基本上完成了预期目标和任务．在理论提升和实践探索中都取得了可喜的成绩，尤其通过高中数学单元教学设计的理论学习和充分实践，教师个人的数学素养和教育教学及教育科研能力都得到了很大的提升，同时也整体推动了学科组的发展，可以说硕果累累．大家在总结成功经验的同时，反思课题研究将近四年来所走过的路，也看到了很多的不足．

（一）理论素养有待提高

在课题研究中，我们深感自身的理论素养还有待提高．尽管十分努力，但课题组在理论深度、宏观把握，系统高度等方面还存在缺陷．为此，我们必须树立终身学习的理念，多学习数学教育学等相关书籍，多参加相关培训，多反思平时数学教学设计及课堂教学中的得失，多撰写心得体会，切实提高理论素养．

（二）原始资料的收集意识有待提高

在课题研究中，我们关注学习研究较多，但是对过程性原始资料的收集重视程度不够．因此，在结题时才发现有很多原始材料已经不能完整地呈现，非常遗憾．

（三）部分研究结论的普遍性有待提高

由于对教师调查问卷的分析需要花费相当多的时间与精力，加之课题组成员繁重的教育教学压力，所以，问卷调查和访谈的样本较小，甚至有些研究仅限在本校开展．因此，有些结论很难具有一般研究所追求的"普遍性"．同时，对一些文献和访谈在引用时，可能存在了片面推断的问题，在这里，我们对文献作者及被访谈教师表示感谢，也表示歉意．

六、结语

基于合作的高中数学单元教学设计的实践研究，一经提出便引起了我们课题组每位成员极大的兴趣．在过去的近四年的时间里，我们一边学习一边研究，一边实践一边反思．在学习型集体中，单元教学的模式也越来越清晰．教师的专业知识、专业能力得到了发展．课题研究让我们不断成长的同时，也默默地改变着学生的学习方式，引领着我们的学生一步一个脚印地不断成长．一名已经毕业的学生在大学期间，给课题组负责人发来这样的短信："新的一年祝老师身体健康，工作顺利！上了大学后才发现，我们虽然没有像沿海地区的同学那样参加过各种各样的比赛和交流，没有受过各式各样的培训，没拿过各式各样的奖，但还好，有老师鼓励我们勇于发现和探索问题，训练我们的思维，拓展我们的知识面，至少我们在这些方面是不输他们的．是您还原了数学的原貌，让我感受到了数学的美，而不是不停地刷题，是您让我又爱上了数学，谢谢您！"看到这样的短信，我们也看到了课题研究的最大的收获——学生的发展．

《高中数学教学生成性资源开发与利用的实践研究》结题报告

执笔：蒲香香（课题负责人）

（2017 年甘肃省教育科学"十三五"规划"陇原名师"专项课题

GSGB【2018】J0463 通过省级鉴定）

2017 年 5 月，我们确立课题《高中数学教学生成性资源开发与利用的实践研究》，并以此申报甘肃省教育科学十三五规划 2017 年度"陇原名师"专项课题．2017 年 10 月，经相关部门审查批准，本课题立项．本课题原计划两年完成，但是在课题申请立项前，我们就已经做了大量的前期准备工作，通过查阅资料文献，对课题针对的理论基础进行分析论证．课题通过立项后，在课题组成员的不懈努力下，各项工作进展顺利，远远超出了预期．因此，至 2018 年 5 月，历时一年我们的课题研究已经完成了预期任务，所以课题也自然提前一年结题，现做此结题报告，敬请诸位专家斧正．

一、本课题核心概念的界定、国内外研究现状述评、选题意义及研究价值

1. 课题提出的背景

课题负责人蒲香香老师，在研究生学习期间就进行过高中数学课堂生成性资源的开发与利用的相关研究，但由于当时没有在教学一线，因此，相关的研究只停留在理论研究方面，缺乏与实践的结合，当然，扎实的理论功底为本课题的研究奠定了良好的基础．理论指导实践，实践也要检验理论．现在，作为

一名一线教师，有了更多的实践机会去理解教材，理解课堂，理解学生，因此，对高中数学教学中生成性资源的开发与利用的理论和实践的结合就呼之欲出，即确立了《高中数学教学生成性资源开发与利用的实践研究》的课题.

通过课题将以前的研究范围扩大，从文本的、理论的研究到深入课堂的实践的研究，并更侧重于行动研究，将理论和实施有机地结合起来，用理论去指导实践. 另外，注重"生成"视角下数学和物理知识、方法在教学中相互渗透的研究，使这两个重要学科彼此促进而不互相牵制，对于学生智力的发展与能力的提高具有重要作用. 希望此课题的研究对高中新课程教学的探索与实践能起到推进作用，同时提高一线教师课堂教学的高效性，促进课题参与人员的专业成长.

2. 课题核心概念的界定

（1）所谓"生成"，顾名思义，一般来说是指起源、创世、创造、产生和发生，就是"在新的情境中产生". 教学中的"生成"是一种动态变化的过程，就是师生、生生、师本、生本交互作用而不断产生新因素的过程. "生成"既没有固定的、现成的目标，也没有刻板的模式，它具有偶发性、动态性、创新性、多向性、丰富性、不确定性、随机性等特征. 教学论中的"生成"强调"教学即生成"，把"生成"当成了一种教学模式. 它强调课堂教学要改变传统课堂教学固定不变、按部就班、机械僵化的教学模式，主张课堂教学必须构建生成性的探究性活动过程.

（2）生成性资源教学论中的"生成性资源"也叫"动态生成性资源""生成性教学资源""生成性课程资源". 这三种名称是教育研究者从不同的角度对"生成性资源"的诠释. 生成性教学资源是相对于预成性教学资源而言的. 所谓"预成性教学资源"，是指在教学活动之前就已存在和形成的教学资源. 那么，与之相对应的"生成性教学资源"，是指在课堂教学现场伴随教学过程而产生的，能够推动教学行进的各种教学条件和因素. 预设性资源和非预设性资源的划分是相对的. 动态生成性资源是教师与文本、学生与文本、教师与学生、学生与学生以及教师与教师等双向和多向互动时产生的资源，它主要存在于教师、学生、文本三者的互动之中. 教学资源的开发不仅存在于教学开始之前，而且存在于教学过程之中，存在于教学现场之中，存在于当下的教学情境之中.

（3）高中数学课堂生成性资源结合生成、生成性资源、课堂生成性资源的内涵，我们可以给"高中数学课堂生成性资源"下一个定义：高中数学课堂生成性资源是指在高中数学课堂师生共同参与的建构主体性数学经验、使学生获得数学体验的教学过程中所产生的能够推进教学的各种教学条件和因素来源.

3. 国内外研究现状述评

通过查阅期刊、网络，我们发现最近几年关于研究生成性资源的文章很多，论述的角度大多集中于对教学实践的叙述，虽然有对生成教学的思考，但是不够系统，缺乏理论层面的提升. 也有学者从文化、人性、知识、生命、哲学、过程等角度对资源的生成性进行思考研究，力求提升理论. 有一线教师结合自己的课堂教学，对生成性资源进行反思、提炼，提出课堂生成性资源的契机点，针对实施困境提出解决策略，挖掘课堂教学中的资源，提高教学的有效性，丰富教学资源. 在促进生成、有效生成的过程中对教师提出了更高要求，促使教师对智慧型教师的内涵、特征进行分析，生成思考. 大多数文章从很多小角度去研究，虽然分析也不全面，但是对生成性资源零散的局部思考也带动了整体的研究发展.

介绍数学学科生成性研究的文章并不多，比较全面系统的研究主要有李炜编著的《数学教学生成论》. 他从教学生成的认识论、方法论、实践论三个基本领域，以数学学科作为思考主线和例证，来建立和阐述教学生成理念、分析和研究教学现象. 从学生视角出发，他分析了探究与生成的关系，提出了若干基于教学生成的数学探究学习策略；从教师视角出发，从理念确立、角色定位、教师素质、教学行为等方面，分析了引导与生成的关系，阐明了教学生成观下数学教学设计、教学方式的新理念. 不过文中没有提到非认知因素与生成性的研究. 他的研究在帮助人们更深入地认识"生成"的同时，将教学生成的理念落到了实处. 另外，2011 年管萌珠撰写的硕士论文《高中数学课堂生成性资源的开发与利用》，2015 年何明撰写的硕士论文《高中数学生成性教学资源开发与利用实践研究》，这两篇硕士论文从不同的层面研究了数学生成性教学资源，主要是针对数学课堂，没有涉及文本资源的研究. 三位作者都是在校研究生，缺少课堂实践研究.

4. 选题意义

从目前我国数学教学生成性课程资源的研究现状来看，大多处于浅层的实践表层上，在理论层面上的论述不够系统．深入课堂调查生成理念的落实情况，我们就会发现教师在课堂上开发、利用生成性资源的过程中存在一些问题．有一些教师对生成的理念比较陌生，或者说视而不见，主要是因为受到传统应试教学的影响，使得教师通常不会过多考虑与考试"无关"的教学内容．也有部分教师已经意识到生成性资源在教学中的重要价值，但是缺乏对生成的深刻认识，刻意追求所谓的"生成"，为生成而生成的"虚假生成"，违反了生成的规律和特点，这些生成误区并没有给教学带来积极的影响．还有一些教师教学素养不足，"自主"研发和"独立"判别教学资源的精神和意识相对较弱，使得课堂中涌现的有价值的资源流失，而对价值不大的信息和问题，不能及时地排除和处理，导致课堂教学偏离正确的轨道．

由此可见，开发与利用生成性资源在实践中存在诸多亟待解决的问题．实践缺乏系统理论的指导，难免会遇到挫折；实践缺乏可操作性的实施策略，同样不能顺利进行．因此，对生成性课程资源进行深入而系统的理论分析，结合具体的课程实践，并将二者有机地结合起来，对全面深刻地理解与实践生成性课程资源将具有重大意义．因此，研究教师与学生在课堂上的"生成"问题势在必行，《高中数学生成性资源开发与利用的现状研究》有着十分重大的现实意义．

5. 研究价值

生成性教学资源是在课堂教学中随机出现的偶发性资源，如果利用得好，则具有比常规教学资源更加珍贵的教学价值．为了促进生成性资源在数学课堂上合理开发、有效利用，我们有必要对数学教材、练习题进行分析、钻研，有必要深入数学课堂亲历、观察、研究、分析，有必要通过调查和访谈数学、物理教师在课堂上对生成性资源的开发利用现状，等等，在此基础上给予教师一些可操作的实施策略以及教学建议，有效提高课堂教学．因此，研究教师与文本、教师与学生在课堂上的生成问题很有价值．本研究旨在以觉知数学教师开发与利用生成性资源的意识为核心，促进教师的专业发展和以改善学生的学习成效为终极目标．

二、本课题的研究目标、研究内容、研究创新

1. 研究目标

本课题在已有理论和实践研究的基础上，扩大研究范围，着重研究教材、教学设计、教学课件、习题等各种文本资料，以及从不同的角度研究课堂，更深入、更全面地研究课堂生成性资源. 结合现状中存在的问题，分析开发数学课堂生成性资源的影响因素及实施现状，编制调查问卷、访谈提纲，并分析、研究调查结果，进而提出有效开发与合理利用生成性资源的实施策略，归纳、总结高效利用生成性资源的智慧型教师所具有的特征，为一线教师提供参考借鉴，提高课堂教学的高效性，改善学生的学习成效，推进我校高中新课程教学的探索与实践.

2. 研究内容

本课题研究的主要内容有以下几点：一是关于数学教学生成性资源的相关理论的梳理、整合（在已有研究的基础上），二是"生成"视角下的文本材料（教材、教学设计、教学课件、课后习题）的研究，三是"生成"视角下课堂教学案例及课堂实践的研究，而且对课堂教学的研究角度更加多元化，如局部与整体的研究，同课异构课的研究，普通课与优质课的研究，普通教师与专家型教师的研究等；四是"生成"视角下数学解题教学的研究；五是结合调查问卷与访谈结果分析，提出有效开发与合理利用数学生成性资源的教学策略与实施建议.

3. 研究创新

本课题研究的特色和创新点主要涉及三个层面：首先，提高了教师对课堂生成性资源的重视；其次，提高了教师对课堂生成性资源的开发和利用的实践能力；最后，通过教师的引导，使学生发现问题、解决问题的能力进一步得到提升. 可以说，本课题在提高教师教学效率，培养学生的学习兴趣、创新能力和实际解决问题能力等方面起到了四两拨千斤的作用.

三、本课题的研究思路、研究方法、技术路线、实施步骤和研究人员分工

1. 研究思路

结合我校所进行的高中数学新课程的教学，充分利用平时备课、课堂教学、

课后辅导、作业批改和考试阅卷，以及教研活动等有利条件，搜集整理材料，及时分析研究，并关注近期专家、学者对此类问题的看法和见解，即"边学习、边研究、边实践""以研究引领实践，在实践中完善提升"的研究思路.

2. 研究方法

课题研究方法采用"文献分析法""行动研究法""案例研究法""经验总结法""调查研究法"和"访谈法"相结合的方法. 其中问卷调查是为了更深入、全面地把握中学数学教师的生成性资源开发与利用现状. 访谈作为辅助研究，弥补了研究中出现的疏忽和漏洞，增强了本课题研究的严谨性.

3. 技术路线

整个研究过程遵循的技术路线：基于已有生成性资源相关理论的梳理、整合，进一步结合实践教学活动及教研活动，注重相关理论的完善和生成；采用理论联系实际的方法，突出可操作性；确定本课题研究的切入点，组织课题组成员对课题展开研究，经过一段时间后，总结研究实施情况，进行反思，根据具体情况对研究方案进行调整，保证课题研究顺利进行.

4. 实施步骤

课题研究的具体实施步骤主要分为四个阶段：

第一阶段：准备阶段（2017年5月—2017年9月）

查阅文献，设计研究方案，为拟定实施阶段的具体操作方案做准备.

第二阶段：实施和研究阶段（2017年9月—2018年2月）

细化研究内容，制订课题目录，合作实施；对课题进行具体分工，各自收集相关资料进行研究.

第三阶段：总结阶段（2018年2月—2018年4月）

整理各阶段研究成果，结合有关数据分析，撰写实验报告.

第四阶段：完善阶段（2018年4月—2018年5月）

修订完善，结题推广.

5. 课题研究人员分工

（1）课题负责人蒲香香，负责课题的立项、开题报告、阶段性报告、结题报告的撰写工作，负责案例的分析、研究、总结.

（2）孙建华，主要负责调查问卷的编写、发放、数据处理及数据分析，负责生成视域下高中数学知识与物理解题融合分析，负责整理各阶段成果，负责课题汇总整理工作.

（3）李崇华，负责对文本资源的开发与利用的研究，主要针对教材中的典型例题、习题研究，负责解题教学案例的选取工作.

（4）谢梅，主要负责把课堂教学录像转化为文字实录；负责课堂教学记录、整理工作.

四、本课题的理论研究

2017 年 4 月—2017 年 9 月，课题组成员以理论学习研究为主，通过查阅文献（书籍、论文），对生成性资源开发与利用的国内外研究现状进行梳理分析，并结合个人经验对数学教学中生成性资源的研究特征，以及开发与利用的价值、影响因素做了系统的分析. 扎实的理论研究为后续进行的实践研究提供了理论保证，实践研究在理论的指导下顺利展开.

（一）课题研究的理论支撑

杜威认为，"教育即生长""教育即是经验的生成与经验的改造". 关于"动态生成性资源"问题，他认为：思维是教学的基础，教学成败的关键就在于在教学中能否提供一定的条件，利用某种方法来激励和强化思维的作用. 特别强调的是，在教学活动中，教师必须引导学生自己发现问题、分析问题、解决问题，不断进行有效的思维活动，从而产生更多的"观念"和"知识"，也就是生成更多的资源.

维特罗克生成性学习理论是一种有关深层次理解和意义建构的学与教的新方式，有时候也被称之为"生成学习模式""生成教学策略（模式）"等，为生成性教学提供了直接的心理学理论依据. 维特罗克认为知识学习的本质就是意义的建构与生成，学习的生成过程就是学习者原有的认知结构，即已经储存在长时记忆中的事件和脑的信息加工策略，与从环境中接受的感觉信息，即新的知识相互作用，主动选择信息和建构信息的意义. 生成性学习理论从心理学角度确立了学生所拥有的主体作用及与环境的相互作用，重视新知与已有长时记忆内容与信息的相互联系作用，也重视教师的指导作用，它对当代教学生成观具有指导意义.

《生成课程》，伊丽莎白·琼斯和约翰·尼莫合著，这是一本关于生成课程的理论与实践相结合的著作．他们认为，生成课程不是课前装好的，即课程在课前经过了严谨缜密的思考、设计；也不是过时的、静态的，没有生命活力的课程；课程的生成不是随意的，教师不是对课程滥生成，而是对课程的有目标的开发与利用．书中对生成课程的来源也有所描述：生成课程可能来自于学生的兴趣，教师的兴趣，教师和学生的讨论协商，儿童发展的阶段任务，物质环境中的事物，社会环境中的人们，资料、意料之外的事件，共同的生活、社会、社区、家庭、学校的价值观，等等．书中所描述的"生成课程"，应该就是"生成性资源"，作者对生成性资源的结构、来源有比较深刻而全面的认识．

《透视课堂》，美国学者 ThomasL. Good 和 JereE. Brophy 合著，本书从课堂行为的角度去观察、描述课堂教学，经过深刻的反思、梳理，提供了实用的课堂教学管理策略，即提高学生兴趣和帮助学生成长的策略．在第 2 章通过课堂观察增强教师的意识中，强调教师在洞察自己的课堂教学行为中，对自己在无意识中引发的课堂问题引起注意，并在探讨教师如何处理课堂中瞬息万变的信息的基础上提供了课堂观察的一般方法．对课堂上不定信息的观察和处理就是我们所说的对生成性资源的开发与利用．

叶澜教授指出：学生在课堂活动中表现出的学习兴趣、注意力、积极性、合作能力与质量、学习方法与思维方式，以及发表的建议、意见、观点，提出的问题与争论乃至错误的回答等，无论是以言语，还是以行为、情绪方式的表达，都是教学过程中的生成性资源．他把学生不仅仅看作是学习对象、学习主体，更是教学资源的重要构成者和建构者．他认为学生的发展应是一个开放性的动态生成过程，通过师生对话、交流，在动态生成中促进教学过程的发展．他是立足于生命的高度、从动态生成的角度来看待课堂教学，从理论上论述了生成思想．

（二）生成性资源特征

分析、研究数学课堂动态生成性资源具有哪些基本特征，对于教师恰当把握和随机处理课堂教学过程中产生的新问题，具有非常重要的价值．从不同的视角看，课堂动态生成性资源具有不同的特点．

1. 持续性

从资源的性质角度看，教学物质资源和教学人力资源是教学资源的两个重要组成部分，所谈的动态生成性资源属于教学人力资源．再生性是人力资源的显著特点之一，即可进行循环开发和利用．逻辑性强是数学学科的一大特点，正是这一特点，才使资源的持续性在数学课堂上得到充分的体现．例如，在开放性的数学课堂上，常常会出现因着手解决的问题而引发新的问题的情况，也会因某个问题引发与解决当前问题无关而与后续知识有关的问题．生成性资源开发和合理利用以后，对学生的思维或人格的发展产生了一定的影响，并内化为学生的基本素质，会使学生更加积极主动地参与教学活动，进一步生成更多的可利用资源．同时，生成性资源也丰富了教师的经验，增强了教师对文本、学生和环境的理解能力，提高了教师判断、分析和处理问题的能力．所以，生成性资源是一种取之不尽、用之不竭的可持续利用资源．

2. 潜隐性

从开发资源的角度看，生成性资源是无形的、非物质性的资源，不能够预先计划，也不可能提前做好准备，具有随机性和偶遇性．它产生的时间、内容属性、存在形式都是不可预知的．很多数学问题有标准答案，但是标准答案的获得有很多途径，那么挖掘学生思维中的这些潜在途径显得至关重要；学生的回答各有千秋，这些资源有不可预知的潜在性，等待教师去激发；学生在数学学习中存在的认知困惑或理解障碍，对某一数学问题潜在的独特见解或错误认识等，都是潜在的教学资源，如果这些资源能被有效外化和显化，并被教师及时捕捉和利用，都可能成为教学中的有效教学资源．

3. 现时性

从资源的存在形式看，生成性资源是不能脱离具体的师生活动环境而存在的，生成教学内容的情境是由师生进行的对话交流活动以及具体的活动环境组成的．由于生成的情境的复杂性、多样性，使得生成的情境表现出独有的状态，这也决定了生成性资源的即时性和不可重复性，它是无形的，稍纵即逝的．教师一旦没有及时把握与捕捉生成的有价值的资源，就很难再有相类似情境引起学生的共鸣或兴奋、激发师生思维的火种，也就无法真正触动师生的深层次思维、启发其思考，同时有可能造成这类教学资源的流失．

4. 灵活性

从利用资源的角度看，课堂中出现了多种可以开发和利用的生成性资源，有的还可能产生负面效应，需要教师凭借自己的教学智慧，恰当地做出判断、选择和处理，而判断的标准是学科教学的目标．课堂在有方向、有目标的价值引导下，为促进数学学科教学目标的达成而生成新的目标、新的策略、新的方法、新的思想、新的观点等，它体现了教学的目的和方向．例如在数系扩充案例中，教师对式子 $(x-5)^2+15=0$ 的处理．这个资源的出现阻碍了教师预设方案，打断了课堂教学预设的方向，摆在老师面前的任务是如何利用这个生成的资源，而不是把学生硬拉到自己预设的轨道上来，要随机灵活处理．

（三）开发与利用生成性资源的价值

1. 生命价值

人是生成性的存在，生成意味着人的发展和变化，它蕴含着人的不确定性和不定型性，意味着人的超越和创造．从人的角度来说，我们必须尊重这种开放性和生成性．所有的学生都是带着自己的兴趣、爱好，带着自己的经验，带着各种各样的情绪来到课堂的．我们的课堂是师生张扬生命意志的课堂，应该是开放的、生成的、和谐的．开发和利用课堂动态生成性资源的终极目的，是对人的本质内涵进行的一次又一次的亲近，一次又一次的反省，一次又一次的展现，即在这种时刻反省科学、知识和精神的过程中，不断实现人的心灵、心智的充盈和解放．

我们不仅要关注学生的发展还要重视教师的发展，因为在课堂上、学校中的生活是师生人生经历的重要部分，它应当焕发生命的活力．生成性资源合理开发与有效利用是对教师智慧、创造的挑战，教育理念的转变，促进教师教学行为转变；教育教学的创造性实践，优化了教师的专业能力结构；教师自身水平的提高以及生命价值的彰显，有助于教师建立专业理想，形成专业自我．

2. 教学价值

开发和利用课堂动态生成资源，是实现师生、生生互动交流的有效方法，有利于提高教学质量，具体体现为：

（1）创设开放的数学课堂，为师生互动提供自由空间．

课堂是师生进行教学活动的主要场所，课堂环境往往对教学的开展和进行有很大影响．教师只有给学生创造自由、安全的学习环境，才能保证学生思维的发展和创造灵感的自由发挥．随着教学活动的展开，教师、学生和教学文本不断碰撞，创造的火花不断迸发，培养了学生的创新意识，并使学生逐渐形成创新能力，教师的劳动也闪耀着创造的光辉，师生都能感觉到生命活力的涌动．课程不再是由教师向学生单向传递知识的过程，学习的结果也不再是有着唯一正确答案的、确定不移的真理，教师、学生与文本由封闭走向开放，师生开放的教学心态和课堂中开放的教学氛围也因此形成．

（2）建立和谐的师生关系，增进师生之间的情感交流．

师生关系是贯穿教学始终的一个因素，良好的师生关系是教学顺利展开的前提．基础教育课程改革之下的新型师生关系是"尊师爱生、民主平等、教学相长"，民主平等是新型师生关系的精华．师生平等关系的形成是课堂民主的具体体现，教师从过去的知识传授者、权威者转变为学生学习的帮助者和伙伴者．而创设和谐民主的师生关系，要求教师放下架子、权威，尊重学生的意见，让学生真正感到平等和亲切，师生间实现零距离接触．生成性资源开发与利用的过程是对学生思想、见解的挖掘过程，是对其具有个性化的观点的尊重，使得学生的思想不被束缚，敢于大胆质疑、猜想、发表不同见解，在自由、宽松、民主的课堂气氛中新型的师生关系自然而然形成．

（3）开展生动的教学过程，促进教和学的发展．

听到有很多学生说数学抽象，难学难懂，数学课堂枯燥乏味，甚至有些学生厌学数学．究其原因，在旧的教学模式下，教师忠实地执行教案，课堂中出现的一些"意外"习惯性地被当作理想课堂教学的破坏者及时地给予"处理"掉，极大地扼杀了课堂生活的丰富性与生成性，泯灭了学生的生命性．虽然这是数学知识的积累和解题经验、技能的汇聚，对于学生求解一般同类数学问题是有益的，但是这种思维的单一深化和定式增长在一定程度上阻碍了学生解题适应能力以及分析问题和解决问题能力的提高，缺乏创造性思维的培养．而如果教师在生成的教学中开放地接纳始料未及的信息，不断修整和改变教学方案，就能使教学方案在变动中引导着教学逐步走向深入．在学生自主、合作、探究的学习中，学生的求知欲望被激发，使课堂产生思维的碰撞和交锋，学生参与思考，踊跃发表自己的观点，在灵动中建构知识，生动活泼的教学形态逐渐呈现．

（四）开发和利用生成性资源的影响因素

1. 教学主体

学生因素：按照美国学者加德纳（Gardner, H.）提出的"多元智能"说法，每个人都是聪明的，人和人之间有不同的聪明，而且"生来就不同"．一个班的学生，永远存在着差异，这表现在学生已有的认知、经验、技能、个性、情感、态度、价值观以及学生之间的差异等方面，包括所有智力与非智力因素．学生的各种因素都有可能进入课堂教学过程之中，与各种教学因素相互作用，呈现出各种形态．学生对知识的理解和体会，学生在学习过程中所生成的经验、成果和出现的问题，以及学生在学习中所产生的兴趣、愉悦、热爱和动机等情感性体验，成为生动的教学过程中的资源．

教师因素：教师作为教学活动开展的引导者，把握着整个教学的发展趋势．教师的素质，包括教师的专业知识、教学语言、教学风格、教学能力、观察能力、交互沟通能力、职业道德、教学经验、个性品质、性格爱好、意愿态度、情感、威信、价值感、人格魅力、对学生的爱以及对先进教育理念的吸收和教师个人在教学实践中的独立思考和实践反思，等等，都会进入教学活动之中成为影响生成性资源生成的重要因素．拥有较高知识素养、能力素养和道德修养的教师往往能够激发更多的资源并会提高其利用质量．教师的教学方法、策略、手段、教学水平以及教师对教材的挖掘程度和驾驭学生的能力直接决定其设计、开发和利用动态生成性资源的水平．

2. 教学文本

教学文本包括师生不直接参与制作的、现成的文本，主要有课程改革指导纲要、数学课程标准、教学指导书、数学教科书与教材、同种媒体结合的视听文本以及提供教学内容的科学领域与文化领域的文本；包括教师事前准备好的教学设计文本以及实际教学过程中创造的文本，如教案、板书、教授、对话、讨论、笔记、摘要乃至对学生操作活动进行的激励和发出的指令等；还包括教学告一段落后教师和学生所生产的文本，如教师对教学实践（授课实录）进行分析所生产的文本，学生课后整理的数学课堂笔记及数学学习心得．由于人的主观能动性，师生在解读教学文本时对其进行一定程度的重构，这种重构就体现了知识的生成，而对教学文本解读能达到什么水平，直接影响着教学资源的生成.

3. 教学环境

教学环境是一种特殊的环境,是按照发展人的身心这种特殊需要而组织起来的育人环境,主要是指教学氛围或课堂情绪,教学过程中呈现的师生、生生之间的关系以及长久形成的班风.如果教师采取肯定的、民主的、充分考虑学生个性的方式,学生就敢于表达自己的思想,敢于批评和质疑,就能生成许多新的观点和资源;如果教师采取否定的、专制的、控制的方式,学生因怕回答错误招致教师的批评和冷淡,往往不敢或不想发表自己的想法和观点.在这种僵硬的教学氛围中,师生互动不能自由发展,也就很难存在有价值的生成性资源.因此,我们的课堂教学应该是开放的和动态的,允许意外的发生和偏差的存在,教师要善于营造一种开放的课堂氛围,在师生的交流中激活动态生成的课程资源.

五、本课题的实践研究

(一)"高中数学教学生成性资源开发与利用现状"的问卷调查

2017 年 9 月初,课题组成员针对课堂教学过程中教师对生成性资源的态度、开发状况及应对状况这三个方面编写、修订"高中数学教学生成性资源开发与利用现状"的调查问卷.9 月中旬由孙建华老师负责发放、回收问卷,通过对调查数据和资料的全面分析,于月底完成问卷调查分析报告.通过问卷准确了解数学教师是如何认识和应对来自课堂的动态生成性资源的现状,发现存在的问题,为案例研析提供了研究的大方向.

问卷调查的主要结论:

(1)通过对上述调查结果的分析可以看出,目前我省数学教师注重新教育理念的落实,从思想上重视学生的发展,对学生的兴趣、观点、问题、回答都很重视,而这些也是生成性资源的生长点.对于生成性资源重视程度的加强,课堂逐步实现民主,营造宽松的学习氛围,教师在课堂教学中的引导角色,能有效地激发和捕捉生成性资源.同时随着学生主体性、自主性的增强,学生质疑、反驳、争论的机会大大增多,教学资源不断涌现.

虽然教师对于生成性资源的开发与利用的状况从调查情况来看还算乐观,

但是离高效课堂的教学目标还有很大差距，结合个别老师的访谈及其自身教学，发现还是存在很多问题的．其中最大的问题是缺乏生成性资源开发与利用的有效实施策略，需要通过对案例展开多角度分析以提炼出一线教师可实施的应对策略．

（2）从差异性检验结果显示，不管是资源的存在状况，还是教师对生成性资源重要性的认识及其开发与利用状况，兰州市与嘉峪关市不存在显著性差异．但是观察统计图人数的分布情况，我们了解到有些方面还是存在差异的，从整体上分析，发现兰州教师开发与利用生成性资源的有效性高于嘉峪关市教师．究其原因，一方面，深受地区教育环境的影响，一些新的教学理念在数学教学中的落实在两个地区差异性较大；另一方面，两个地区生源差异也有重要影响．

（二）生成视域下案例研析

1. 文本资源研究

课题组成员李崇华老师由于教龄最长，经验最丰富，因此对文本资源开发与利用的研究、解题教学案例的选取工作主要由她负责．至 2017 年 12 月，李崇华老师完成了对教材资源的分析研究．虽然钻研教材是一个老生常谈的话题，但是课堂上教师的运筹、调控能力与对教材的钻研、解读程度息息相关．教师对所选例题的信息提炼方式、转化过程、解题途径做到心中有数，以应对教学中的突发事件．对教材资源的分析研究充分展示了如何挖掘教材资源，把资源最大化，强调唯有吃透教材，才能准确把握教学重点，合理取舍教学中生成的资源，向教学目标逐步靠拢，最大化实现教学效益．

本课题选取例题、习题三例来说明教材资源的开发与利用，分别是：①求以 $A(4,9)$，$B(6,3)$ 为直径的圆的方程；②斜率为 1 的直线 l 经过抛物线 $y^2 = 4x$ 的焦点 F，且与抛物线相交于 A，B 两点，求线段 AB 的长；③在平面直角坐标系 xoy 中，设椭圆 $\dfrac{x^2}{a^2} + \dfrac{y^2}{b^2} = 1(a > b > 0)$ 的左顶点为 A，过 A 点作直线 l 交椭圆于另一点 Q，交 y 轴于点 R，直线 OP 平行于直线 l，点 P 在椭圆上．求证：AR，$\sqrt{2}OP$，AQ 成等比数列．

2. 课堂教学研究

2017 年 9 月—2017 年 12 月，课题组成员谢梅老师主要负责把课堂教学录像转化为文字实录，同时负责日常课堂的教学记录、整理工作．有了这些的教学资料，课堂教学案例的研析工作才得以顺利进行．

关于课堂教学的分析，我们采取多角度研究，有局部与整体的研究、同课异构课的研究、普通课与优质课的研究、普通教师与专家型教师的研究等．其中以同课异构比较研究为主，本课题选取两个案例从两个角度比较研究，分别通过"数系的扩充"两课例教学片段比较，领会课堂生成；通过"余弦定理"三课例研析及教学路线比较，领略课堂生成；通过优秀教学片断分析，领会课堂生成．具体实施过程：以教学中教师对生成性资源的开发与利用为重点，观看教学录像，深入课堂观察，从中总结好的处理方法，反思失败的原因．

结合课题组参与人员在数学课堂上的行动研究，我们提出利用生成性资源促进数学教学的具体实施策略，希望在提高一线教师对课堂生成性资源的开发和利用的实践能力的同时，通过教师的引导，使学生发现问题、解决问题的能力进一步得到提升，在提高教学效率，培养学生的学习兴趣、创新能力和实际解决问题的能力等方面起到四两拨千斤的作用．

3. 数学解题研究

本课题从最易于学生思维生成的解题案例，如一题多解、一题多变、多题一解、错解辨析及类比方法中研究解题教学对生成性资源的开发与利用．类比思想着重于学生思维的开发、生成．多题一解案例的研究重在资源开发，强调不同题型一种解法的归纳，在归纳中促进教学生成．一题多变案例中学生能从新的角度在数学知识产生的地方发现问题，为数学的教、学、研找到新的出发点．

在一题多解教学案例中，学生各显其才，结合自己已经掌握的知识点、解题方法，从不同的角度分析问题，讲述了自己的解法；在自己独立思考的基础上，分享别人的解法，在对比中分析每一种见解的优缺点，相互学习，共同上进．这其中可能会有再发现、再拓展、再创新，以促进教学的不断生成．

在错解辨析案例中，对于学生学习中误入歧途的问题，教师不能仅仅满足于指点迷津，更重要的是要充分捕捉错误背后隐藏着的有价值的思维成分；引导学生去反思 A 错在什么地方，为什么会发证这样的错误，什么原因诱导了这个错误，错误中是否存在有价值的信息，怎样从错误中走向正确等问题．

4. 教学设计研究

在预成性思维的指导下，教师的教学设计以书本知识为本位，从教师的教学经验或主观判断出发，侧重于选择教学活动程序、确定教学方法、预设教学组织形式等一系列程序化的准备．这样的教学设计最终使教学过程成了教学流程，走向了计划性的极端．而本课题强调教学的生成性，这具有积极的现实意义．基于生成的弹性化教学设计，只为教学设计了大概路径和主要事件，是对教学过程的宏观规划．强调生成，并不意味着舍弃预设，有效的教学应当追求生成与预设的和谐统一．在课堂教学研究的基础上，课题组成员基于生成积极研究教学设计、制作教学课件并录制课堂教学．

5. 学科渗透研究

2017 年 10 月—2017 年 12 月，孙建华老师负责完成学科渗透研究．在高中阶段的学习中，数学学科知识与其他多学科都具有关联，关联最多的是物理学科，如与物理的"万有引力定律及其应用""匀变速直线运动的研究"等紧密相连．本课题对嘉峪关市第一中学高三理科生的数学学习成绩与其他课程学习成绩的相关性做了统计分析．

数学知识与物理解题有效融合的最终目的是要提高学生的生成能力，让学生在物理解题中更加灵活、自由地应用数学知识，可以变被动为主动，发展学生的双向思维，提高教师的教学质量．本课题通过一则案例来强调物理数学学科之间的渗透．

六、本课题研究的主要结论

我们通过理论分析和大量的实践研究工作，结合课题组参与人员在数学课堂上的行动研究，提出了利用生成性资源促进数学教学的有效实施策略，总结出了提升教师整合生成性资源实践能力的行为习惯．

（一）利用生成性资源促进数学教学的有效实施策略

1. 教学设计宏观规划

（1）熟练掌握教材，充分了解学生．

（2）教学例题、习题的设计要有弹性．

（3）教学目标、内容、方法、时间安排要有弹性．

（4）教学结构与流程的设计要有弹性．

我们预设教学结构和流程，但也只是最基本的框架，教师可以在实施中根据需要修正、调整．在动态生成观下，课堂教学是一个渐进的、多层次和多角度的非线性序列．笔者认为在教学中大概有三种弹性化设计思路，即网络化教学设计、树枝状教学设计和发散式教学设计．网络化教学设计是由教师从学生的视角和立场围绕学生感兴趣的话题进行联想，由此展开可能引发学生感兴趣的话题，再由每个引发的话题进行拓展性联想，如此继续，最后将所有的话题联系起来，就构成了网络．树枝状教学设计是由许多具有一定关系的关键事件组成教学过程．因此，这种设计更具灵活性，因为它要求教师在教学过程中不断地做出选择与决策．发散式教学设计是以课堂某一关键处学生的种种可能表现为生长点，为教学设计各种不同的、相对独立的固定路线图．在这种教学设计中，教师在教学中的灵活性主要表现为根据实际情景在关键处对各种不同的教学思路进行选择．

2. 合理创设问题情境

爱因斯坦说过："发现问题、提出问题比解决问题更重要．"在课堂教学中，创设问题情境是一种有助于课堂生成资源的重要方法，教师创设问题启发引导学生，带领学生在探究中掌握新知，更重要的是促使学生发现问题、提出问题．

促进生成和提出问题的策略如下：

（1）创设开放性的问题氛围，鼓励和赞赏学生的提问行为．

（2）设置问题障碍，激发学生的思维，让学习者疑中生疑．

（3）留有课堂思维"空白"，提供学生提问的时间．

（4）以问促问，通过教师提问（有争议或难度的问题）引发学生生成新的问题．

（5）把握所生成问题的解答方法，鼓励学生自我判断和评价．

（6）引导和鼓励学生在平时的学习中寻求问题．

（7）创设探究性的问题，引发学生的探究欲望，激起学生的求知欲和创造性思维．

（二）培养教师整合生成性资源实践能力的行为习惯

1. 形成强烈的资源意识

一个教师如果有强烈的教学资源意识，那他就能把教学和生活中各种有意义的教学资源充分挖掘出来，用来促进自己的教和学生的学．

2. 养成良好的反思习惯

教师在教育实践中的独立思考和实践反思是课堂动态生成资源的源泉．教学反思是教师着眼于自己的教学活动过程来分析自己做出某种行为、决策以及所产生的结果的过程，是一种通过提高参与者的自我觉察水平来促进能力发展的手段．由于教学设计与实际教学之间或多或少地会存在一定的差距，所以每当一堂课结束之后，教师常常会感到有某些美中不足之处的心得体会，或没有充分利用意外闪光点而遗憾．如果教师能把这些感悟及时记录下来，并经过整理、分析，必要时与同事交流切磋，以科学的教育教学理念为依托，结合新课程标准的要求，反思自己的教学行为，分析自己的所作所为以及所导致的结果的过程，就能使自己清楚地认识到隐藏在生成内容背后的教学原理，从而提高后继预设的有效性．

课后反思可以从以下几个方面入手：

（1）反思生成中的"成功点"．例如，教学目标是怎样在生成中得到有效落实的；使用了什么方法使生成的内容指向了教学内容，突出了教学重点、教学难点；情景怎样促进了学生的有效生成；等等．

（2）反思生成中的"创新点"．在教学过程中，随着师生之间思维和情感的深入交流，学生在教师的激励、启发下，产生一些具有创新性的观点、思路和方法，教师往往也会产生一些有益于教学的灵感．对这些师生的创新内容，教师课后要记录下来并进行深刻的反思．

（3）反思生成目标的"达成度"．由于生成课堂具有很大的动态变化，一堂课完成后，生成的目标与预设或一致、或滞后、或超前，如果能及时把生成性目标的达成度记录并反思，就可以为后续的教学预设提供良好的借鉴．

（4）反思生成中的"失误点"．教师可以从主、客观两个方面去寻找原因，进行反思．例如，预设目标有没有以学生实际为基础，生成内容有没有为预设的目标服务，教学方法是否符合学生身心特点，教学评价是否恰当，等等．

3. 提炼敏锐的教学机智

教学机智是课堂动态生成资源的关键．激活、捕捉和运用动态生成的教学资源，实际上是实践智慧的反应，教师的实践智慧最主要的表现方式是教学智．教学机智是教师摆脱原有的教学设计，针对各种生成性资源，即兴处理偶发的、不确定因素时所表现出来的一种智慧性行动，是教师针对每一个特殊情况的一种"临场发挥"，是主体的"随机应变"和"当机立断"．教学机智具有相当的灵活性，它不是单纯的技能或技巧，而是教师创造性行为的表现．因而，它不是通过传授而获得的，它需要教师不断提高自身的理论修养，不断积累知识与经验，训练自己敏锐的观察力和准确而迅速的判断力，不断反思自己的教学实践等．拥有教学机智的教师用自己对人生的体验、对世事的洞见，用饱满的激情、活跃的灵魂去影响学生．

七、本课题的研究成果

（1）发表论文．

蒲香香的论文《良好的开端是成功的一半——生成视域下 2 节观摩课情境创设比较》发表于《高中数理化》2018 年第 1 期（下半月刊）总第 272 期；

蒲香香的论文《生成视域下的数学解题教学——类比法在解题中的运用》发表于《高中数理化》2018 年第 3 期（下半月刊）总第 276 期；

蒲香香的论文《一道教材练习题的引申与拓展》发表于《考试周刊》2018 年 4 月第 35 期；

蒲香香的论文《横看成岭侧成峰远近高低各不同——差异性资源开发与利用案例分析》发表于《语数外学习》高中版中旬 2017 年 12 月第 35 期；

孙建华的论文《生成视域下高中数学知识与物理解题的融合的运用分析》发表于《考试周刊》2018 年 4 月第 37 期．

（2）获奖论文．

蒲香香的论文《数学课堂生成性资源流失的原因探析》获省级三等奖．

（3）获奖课赛．

蒲香香的公开课"直线的倾斜角与斜率"获嘉峪关市第一中学青年教学技能竞赛三等奖．

（4）其他成果.

李崇华老师被评为甘肃省优秀教师，被授予甘肃省"园丁奖"；

"形成教学观摩记录""实践效果反馈学生答卷"；

光盘（教学录像、课件）.

八、实践效果与反思

在本课题研究开始实施时，我们对我校数学教师进行了问卷调查，发现有些教师资源意识不强，也不善于挖掘生成性资源.在问卷调查发现问题后，我们对高一年级数学教师普及开发与利用生成性资源的重要性.一年后再次访谈这些教师，发现数学课堂有了很好的改善，学生学习的主动性、积极性提高了，课堂教学效率也提高了.

事实充分证明，当教师对课堂生成性资源引起重视、开发和利用能力提高时，在教师的引导下，学生发现问题、解决问题的能力进一步得到提升，在提高教学效率，培养学生的学习兴趣、创新能力和实际解决问题能力等方面起到了很大作用.因此，我们觉得本课题有很大的推广使用价值.目前，课题研究成果已逐步推广到全校.

九、研究的进一步思考

2. 研究的不足

（1）由于本课题提前一年结题，有关课题论文形式的成果准备不充分，课题组成员总共发表论文 5 篇.另外，蒲香香撰写的两篇论文《利用生成性资源促进数学教学的有效实施策略》和《数学解题教学生成问题的思考——"综合法与分析法"教学片段研析》，考虑到鉴定时知网上查不到，还没有发表.

（2）本课题研究对象立足于教师，主要从教师的角度去审视整个教学，对于学生的研究侧重于解题训练的成效反馈和课堂观察.因此对学生的研究有点狭隘，站在学生角度研究生成性资源的开发与利用的评价机制也是本课题后续研究的方向.

3. 研究的展望

在本课题实施过程中，课题组成员付出了极大的心血和艰辛的劳动，到处查找资料，精心设计每一个环节．这次研究对于每个课题组成员来说都获益匪浅，在今后的教学中，我们会深入、拓宽研究内容，继续研究下去，以期获得更多得成效．

比如对于学生如何充分利用弹性空间，如何有效接纳周围同学的生成观点，以及在此基础上的生成性教学如何评价；本研究案例分析的是高中数学课堂，也可以将研究的视角扩展到初中数学课堂，甚至是对小学数学课堂的研究；结合各学科的特点，将研究所得理论、实践经验延伸、推广到其他学科也是进一步研究的思路，等等．